arucoには、あなたのプチぼうけんをサポ
ミニ情報をいっぱいちりばめ

arucoスタッフの独自調査による
おすすめや本音コメントもたっぷ
り紹介しています。

どの
ぼうけんに
しょうかな?

知っておくと理解が深まる情報、
アドバイスetc.をわかりやすくカン
タンにまとめてあります。

もっとお得に快適に、限られた時
間で旅を楽しみつくすテクニック
や裏ワザを伝授!

50　いつでも大

から徒歩2分　P7台

来店すること。　51

右ページのはみだしには編集部か
ら、左ページのはみだしには旅好
き女子の皆さんからのクチコミネ
タを掲載しています。

夜の栄町市場へ

TOTAL
4時間~

 オススメ
時間　16:00~
24:00

 予算　3000円~

🍶 ローカルな酒場をはしご

栄町市場には、アバンギャルドな居酒屋
がたくさん。はしご酒でいろいろなお店
に訪れてみて。ただし各店舗にトイレが
ないことが多く、市場内の公衆トイレを
使う必要があるので注意。

プチぼうけんプランには、予算や
所要時間の目安、アドバイスなど
をわかりやすくまとめています。

■発行後の情報の更新と訂正について
発行後に変更された掲載情報は、『地球の
歩き方』ホームページ「更新・訂正情報」
で可能な限り案内しています(ホテル、
レストラン料金の変更などは除く)。旅行
の前にお役立てください。
URL book.arukikata.co.jp/support/

物件データのマーク

🏠	……住所	🅿	……予約の必要性
📠	……電話番号	✖	……交通アクセス
🕐	……営業時間、開館時間	🅿	……駐車場の有無および台数
休	……定休日	URL	……ウェブサイトアドレス
料	……料金、予算		

MAPのおもなマーク

★	……見どころ	S	……ショップ
R	……レストラン&バー	H	……ホテル
C	……カフェ	B	……ビーチ

本書は2023年11月~2024年2月の取材に基づいていますが、記載の営業時間と定休日は通常時の
ものです。特記がない限り、掲載料金は消費税込みの総額表示です。
サービスや料金などは取材時のもので、変更の可能性もあります。営業時間、臨時休業、仕入れの
状況などが、大きく変わることがありますので、最新情報は各施設のウェブサイトやSNS等でご確
認ください。
また掲載情報による損失などの責任を弊社は負いかねますのでご了承ください。

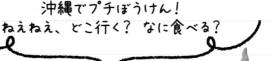

あれも、これも、ぜーんぶやりたい！
時間も予算も限られているから、
ビビッときたものにはハナマル印を
つけちゃって♪

コバルトブルーの美ら海は
サンゴと熱帯魚の楽園でした♡

P.16, 42 →

迷宮のような那覇のまちぐゎー
すてきな出合いがあります♪

P.20 →

エイサーを見なくちゃ
沖縄ファンは語れません！

P.40 →

めんそーれ！ 沖縄に来たら
コレは絶対見たい！ やりたい！ 食べたい！

緑が濃い〜♪ やんばるの森で
マングローブカヤッキング☆

P.30
→

料理に手工芸まで！
島カルチャーに興味津々

**P.36,
172**
→

最旬の沖縄を
しっかりチェック
しましょ♪

We ♡ Love 沖縄そば！
最近の話題はもっぱら生麺

P.52
→

自然のままのおいしさ♡
近頃、沖縄のパンがアツい

P.56
→

ぬちぐすいってこういうこと
琉球料理をいただきます！

P.58
→

器フリーク必見！
やちむんの里でお宝探し

P.92
→

島の自然を映した
ファブリックに夢中☆

P.108
→

首里城にグスク！？
琉球王国って一体ナニモノ？

P.144
→

5

Contents

aruco 沖縄

Let's go!

グルメ　　ショッピング　　おさんぽ

ドライブ　　見どころ　　泊まる

アクティビティ　　情報

7

ざっくり知りたい！ 沖縄の 基本情報

これだけ
知っておけば
安心だね♪

旅行期間

OKINAWAを
楽しも♪

2泊3日以上が望ましい

読谷や恩納のリゾートに泊まり、北部の美ら海水族館などへ足を延ばし、那覇や南部の斎場御嶽などへも行くなら2泊3日は必要。やんばるを組み込むならプラス1日。

予算 約50,000円
（2泊3日の場合）

宿泊はリゾートなら2万5500円〜。ただし時期により値段が変わるので注意。夏休みなどのハイシーズンならさらに高くなる。レンタカーは1日8000円みておくと安心。

交通手段 レンタカーを
利用するのがベスト

レンタカー
ゆいレールは那覇と浦添のみ。島内を回るなら車が必須。高速をうまく使って移動しよう。

ゆいレール
空港から国際通り、首里城などへはゆいレールを利用するのがおすすめ。
路線や乗り方などの情報は→P.182

路線バス
島内にくまなく路線があるが、複雑なので短期間の旅行ではやや使いづらい。→P.182

空港からの
アクセス 那覇市内へはゆいレール
郊外はバス利用も

那覇市内へ行くならゆいレールがベスト。朝晩のラッシュ時には注意しよう。西海岸リゾートへはリムジンバスもあるが、その後の移動を考えると車がベター。

ゆいレール
（料）那覇空港〜県庁前駅270円。
〜美栄橋・牧志駅300円、〜首里駅340円

那覇空港	旭橋駅	県庁前駅	美栄橋駅	牧志駅	安里駅	おもろまち駅	首里駅
	11分	2分	1分	2分	2分	1分	8分

車

那覇空港		国際通り		首里城
国道332号、58号、県道42号経由5km			県道39号、県道29号、県道50号経由3km	

空港
リムジンバス
那覇空港から読谷、恩納、名護、本部のおもなリゾートに停車する直通バス。行く方面により7つの路線がある。停車するホテルも確認しておこう。

A 北谷方面
（料）600〜810円

B 読谷方面
（料）1530円

A B 北谷〜読谷方面
（料）600〜1530円

C 恩納方面
（料）1530〜1730円

C D 恩納〜名護方面
（料）1530〜2240円

D 恩納〜名護方面
（料）1730〜2240円

D E 恩納〜名護〜本部方面
（料）1730〜2550円

空港リムジンバス
☎098-869-3301 （URL）okinawabus.com

那覇空港 Map P.198-B1
🏠那覇市鏡水150 ☎098-840-1179

めんそーれ

🐱 OKINAWA ☆ TIPS

☆ レンタカーは早めに予約
コロナ明け直後のレンタカー不足は解消されつつあるものの、GWや夏休みなどのハイシーズンは混雑する。特にコンパクトや軽など小さな車を借りたい人は早めの予約を心がけて。空港で借りて空港で返すのが楽。

☆ 那覇市観光案内所を利用
国際通りの「てんぶす那覇」（→P.116）の1階には那覇市の観光案内所がある。島内の観光情報を扱うほか、コインロッカー（300円〜）もある。路線バスを利用する人はここで沖縄バスマップというパンフをもらっておくといい。

Map P.201-B3 那覇

🏠那覇市牧志3-2-10（てんぶす那覇1階）☎098-868-4887 ⏰9:00〜19:00 🈳なし 🚉ゆいレール牧志駅から徒歩5分 🅿81台（有料）

☆ 那覇の手荷物預かり所
国際通りのドン・キホーテ5階に手荷物預かり所があり、1日500円で預けられる。スーツケースの上に乗るサイズの荷物は追加料金なしで預けられる。

ゆいレールのコインロッカー
ゆいレールの各駅には、必ずコインロッカーが設置されている。ただし各駅とも数は少ない。

☆ 駐車場について
車社会の沖縄では、ほとんどの店や施設に無料の駐車場がある。ただし、那覇だけは別。国際通りや首里城周辺の店にはまず駐車場はない。周辺の有料駐車場を利用しよう。なお有人のモータープールという駐車場もある。

☆ 米軍車に注意
沖縄で運転していると見かける、A、E、Yなどアルファベットのナンバープレート。これは米軍基地のアメリカ人が運転する車で、事故を起こすとアメリカの警察や保険会社が出てきて、日本の法律が適用されない場合もある。

ベストシーズン

6〜7月

夏は梅雨明けの6月頃から10月頃までと長い。海開きはだいたい4月頃。梅雨明けから盛夏の8月までの6〜7月は天候が安定することが多いベストシーズン。

8月の夏の日差しは強烈！日焼け止めや帽子を忘れずに

台風シーズン

沖縄の台風シーズンは8〜10月頃。大きな台風だと3日くらい暴風雨になり飛行機もその間欠航してしまう。コンビニやスーパーも品薄になるので注意して。旅行の前に台風情報を確認しておくこと。

冬は意外と寒い

常夏というイメージの沖縄だが、冬は最低気温が10℃以下になることもある。晴れた日の昼間と夜との寒暖差も激しくなるので、12〜2月頃に旅行に行くという人は防寒具を用意しておくとよい。また冬は曇天が多い。

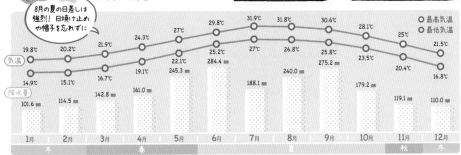

○ 最高気温
◎ 最低気温

気温
降水量

	1月	2月	3月	4月	5月	6月	7月	8月	9月	10月	11月	12月
最高気温	19.8℃	20.2℃	21.9℃	24.3℃	27℃	29.8℃	31.9℃	31.8℃	30.6℃	28.1℃	25℃	21.5℃
最低気温	14.9℃	15.1℃	16.7℃	19.1℃	22.1℃	25.2℃	27℃	26.8℃	25.8℃	23.5℃	20.4℃	16.8℃
降水量	101.6mm	114.5mm	142.8mm	161.0mm	245.3mm	284.4mm	188.1mm	240.0mm	275.2mm	179.2mm	119.1mm	110.0mm

冬　春　夏　秋　冬

沖縄の花々

1年を通して南国ならではの花が咲く！

沖縄では年間を通してさまざまな花が咲く。真夏は日差しが厳しいので、春から夏（7月）頃までがハイシーズン。

デイゴ 3〜5月頃

沖縄の県花で、オオゴチョウやサンダンカとともに沖縄の三大名花に数えられる。初夏に深紅の花が咲く。

テッポウユリ 4〜6月頃

ユリ科の球根植物で、ラッパのような白い花が群生して咲く。伊江島では開花時期にゆり祭りが行われる。

月桃 4〜7月頃

さわやかな香りを放つショウガ科の多年草。房のような花をつける。薬草としても親しまれる。

ユーナ 5〜10月頃

正式名称はオオハマボウだが、海岸のユナ（沖積地を指す方言）に生えることからユーナとも呼ばれる。

ホウオウボク 6〜10月頃

ジャカランダ、カエンボクと並ぶ世界三大花木のひとつ。真っ赤な花を咲かせる街路樹としてもおなじみ。

ブーゲンビレア 通年

オシロイバナ科の低木。花びらのような部分は葉が変色した苞（ほう）で、苞に包まれた小さな白いものが花。

ハイビスカス 通年

南国の花の代名詞。沖縄の方言で「アカバナー」と呼ばれ、赤のほか、白や黄色など花の色はさまざま。

サンダンカ 通年

沖縄の三大名花のひとつ。花が3回開花することや花びらが三段に重なっていることが名前の由来だ。

☆ ロードキルを起こしてしまったら

とびだし注意

沖縄を走行する際は、野生動物との事故（ロードキル）に気をつけたい。やんばるでは、突然道路に飛び出してくることも珍しくない。ケガをしている、または死んでいるヤンバルクイナを見かけたら、〈やんばる野生生物保護センター ☎0980-50-1025〉にすぐ連絡を。

☆ バスレーン規制

那覇の一部の道路では、平日7:30〜9:00、17:30〜19:00の間、交通規制が行われている。「バス専用道路」では一般車両の通行が禁止、「バス専用レーン」では第1車線の道路が通行禁止となる。

☆ 持ち出し禁止

沖縄には、島外への持ち出しが禁止されているものがある。代表的なものは紅イモなどのさつまいも類（タルトなど加工品はOK）。おみやげ用でも空港で廃棄されてしまう。

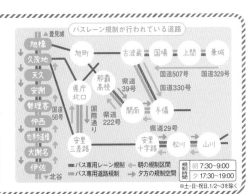

バス専用レーン規制
バス専用道路規制
朝の規制区間
夕方の規制空間

規制時間　朝 7:30〜9:00　夕 17:30〜19:00
※土・日・祝日、1/2〜3を除く

3分でわかる！ 沖縄かんたんエリアナビ

南部、中部、北部と大きく3つ分けられる沖縄本島。那覇、西海岸リゾート、やんばるを加えた6つのエリアの特徴を理解して、旅のプランに役立てよう！

Area Navi

Welcome to Okinawa

沖縄を代表するリゾートエリア
西海岸リゾート

海岸線に大型ホテルが並ぶ恩納村は、国内最大のビーチリゾート。南に位置する読谷は、やちむんの里に代表される工芸の村。どちらも最新のリゾートが続々とオープンしている。

なんくるないさ〜

●市町村
読谷村（よみたんそん）
恩納村（おんなそん）

●おもな見どころ
やちむんの里　P.92
万座毛　P.136
残波岬　P.137
座喜味城跡　P.147

沖縄の県庁所在地
那覇

人口30万以上を要する、最大の都市。琉球王国時代には首都として栄えた。首里城は東の内陸部、国際通りは海側にある。路地に残る市場（まちぐゎー）巡りも楽しい！

●市町村
那覇市（なはし）

●おもな見どころ
国際通り　P.116
首里城公園　P.144
那覇市第一牧志公設市場　P.156

まちぐゎー
1日探検 →P.20

栄町市場
ではしご酒 →P.24

ぶらジョートー↑

那覇から船で！

ケラマブルーの海が広がる
慶良間諸島

沖縄本島の南西に浮かぶ、大小20あまりの島々からなる群島域。島々と周辺の海は慶良間諸島国立公園に指定され、サンゴ礁や海洋生物の宝庫。那覇港からのフェリーで行ける。

めんそーれ！

●おもな島
渡嘉敷島（とかしきじま）、座間味島（ざまみじま）
阿嘉島（あかじま）、慶留間島（げるまじま）

●おもな見どころ
渡嘉敷島　P.160　座間味島　P.161

慶良間の海で
スキンダイビング →P.42

阿嘉島で
1泊2日 →P.44

ちむ
どんどん

西海岸リゾート
west coast resort

伊江島
水納島
本部町
瀬底島

恩納村
金武町
読谷村
うるま市
嘉手納町
沖縄市
北谷町
北中城村
宜野湾市
中城村
浦添市
西原町
与那原町
那覇
Naha
那覇市
南風原町
南城市
豊見城市
八重瀬町
糸満市
久高島

中部
Chubu

南部
Nanbu

慶良間諸島
Keramashoto

座間味島
阿嘉島
慶留間島
渡嘉敷島

やんばる
Yanbaru

はいさい！

国頭村

古宇利島

大宜味村

東村

帰仁村

名護市

北部
Hokubu

野座村

コレ読める？ 難読地名

Ⓐ 美作 ▶ちゅらさく 国頭村
Ⓑ 喜如嘉 ▶きじょか 大宜味村
Ⓒ 饒波 ▶ぬうは 大宜味村
Ⓓ 慶佐次 ▶げさし 東村
Ⓔ 為又 ▶びいまた 名護市
Ⓕ 世富慶 ▶よふけ 名護市
Ⓖ 饒平名 ▶よな 名護市
Ⓗ 大堂 ▶うふどう 本部町
Ⓘ 谷茶 ▶たんちゃ 恩納村
Ⓙ 安慶名 ▶あげな うるま市
Ⓚ 安次嶺 ▶あしみね 那覇市
Ⓛ 勢理客 ▶じっちゃく 浦添市
Ⓜ 我如古 ▶がねこ 宜野湾市
Ⓝ 保栄茂 ▶びん 豊見城市
Ⓞ 摩文仁 ▶まぶに 糸満市
Ⓟ 喜屋武 ▶きゃん 糸満市
Ⓠ 仲村渠 ▶なかんだかり 南城市
Ⓡ 謝苅 ▶じゃーがる 北谷町
Ⓢ 屋宜 ▶やぎ 中城村
Ⓣ 瑞慶覧 ▶ずけらん 北中城村

世界遺産の森が広がる

やんばる

本島北部、やんばる地域にある3つの村で、通称「やんばる3村」と呼ばれる。ここでの楽しみは、なんといっても自然体験。カヌーやトレッキングで世界遺産の自然を満喫したい。

あきさみよ～

●市町村
大宜味村（おおぎみそん）
東村（ひがしそん）
国頭村（くにがみそん）

●おもな見どころ
比地大滝 P.140
辺戸岬 P.141
大石林山 P.152

カヤックでやんばるの森を冒険 →P.30

人気の「美ら水」と古宇利島がある

北部

3つの市町村からなる半島エリアで、人気の沖縄美ら海水族館がある。今帰仁村にはブルーの海に架かる橋で有名な古宇利島があり、本部町からは伊江島行きのフェリーも出る。

●市町村
名護市（なごし）
本部町（もとぶちょう）
今帰仁村（なきじんそん）

●おもな見どころ
沖縄美ら海水族館 P.148
国営沖縄記念公園（海洋博公園）P.151
備瀬のフクギ並木 P.130
古宇利島 P.138
今帰仁城跡 P.146
伊江島 P.162

アメリカ文化とのチャンプルーが♡

中部

嘉手納基地など、多くの米軍施設をかかえるエリア。沖縄市や北谷、金武にはアメリカ文化が今も色濃く残っている。周辺には外国人住宅を利用したカフェやショップもある。

●市町村
浦添市（うらそえし）、沖縄市、うるま市、
宜野湾市（ぎのわんし）、北谷町（ちゃたんちょう）
嘉手納町（かでなちょう）、金武町（きんちょう）
西原町（にしはらちょう）、中城村（なかぐすくそん）
北中城村（きたなかぐすくそん）、宜野座村（ぎのざそん）

●おもな見どころ
美浜アメリカンビレッジ P.158
港川ステイツサイドタウン P.122
勝連城跡 P.146
中城城跡 P.147
東南植物楽園 P.152
ビオスの丘 P.153

琉球創世の伝説が残る浜比嘉島 →P.29
コザのナイトスポットを回る →P.34
エイサーショーに酔いしれる →P.40

戦跡や聖地が点在

南部

掲載許可：南城市教育委員会

観光の中心となるのは、糸満、南城、豊見城。糸満は南部戦跡、南城には斎場御嶽をはじめとした聖地が集中。空港そばの豊見城は、注目スポットが続々オープン中。

ちゅらかーぎー

●市町村
糸満市（いとまんし）
南城市（なんじょうし）
豊見城市（とみぐすくし）
八重瀬町（やえせちょう）
南風原町（はえばるちょう）
与那原町（よなばるちょう）

●おもな見どころ
ひめゆりの塔 P.132
ひめゆり平和祈念資料館 P.132
平和祈念公園 P.133
ガンガラーの谷 P.153
おきなわワールド P.154
瀬長島ウミカジテラス P.159

沖縄最大の聖地、斎場御嶽 →P.26
聖なる島、久高島へ →P.28

いっぺーまーさん

11

沖縄2泊3日 aruco的 究極プラン

週末プラス1日で楽しめちゃう、南国リゾートの沖縄。ビーチに美ら水、
絶景巡りにローカルグルメまでぎっしり詰め込んだ究極の沖縄旅へご案内。

Day 1 午前中に那覇空港に到着！ 初日はビーチリゾートを楽しむ

空港に到着後、レンタカーを借りて北上。
初日は沖縄らしくリゾートを満喫しちゃおう。

車 約45分

9:30 那覇空港到着、レンタカーで西海岸のリゾートへ

11:00 北谷に寄り道。**浜屋**でかけつけ沖縄そば　P.50

まずは沖縄そばで旅のゴングを鳴らす

車 約25分

12:00 **やちむんの里**で　P.92
とっておきの器を探す

車 約15分

13:00 **ニライビーチ**でマリンアクティビティ

P.18,167

美ら海を200%遊び尽くして！

徒歩 約8分

16:00 **星野リゾート バンタカフェ**で
海を見ながらひと休み　P.74

車 約7分

18:00 **マジュン・リッカ**で沖縄料理ディナー　P.62

車 約8分

19:30 **残波岬**で
サンセットビュー
P.137

Day 2 北部のハイライトを総ざらい！ 1日ドライブコース

2日目は北部を攻略！人気の美ら水や古宇利島は
もちろん、レトロなフクギ並木も散策。

9:00 ジンベエザメに会いに♡
沖縄美ら海水族館へ　P.148

徒歩 約1分

10:00 **国営沖縄記念公園（海洋博公園）**
をおさんぽ　P.150

車 約5分

11:30 **備瀬のフクギ並木**をふらっと散策　P.130

水牛車に乗ってみよ！

車 約20分

13:00 **キャプテン カンガルー**で
特大バーガーをほおばる　P.64

肉汁がじゅわっとあふれだす

車 約20分

15:00 **やちむん喫茶 シーサー園**で
クールダウン　P.77

車 約20分

12

16:00

これぞ美ら島ブルー！
古宇利大橋
から島を一望　P.138

車
約30分

17:00　**道の駅「許田」**やんばる
物産センターでおみやげ探し　P.105

車
約1時間
10分

20:00

那覇の**民謡酒場**でアリ☆カンパイ♪
P.84

いーやー
さーさ！

定番の
沖縄料理を
オーダー

徒歩
5分

22:00　那覇の**路地裏バー**はしごで1日を〆る　P.82

いめんしょー
りー

雨の日はどうする？

せっかくの沖縄旅行で雨が降ったら……。と心配する気持ち、わかります。でも大丈夫！雨でも楽しめる3つのプランをご紹介。ただし、台風の時はどの施設も休業するので、直撃がわかっている場合は旅行の中止や延期を考慮しよう。

Plan **1**　那覇の**まちぐゎー**で1日遊ぶ☆　P.20

センベロで昼から飲むのもアリ！

Plan **2**

P.172

沖縄の伝統文化体験にTRY！

琉球ガラスも自分で作れば格別

Plan **3**　雨でもOKなテーマパークへ
● **おきなわワールド**　P.154
● **沖縄美ら海水族館**　P.148

玉泉洞なら雨でも問題なし！

Day 3　飛行機の時間までが勝負！
那覇＆首里を全力で回る

最終日は飛行機の時間までめいっぱい遊ぶ。
空港にも近い那覇や首里をぶらぶらして。

10:00

ハッピーな
出会いがあるかも？

**まちぐゎー＆
那覇市第一牧志
公設市場**を探検
P.20,156

めん
そーれ

ゆいレール
約15分

徒歩
8分

11:30　**富久屋**で琉球の
伝統料理ランチ　P.58

徒歩
5分

12:30　琉球王国の首都、**首里城公園**を見学　P.144

徒歩
約3分

14:30　**首里染織館suikara**
で首里織と紅型をゲット☆　P.96

徒歩
約10分

15:00　**新垣カミ菓子店**でちんすこうを買う　P.120

ゆいレール
約15分

15:30　**国際通り**で
駆け込みショッピング
P.116

忘れず
おみやげを
ゲットしよう

ゆいレール
約15分

18:00　那覇空港へ　Good bye!

プラス1日あったら！

テーマ別アレンジプラン

さらに宿泊を延ばすなら行ってみたい、ふたつのプランをご紹介！
聖地巡りと大自然、好みのテーマの旅先はどちら？

アレンジ Plan 1 南部、沖縄の聖地を巡礼する

南城市の斎場御嶽、久高島という2大聖地をはしごする
プラン。グルメ、ショッピングも大充実！

9:30 Doucattyで島ファブリックをチェック！ P.108

沖縄っぽ
パターンに
胸キュン！

車
約17分

10:30 琉球最大の聖地、斎場御嶽を詣でる P.26

車
約7分

掲載許可：南城市教育委員会

12:00 カフェくるくまで
海ビュー＆アジアンランチ P.75

車
約10分

フェリー
約25分

13:30 聖なる島、久高島へ渡る P.28

フェリー
約25分

車
約50分

19:00

PASTAIONE
OKINAWAで
イタリアンディナー P.81

那覇に戻って
絶品イタリアン♡

アレンジ Plan 2 世界遺産のやんばるの森を冒険

本島の北部は豊かな自然に囲まれた地。
カヤックにトレッキングなどアクティブ派はこちら☆

8:00 森に囲まれた川を進む
マングローブ
カヤック P.30

☆ ☆ ☆

車
約15分

11:00 田村窯でやちむんを購入する P.32

車
約12分

11:30 国頭港食堂で
地魚＆絶景ランチ P.140

海が
見えるレストラン
で舌鼓♪

車
約7分

12:30 やんばるの中心！
比地大滝で
お手軽トレッキング
P.140

やんばるの
大自然を
感じよう

車
約30分

15:00 ここが沖縄本島の最北端。
辺戸岬へ P.141

車
約12分

16:00 昔懐かしい！奥共同店でおみやげ探し P.141

はい
たーい！

車
約1時間
5分

19:00 tutanの地元食材
フレンチに舌鼓 P.80

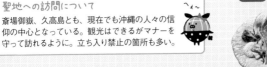 

聖地への訪問について

斎場御嶽、久高島とも、現在でも沖縄の人々の信
仰の中心となっている。観光はできるがマナーを
守って訪れるように。立ち入り禁止の箇所も多い。

チャンプルー（ごちゃまぜ）
文化が沖縄らしさ！

沖縄ならではの魅力満載 チャンプルーな プチぼうけんへ

沖縄の楽しみって、ビーチだけじゃない！
まちぐゎー（市場）や聖地巡り、伝統文化体験に
離島へのプチトリップまで、aruco厳選の
人とはちょっと違う体験がてんこ盛り！

LET'S GO!

夢に見たブルーの海がすぐソコに！
美ら海ビーチを楽しみ尽くす！

鮮やかなブルーのグラデーションが美しい沖縄のビーチ。沖縄本島にはたくさんのビーチがあり、楽しみ方もさまざま。ビーチを満喫する方法からおすすめビーチまで、美ら海を楽しみ尽くすHow toを教えちゃいます！

グラスみた～い♪

美ら海ビーチへGo！

TOTAL
2時間～

| オススメ時間 | 午前中～日没 | 予算 | 楽しみ方による |

遊泳期間は4～10月頃
ホテルに隣接したビーチやライフセーバーのいる公共のビーチでは遊泳可能期間が定められている場合もあるが、泳ぐには5～10月がベスト。海開きは4月頃に行われるが、海あがりは肌寒い。

シュノーケルにアクティビティ
お散歩にBBQまで楽しみは無限！

各ビーチはシュノーケリング向き、アクティビティ豊富などそれぞれ特徴がある。トイレや更衣室、食事処の有無などの設備をリサーチして、自分好みのビーチをチョイスしましょ♪

エメラルドグリーンの海がどこまでも広がる（瀬底ビーチ）

Churaumi Beach

check!

enjoy 1

シュノーケルで
熱帯魚と戯れる

ビーチからのシュノーケリングで、簡単に熱帯魚が見られちゃう。カラフルなサンゴ礁が生息している場所もあり、まるでリアルな水族館！遊泳の際は右記に注意を。

ビーチからのシュノーケリングでたくさんのサンゴが見られる（ゴリラチョップ）

特にオススメのビーチはこちら！

□ ゴリラチョップ　□ 備瀬崎
□ 伊計ビーチ　□ 新原ビーチ
□ オクマビーチ

クマノミなどの熱帯魚に出会えることも

◯◯の注意点

3点セットを用意する

マスク、シュノーケル、フィンの3点セットが、シュノーケリングの基本。泳ぐときはライフジャケットの着用を忘れずに。

守るべきポイント

● 遊泳可能エリアで泳ぐこと
● 旗で遊泳可かどうかを示すサインフラッグに従う。青旗は遊泳可、黄旗は一部可、赤旗は遊泳禁止
● ひとりで泳ぐことは避ける
● 飲酒・体調不良、睡眠不足時は控える
● 離岸流の発生に気をつけ沖へは行かない
● サンゴを傷つけたりしない
● 水着のままで集落を歩かない
● 危険生物には近づかない

危険生物はこちらでチェック！

enjoy 2

マリンアクティビティ にチャレンジ☆

海を舞台に繰り広げられるアクティビティに挑戦！ アクティブ系からのんびり系までさまざまなメニューが揃う。各マリンアクティビティの詳細は（→P.166）を参照のこと。

パラセーリング
美しい海を上空から眺める爽快アクティビティ。シングルのほかタンデム（2人乗り）も

シーカヤック＆SUP
海上散歩が楽しめる。最近ではボディ部分が透明になったクリアカヤック＆SUPもある
©OCVB

シーウォーカー
空気が送られるヘルメットをかぶっての水中探検。顔が濡れないためメイクしたままでもOK

ドルフィンスイム
恩納村のルネッサンス リゾート オキナワではイルカと遊べるプログラムが豊富（→P.169）

バナナボート
ジェットスキーで複数人乗りのゴムボートを引っ張るスリル満点のアクティビティ。友達同士で乗るのが楽しい！

check! 予約は必要か
ほとんどのアクティビティはビーチにあるマリンハウスで申し込める。予約も不要だが、夏季は少し待つ場合もあるので予約が◎。

特にオススメのビーチはこちら！
- ブセナビーチ
- ニライビーチ
- ルネッサンス リゾート オキナワ（→P.167）
- 宜野湾トロピカルビーチ
- オクマビーチ
- KINサンライズビーチ海浜公園

プチぼうけん1

美ら海ビーチを楽しみ尽くす！

---

enjoy 3

ビーチサンセット に心震わす

check! ベストタイムは？
日没の30分ほど前からスタンバイし、移りゆく空の色を楽しみたい。日没の時間は季節により変わるのでチェックしておくこと。

北谷では毎週土曜に花火を打ち上げている

サンセットタイムにビーチを散歩してみよう（アラハビーチ）

西海岸に位置するビーチでは、夕方になると美しいサンセットが見られる。太陽の沈む決定的瞬間を捉えるのもいいし、移ろいゆく空の色を眺めながらたたずむのもおすすめ。

特にオススメのビーチはこちら！
- アラハビーチ
- ブセナビーチ
- オクマビーチ
- ニライビーチ
- 宜野湾トロピカルビーチ

---

enjoy 4

見つけたよ～♪

ビーチコーミング で海のタカラモノ探し

台風など海が荒れたあとはレアものの漂着チャンス！

check! 気をつけること
夏の炎天下の場合、帽子は必ずかぶること。靴はビーチサンダルがおすすめ。

きれいな貝やサンゴがそこかしこに！

エメラルドグリーンの海に寄り添う砂浜には、波により打ち上げられたさまざまな漂着物が！ サンゴのかけらや貝、カラフルなシーグラスまで、一点モノの海のタカラモノを探してみよう。

---

enjoy 5

ビーチパーリィ でBBQ！

check! 食材はどうする？
紹介しているビーチでは、BBQ器材のレンタルはもちろん食材も扱っているので、手ぶらで訪れればOK。

うちなーんちゅが大好きなビーチパーリィ。観光客だって、設備があれば気軽に楽しめちゃう。ビーチによっては設備がないので、事前にできる場所をチェックしておこう。

赤瓦の東屋の下がBBQ場となっているところが多い

特にオススメのビーチはこちら！
- 宜野湾トロピカルビーチ
- KINサンライズビーチ海浜公園
- 伊計ビーチ

17

ビーチの特徴を☆付きでガイド
美ら海ビーチ select 12

トイレ　更衣室　食事施設　シャワー

©OCVB

橋で渡る離島のビーチ
瀬底ビーチ
セソコビーチ

BEACH DATA
- シュノーケル…☆☆
- アクティビティ…☆☆☆
- 夕日…………○
- ビーチパーリィ…○

沖縄本島でも屈指の透明度を誇る、瀬底島のビーチ。駐車場はヒルトン沖縄瀬底リゾートの前にあり、ビーチまでは徒歩5分ほどかかる。遠浅なため、ファミリーでの海水浴にも最適。

Map P.192-B2 本部
本部町瀬底5583-1　0980-47-7000　遊泳期間 4月中旬〜6月・10月9:00〜17:00、7〜9月〜17:30　無料　許田ICから26km　300台（有料）

ゴリラ型の岩が名前の由来

ゴリラ型の岩が目印
ゴリラチョップ（トートーメー岩）
（トートーメーイワ）

本部港のすぐ南にある。崎本部緑地公園に隣接してビーチが広がっており、沖にあるリーフではサンゴや熱帯魚が観賞できる。沖合は潮が流れているので注意して泳ごう。

BEACH DATA
- シュノーケル…☆☆☆☆☆
- アクティビティ…☆
- 夕日…………○
- ビーチパーリィ…×

Map P.192-B2 本部
本部町崎本部5232　0980-47-2101　遊泳自由　無料　許田ICから21km　90台

一般客でも利用できる

©OCVB

アクティビティ満載のリゾートビーチ
ブセナビーチ

沖縄を代表するリゾートホテル、ザ・ブセナテラスの目の前に広がるビーチ。湾曲した砂浜を持ち、パラセーリングなどさまざまなアクティビティを開催。

BEACH DATA
- シュノーケル…☆☆
- アクティビティ…☆☆☆☆☆
- 夕日…………○
- ビーチパーリィ…×

Map P.193-C3 名護
名護市喜瀬1808　0980-51-1333（ザ・ブセナテラス）　遊泳期間 通年（営業時間は時期により変動）　5000円（パラソル、チェア、シャワー、更衣室、駐車場、トイレ利用料含む。ホテル宿泊者は無料）　許田ICから5km　350台

本部町
恩納村
読谷村
うるま市
北谷町
宜野湾市
那覇市
南城市
糸満市

ホテルそばの天然ビーチ
ニライビーチ

ホテル日航アリビラ前のビーチ。自然の地形を生かした天然ビーチで、マリンアクティビティが充実。干潮時にはリーフまで歩いていくことができ、海の生き物を観察できる。

Map P.188-B1 読谷
読谷村儀間600　098-982-9622（ニライビーチ管理組合）　遊泳期間 通年9:00〜18:00（時期により変動）　無料　沖縄南ICから18km　40台（有料）

BEACH DATA
- シュノーケル…☆☆
- アクティビティ…☆☆☆☆☆
- 夕日…………○
- ビーチパーリィ…×

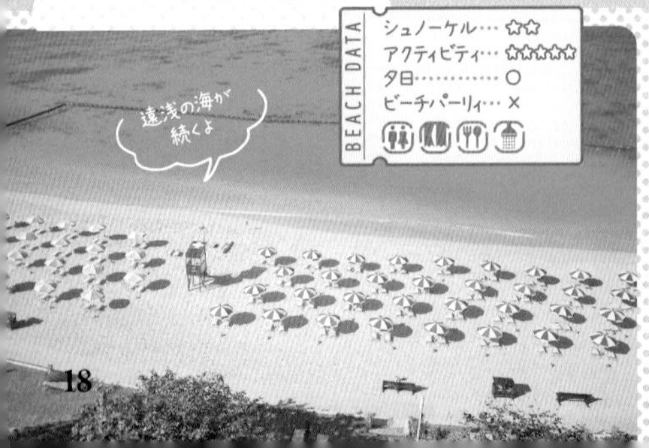
遠浅の海が続くよ

©OCVB

夕日の名所として知られる
アラハビーチ

サンセットスポットとしても知られる安良波公園内にある全長約600mのロングビーチ。ヤシの木が立ち並ぶ海岸沿いは異国情緒たっぷり。マリンアクティビティも充実。

BEACH DATA
- シュノーケル…☆
- アクティビティ…☆☆☆
- 夕日…………○
- ビーチパーリィ…○

Map P.186-B1 北谷
北谷町北谷2-21　098-926-2680　遊泳期間 4月中旬〜10月9:00〜19:00（時期により変動）　無料　喜舎場スマートICから6km　400台

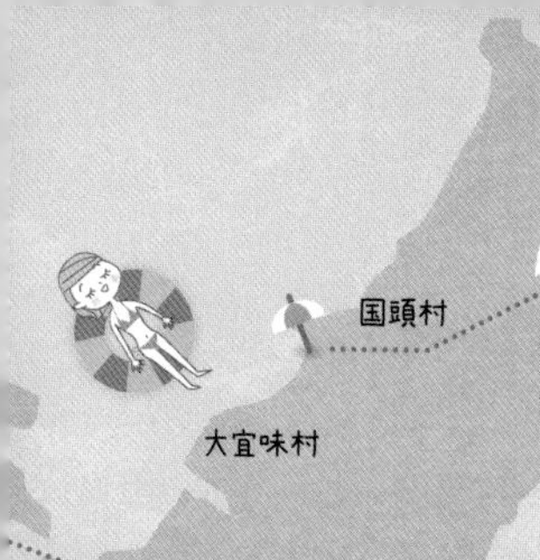

海を望む
サウナもある

やんばるの海で遊ぶ
オクマビーチ

オクマ プライベートビーチ & リゾートの目の前に広がる。約1kmにわたる天然ビーチで、環境省の水質調査で毎年高評価を得るほどの透明度。

©OCVB

BEACH DATA
シュノーケル… ☆☆☆
アクティビティ… ☆☆☆
夕日… ○
ビーチパーリィ… ×
🚻 🚿 🍴 🗑

Map P.196-C2 国頭
🏠 国頭村奥間913 ☎0980-41-2222(オクマ プライベートビーチ & リゾート) ⏰遊泳期間 3~6月・9~10月9:00~18:00、7~8月~19:00、11~2月~17:00 💴1500円(ホテル宿泊者は無料)🚗許田ICから36km 🅿150台

国頭村

大宜味村

800mの
特大ロングビーチ
KINサンライズビーチ海浜公園
キンサンライズビーチカイヒンコウエン

2022年にオープンした県内最大級のロングビーチ。アクティビティやビーチBBQができるほかトイレや更衣室もきれいで、かわいい写真撮影スポットもそこかしこにある。

Map P.189-A4 金武
🏠 金武町金武10819-4 ☎098-968-3373(金武町観光協会)⏰遊泳期間 4~9月9:00~18:00、10月~17:30 💴無料 🚗金武ICから8km 🅿270台(有料)🗓月曜(祝日の場合は翌日)

BEACH DATA
シュノーケル… ☆☆
アクティビティ… ☆☆☆
夕日… ×
ビーチパーリィ… ○
🚻 🚿 🍴 🗑

岩場に囲まれた
天然プール
備瀬崎
ビセザキ

備瀬のフクギ並木を抜けた先のビーチ。干潮になると幅約80m、奥行き30mほどの潮だまりが出現し絶好のシュノーケリングスポットに。岩場のため、マリンシューズは必須。

Map P.192-A2 本部
🏠 本部町備瀬 ☎なし ⏰遊泳自由 💴無料 🚗許田ICから31km 🅿25台(有料)

BEACH DATA
シュノーケル… ☆☆☆
アクティビティ… ☆
夕日… ×
ビーチパーリィ… ×
🚻 🚿 🍴 🗑

楽しみいっぱい町なかビーチ
宜野湾トロピカルビーチ
ギノワントロピカルビーチ

「トロピー」の愛称で親しまれる町なかビーチ。海水浴のほかマリンアクティビティも充実、地元の利用客も多い。ビーチサイドのBBQエリアでは、手ぶらでビーチパーリィができる。

BBQから
アクティビティまで！

©OCVB

Map P.186-B2 宜野湾
🏠 宜野湾市真志喜4-2-1 ☎098-897-2759 ⏰遊泳期間 4月下旬~10月9:00~19:00(時期により変動)💴無料 🚗西原ICから5km 🅿160台

BEACH DATA
シュノーケル… ×
アクティビティ… ☆☆☆
夕日… ×
ビーチパーリィ… ○
🚻 🚿 🍴 🗑

浅瀬でも
熱帯魚と遊べる
伊計ビーチ
イケイビーチ

伊計島にあるビーチ。青い海と白浜が美しい観光ビーチとして人気が高く、遊泳エリアでもサンゴ礁や熱帯魚が観察できる。マリンアクティビティやレンタル用品の貸し出しも充実。

Map P.189-B4 うるま
🏠 うるま市与那城伊計405 ☎098-977-8464 ⏰遊泳期間 通年9:00~17:30(時期と天候により変動)🗓水・木曜 💴500円 🚗沖縄北ICから27km 🅿250台

BEACH DATA
シュノーケル… ☆☆
アクティビティ… ☆☆
夕日… ×
ビーチパーリィ… ○
🚻 🚿 🍴 🗑

アクセス◎で利便性も高い
美々ビーチ
ビビビーチ

那覇空港から車で約20分。遊泳エリアは、防波堤に囲まれたプール型なので、ファミリーにもおすすめ。マリンアクティビティも豊富。

Map P.184-B1 糸満
🏠 糸満市西崎町1-6-15 ☎098-840-3451 ⏰遊泳期間 4月頃~10月9:00~18:00(時期により変動)💴無料 🚗豊見城・名嘉地ICから7km 🅿600台(有料)

BEACH DATA
シュノーケル… ×
アクティビティ… ☆☆☆
夕日… ×
ビーチパーリィ… ○
🚻 🚿 🍴 🗑

南部を代表する人気ビーチ
新原ビーチ
ミーバルビーチ

遠浅で
波は穏やか

全長約2kmの美しい白浜が続く。リゾートエリアから外れた場所にあるため、のんびりと過ごしたい人向け。海の透明度が高く、沖合で熱帯魚を観察するグラスボートが人気。

Map P.185-B3 南城
🏠 南城市玉城百名 ☎098-948-1103(みーばるマリンセンター)⏰遊泳期間 通年10:00~16:00(天候により変動)💴無料 🚗南風原南ICから11km 🅿30台(有料)

BEACH DATA
シュノーケル… ☆☆
アクティビティ… ☆☆
夕日… ○
ビーチパーリィ… ×
🚻 🚿 🍴 🗑

©OCVB

19

"うちなーらしさ"ひしめくラビリンス☆ 那覇のまちぐゎーを1日探検

国際通りから一歩入るとそこは、ゆいまーるな人情あふれる空間。
うちなーんちゅになったつもりで、グルメ&ショッピングを楽しんでみよう♡

国際通りの路地裏 市場周辺の店めぐり

まちぐゎ〜とは、沖縄の方言で市場のこと。国際通りそばにある、市場本通り、むつみ橋通り、平和通りは、まさにまちぐゎ〜感満載の不思議空間!

市場で くいだおれの1日

まちぐゎ〜はグルメ天国。この日くらいダイエットのことなんて忘れて、沖縄っぽいローカルフードを食べに行こ!

まちぐゎ〜探検

| オススメ時間 | 午前中〜日没 | 予算 | 組み合わせ方による |

TOTAL 2時間〜

沖縄ローカルがずらり
まずは定番の市場本通りからスタート。どの通りも、国際通りに近いほど観光客向けの店が多いが、奥に行けば行くほどだんだんディープな空間に。自分だけのお気に入りのお店を探すのも楽しい。

沖縄の行事には欠かせない「ムーチー」

市場本通りに面する餅専門店。旧暦の12月8日に無病息災を願って食べるムーチーが名物。月桃の葉でくるんだまま蒸すので、みずみずしくもっちりとした食感。

Ⓐ 老舗の餅専門店 もちの店 やまや
モチノミセ ヤマヤ
Map P.201-C4 那覇

🏠那覇市牧志3-1-1 ☎098-861-5433 🕘9:00〜17:00 🈺木 🚃ゆいレール牧志駅から徒歩9分 🅿なし

味は黒糖や無糖など4種類から選べる

沖縄ソウルフードをテイクアウト!

ムーチーを両手に持つ

月桃の葉をそっと1枚めくる

2枚目の葉を繊維に沿って裂く

葉を持ってそのまま食べる

紅いもムーチー 120円

いくつでも食べられそう

あちこーこーの沖縄天ぷら♪

昔ながらの沖縄の味を提供。店頭のショーケースには、朝5:00から仕込む総菜や天ぷらがずらり。分厚い衣の揚げたて天ぷらは、食べ歩きするのにぴったり。

¥130

左から魚70円、もずく70円、ゴーヤー70円

Ⓑ 破格の総菜・天ぷらが並ぶ 上原パーラー ウエハラパーラー
Map P.201-C3 那覇

🏠那覇市松尾2-24-14 ☎098-867-5580 🕘7:00〜16:00 🈺日 🚃ゆいレール牧志駅から徒歩13分 🅿なし

ジーマーミー豆腐をぱくり☆

こだわり抜いたじーまーみ豆腐270円を販売。手しぼりの豆乳やタピオカ粉を使用して作られた豆腐は、もっちり食感。ピーナッツの風味がやさしく香る。

豆腐の付け合わせにぴったりの手作りあんだんすー320円

Ⓒ 職人技光るジーマーミー豆腐 花商 牧志本店 ハナショウ マキシホンテン
Map P.201-B3 那覇

🏠那覇市松尾2-21-7 ☎098-863-8720 🕘9:00〜19:00 🈺日 🚃ゆいレール牧志駅から徒歩10分 🅿なし

やみつきになる食感!

上質の肉を～

屋台でステーキにかぶりつく

牧志公設市場近くにある精肉店で、店頭の屋台で焼き上げるかけつけステーキが看板メニュー。その場でじっくり焼く赤身肉は、牛肉のうま味が出てジューシー。

D 精肉や肉加工品を扱う
上原ミート 市場前本店
ウエハラミート イチバマエホンテン

Map P.201-C4 那覇

🏠 那覇市松尾2-9-19 ☎098-866-8506 🕘9:00～18:00（屋台は11:00～16:00）🈺日 🚃ゆいレール牧志駅から徒歩10分 Ｐなし

超☆破格のかけつけステーキ！

150gで1000円。コスパも抜群！

伝統おやつをつまみ食い♡

かるかん
各120円。沖縄の紅白まんじゅうで粒あん入り

ウズー
180円。落雁の一種で旧暦3月3日に食べられる

こんぺん
120円。ピーナッツあんなどを包んだ焼き菓子

松風（まちかじ）
150円。ゴマがかけられた縁起ものの祝い菓子

沖縄にしかない伝統菓子を

戦後から3代にわたり、沖縄の祭事にかかせない郷土菓子を販売。カラフルなウズーや縁起ものの松風など、店頭に並ぶのはすべて地元民に愛されてきた菓子ばかり。

E 沖縄の郷土菓子が豊富
外間製菓所
ホカマセイカショ

Map P.201-C4 那覇

🏠 那覇市牧志3-1-1 ☎098-863-0252 🕘9:00～16:00 🈺なし 🚃ゆいレール牧志駅から徒歩7分 Ｐなし

いちゃりばーちょーでーを体感！

近年、センベロ（＝1000円払えばベロベロに酔える）ブームの沖縄。足立屋はそんな沖縄におけるセンベロ酒場の草分け的存在。午前中から営業しているため、朝から飲めるのもうれしい。

おもしろい出会いがあるかも?!

ありっ！乾杯！

F 立ち飲みでカリーさびら！
大衆串揚酒場 足立屋
タイシュウクシアゲサカバ アダチヤ

Map P.201-B3 那覇

🏠 那覇市松尾2-10-20 ☎098-869-8040 🕘10:00～22:00 🈺日 🚃ゆいレール牧志駅から徒歩10分

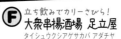

センベロ酒場で昼から飲む！

サクサクの串揚げは単品50円～と破格

千べろ1000円。対象の酒3杯とつまみ1品つき

センベロルール
① 支払いはキャッシュオン
② 対象の酒とつまみをチョイス
③ 酒を頼んだら瓶の栓と交換

その場で絞る「冷やしレモン」が美味♡

うちなーんちゅが愛してやまない、ソウルフードならぬソウルドリンクを販売。搾ったシークヮーサー（和名ヒラミレモン）を水で割り、シロップを混ぜたら完成。

G 唯一無二の冷やしレモン
コーヒースタンド小嶺
コーヒースタンドコミネ

Map P.201-C4 那覇

🏠 那覇市松尾2-10-1 ☎なし 🕘14:00～18:00 🈺不定休 🚃ゆいレール牧志駅から徒歩10分 Ｐなし

1杯120円。甘さは控えめで酸味が際立つ

名物ジュースでチルアウト

ふたつの公設市場へ

2023年にリニューアル！
那覇市第一牧志公設市場
ナハシダイイチマキシコウセツイチバ

DATA →P.156

市場本通り奥にある、1950年開設の歴史ある市場。1階には鮮魚や生肉、野菜、加工品などを扱う店が集まり、2階には飲食店街が入る。

100店舗以上がひしめく
のうれんプラザ

島野菜や総菜などが手に入る県民の台所。1953年開設の農連中央市場がもとで、2017年にこの地にリニューアルオープン。飲食店も併設。

Map P.201-C3 那覇

🏠 那覇市樋川2-3-1 ☎098-834-7818 🕘🈺店舗により異なる 🚃ゆいレール牧志駅から徒歩18分 Ｐ96台（有料）

オールデイ！買い物クルーズ

活気あふれるまぐぁ〜で、グルメの次はショッピング♪ arucoスタッフ厳選のショップで、狙いを定めてお買い物スタート！

色とりどりのフルーツに胸がキュン☺

南国フルーツをおみやげに

買ったフルーツのおいしい食べ方も教えてもらえる

沖縄の果物を豊富に扱う果物店。店頭には、県産のマンゴーやドラゴンフルーツ、パイナップルなど珍しいフルーツが並ぶ。カットをしてもらえるので、食べ歩きにもおすすめ。

Ⓗ 鮮やかな南国フルーツが揃う
友利くだもの店
トモリクダモノテン

Map P.201-C4 那覇

🏠 那覇市松尾2-10-10
☎098-867-4256 🕗8:00〜17:00 休日 ゆいレール牧志駅から徒歩10分 Ｐなし

1. 手でちぎって食べられるスナックパイン 2. さっぱりとした甘さのドラゴンフルーツ 3. 夏が旬のマンゴー 4. ジュースや添えものとして。シークヮーサー

エステティシャンオーナーたち

その場で受けられるエステが人気！

ちゅらかーぎー（沖縄美人）がこぞって通う老舗化粧品店には、店内の一角にフェイシャルエステを受けられるスペースがある。お手入れメニューはフェイスマッサージ1500円〜とお手頃。マダムエステティシャンとの会話も楽しい。

キレイになってコスメおみやげも♡

Ⓘ エステ併設の化粧品店
玉城化粧品店
タマキケショウヒンテン

Map P.201-C4 那覇

🏠 那覇市牧志3-2-45
☎098-863-4565 🕗10:00〜18:00 休予約不要 ゆいレール牧志駅から徒歩10分 Ｐなし

パックや仕上げのメイク付きの2500円コースを体験

デパコスでメイクアップ

使う化粧品はすべて資生堂のもの

市場を見つめる古本屋をのぞく

沖縄の本が多く、背表紙を眺めるだけで楽しい

市場の歴史を本屋で知る

市場中央通り沿いにぽつんとたたずむ古本屋。こぢんまりとした店内に、沖縄の郷土本や沖縄を舞台にした文学作品などがずらりと並ぶ。

Ⓙ 小さくてあたたかい古本屋
市場の古本屋 ウララ
イチバノフルホンヤ ウララ

Map P.201-C4 那覇

🏠 那覇市牧志3-3-1
☎なし 🕗11:00〜17:30 休火・日 ゆいレール牧志駅から徒歩9分 Ｐなし

ネコ店長とおもしろタオル探し

ネコちゃんのいるタオル屋さん

タオルや手ぬぐいなどを販売するタオル専門店。店のアイドルは猫店長のみーちゃん。店頭のキャットタワーでは、みーちゃんやほかの猫スタッフが休んでいることもしばしば。

Ⓚ ネコ店長のいるタオル専門店
嘉数商会 カカズショウカイ

Map P.201-B3 那覇

🏠 那覇市牧志3-6-41 ☎098-862-1682 🕗9:30〜18:00 休無休 ゆいレール牧志駅から徒歩9分 Ｐなし

みーちゃんが題材のオリジナルタオル500円

あんまーファッションにトライ☆

県産品のムームーも取り扱っている

カラフルムームーは試着必須！

さらっと着やすいムームーは、あんまー（お母さん）御用達。お出かけにも部屋着にも使えてとても便利！丈感や柄はそれぞれ異なるので、試着してから買うのがおすすめ。

1着1300円〜と、お手頃価格のムームーが並ぶ

Ⓛ ムームーをお得にゲット
ファッション島田 牧志店
ファッションシマダマキシテン

Map P.201-C4 那覇

🏠 那覇市牧志3-1-26 ☎098-868-2281 🕗10:00〜19:00 休不定休 ゆいレール牧志駅から徒歩5分 Ｐなし

M 伝統の染め物・織物を扱う
よへな商店
ヨヘナショウテン

Map P.201-C4 那覇

琉球絣（りゅうきゅうがすり）や久米島紬（くめじまつむぎ）といった、沖縄に伝わる染め織物を扱う。反物や着物類の販売のほか、小物類も販売。サトウキビ（ウージ）で染めた、個性的なウージ染めの小物もありおもしろい。

🏠 那覇市牧志3-3-7
☎ 098-863-2832
🕙 10:00～18:00
🈺 水・日
🚝 ゆいレール牧志駅から徒歩10分
🅿 なし

日常使いできるアイテムも！

沖縄の染め織物にひとめぼれ！

織物の紋様についての解説も聞ける

ウージ染めのコースター各770円

ウージ染めの巾着1760円

三線（さんしん）を弾いて買ってみる！？

沖縄の民謡を弾いてみよう

三線の音に誘われて～♪

沖縄の伝統楽器、三線を販売。初心者でも弾ける、本体や楽譜が一緒になった三線セットやCDもぜひ。店頭では試し弾きができ、弾き方に関しての簡単な指導を受けることもできる。

初心者向けの三線セットは3万円～

N 三線グッズが大集合
仲尾次三味線なんでも屋
ナカオジシャミセンナンデモヤ

Map P.201-C4 那覇

🏠 那覇市松尾2-10-1
☎ 098-863-1010
🕙 9:30～19:00
🈺 日
🚝 ゆいレール牧志駅から徒歩10分
🅿 なし

三線の棹に目印がついていて弦を押さえやすい

まーく弾けぬがやー？

那覇まちぐゎー **MAP**

ディープ度 ★
国際通りから繋がる通り
市場本通り イチバホンドオリ

国際通りのドン・キホーテ横から伸びるアーケード街で、牧志公設市場前まで続く。全長は約140m、約50店がひしめき合う。

ディープ度 ★★★
小さな路地裏に店がびっしり！
かりゆし通り

牧志公設市場の南側にある約50mの通り。地元でも穴場的な存在で、果物店や鮮魚店が軒を連ねる。かりゆしとは、沖縄の方言で「めでたい」。

ディープ度 ★★
市民も利用するローカル店多し
太平通り タイヘイドオリ

市場本通りを真っ直ぐ進むと現れる商店街で、レトロな雰囲気が色濃く残る。地元民向けの店が多いが、なかには洋食屋やカフェもある。

ディープ度 ★★
平和の象徴、ハトが目印
平和通り ヘイワドオリ

戦後、露店が立ち並んでいた市場が始まり。1951年、平和を望む人々の思いと、通り入口にあった映画館「平和館」にちなんで名付けられた。

ディープ度 ★★★
昔ながらの店が点在
むつみ橋通り

市場本通りと平和通りに並行して通る商店街。沖縄の虫や動物がモチーフのオブジェがところどころに飾られている。

地図内表記
ドン・キホーテ
国際通り
希望ヶ丘公園
桜坂通り
むつみ橋通り
浮島通り
市場中央通り
うりずん横町通り
スージ通り
サンライズなは商店街
のうれんプラザ

Ⓐ Ⓑ Ⓒ Ⓓ Ⓔ Ⓕ Ⓖ Ⓗ Ⓘ Ⓙ Ⓚ Ⓛ Ⓜ Ⓝ

牧志公設市場の1階にある
まちぐゎー総合案内所
マチグヮーソウゴウアンナイジョ

まちぐゎー専門の観光案内所。お店情報や、まちぐゎーのMAPが手に入る。入り口のチラガー（豚の顔）との記念撮影も◎

Map P.201-C4 那覇

🏠 那覇市松尾2-10-1（第一牧志公設市場1F）
☎ 098-943-2110
🕙 9:00～20:00
🈺 なし
🚝 ゆいレール牧志駅から徒歩10分
🅿 なし

おばぁラッパーズがご案内！
栄町市場ではしご酒♪

ディープな那覇をより感じたいという人におすすめなのが栄町市場。昼はまちぐゎー、夜は酒場という、地元感たっぷりの雰囲気を感じることができる。

おばぁラッパーズにも 会えちゃう

栄町市場を活性化するために結成された、おばぁラッパーズ。生まれも育ちも栄町という3人が、aruco女子のために市内のおすすめのお店を案内してくれました！

UBA RAPPERS

味わい、あるローカル市場

栄町市場
サカエマチイチバ

ゆいレール安里駅前に広がる、ノスタルジックな雰囲気漂う市場。1955年に誕生し、現在は飲食店を中心に約120もの店舗が立ち並ぶ。

Map P.201-B4 那覇

🏠 那覇市安里388-1 ☎098-886-3979（栄町市場商店街振興組合事務所） 🚃ゆいレール安里駅から徒歩1分 Ｐなし

夜の栄町市場へ

TOTAL 5時間〜

オススメ時間 16:00〜21:00 　予算 3000円〜

🍶 ローカルな酒場をはしご

栄町市場には、アバンギャルドな居酒屋がたくさん。はしご酒でいろいろなお店に訪れてみて。ただし各店舗にトイレがないことが多く、市場内の公衆トイレを使う必要があるので注意。

📣 イベントをCheck！

1年のうち約3回開催される「栄町市場屋台祭り」。特設のライブステージでは、おばぁラッパーズをはじめ地域のアーティストが演奏を披露。会場は大盛り上がり！

市場のアイドル

おばぁラッパーズ

2006年、市場で働くおばぁたちによるラッパーグループが結成！ メンバーは写真左から糸数多美子さん（うしい）、新城カメさん（カメ）上地美佐子さん（カマドー）。

おばぁ COMMENT いっぺーまーさんな食材ばかりよ〜

16:00 × おばぁたちの お店にごあいさつ！

まずはおばぁラッパーズが営むお店へGO！ メンバーのカマドーさんとうしいさんは、それぞれ市場内で食堂と商店を営んでいる。運がよければ会えるかも！

食堂兼カフェ兼居酒屋
食堂カフェとも
ショクドウカフェトモ

Map P.201-A4 那覇

🏠 那覇市安里387 ☎098-885-2700 🕐16:00〜24:00 🈲火

1. フーチャンプルー350円
2. ガツっとニンニクが効いた一番人気のにんにく餃子 5個350円 3. こんにゃくステーキ350円

カマドーさんが営む食堂、沖縄料理を中心としたメニューの数々は250円〜からとお手頃。定食メニューもあり、ご飯やスープ小鉢などが付いて600円。

おばぁ COMMENT ニンニクたっぷりの餃子、うさがみそーれー

食料品から日用品まで並ぶ
はいさい食品
ハイサイショクヒン

Map P.201-A4 那覇

🏠 那覇市安里379 ☎098-884-1619 🕐9:00〜18:00 🈲日

1. 県民のソウルフード、スパムの缶詰をゲット 2. 家族経営のあたたかい雰囲気 3. 沖縄ならではの野菜がたくさん

うしいさんが働く、市場内で一番大きい商店。創業64年、毎日仕入れる新鮮な県産野菜や、フルーツを中心に販売している。店内には、食材のほかにも乾物や日用品も並ぶ。

18:00

夜はこれから!
名物・屋台餃子でイッパイ☆

続いてはおばぁラッパーズおすすめのお店を巡ることに。半世紀以上の歴史がある「べんり屋 玉玲瓏」は、こぢんまりしながらも、地元の人たちでいつもにぎわう名店だ。

おばぁ COMMENT
ここの餃子を食べなきゃ帰れん

折詰・オードブル・弁当
おかずの店 べんり屋
TEL 32-0009

プチぼうけん 3

栄町市場ではしご酒♪

カウンターで餃子と乾杯
べんり屋 玉玲瓏
ベンリヤ イウリンロン

オーナーの玉寄さんが北京出身の奥さんとともに営む餃子屋で、日本人の口に合うようにアレンジされた小籠包が名物。通路に設置された座席がいっそうディープな雰囲気を漂わせる。

Map P.201-A4 那覇

🏠 那覇市安里388-1
☎ 098-887-7754 🕐 17:00～23:00 🈺 日

1. 臭みがなく食べやすい、なまず一夜干770円 **2.** カリカリの焼き餃子770円 **3.** ジュワッとうま味が広がる小籠包825円

オリオンビール385円と一緒に一杯どうぞ

桜えび酒650円とオリオンビール680円でカンパイ

I ♥ 栄町

おばぁ COMMENT
エビ好きにはたまらんね～

エビ好きに刺さる一軒
えび専門酒場 えびす屋
エビセンモンサカバ エビスヤ

Map P.201-A4 那覇

🏠 那覇市安里388-1-5
☎ 080-1736-6510 🕐 16:00～24:00 🈺 無休

19:00

トガリ度MAX!
エビ専門店でしっぽり呑む

市場内には個性的なお店がずらり! なかでもとにかくエビしか出さない、エビ専門の居酒屋があるとカマドーさんから聞きつけ、さっそく行ってみることに。

エビ好きによるエビ好きのための居酒屋。メニューはすべてエビを使っており、刺身はもちろん、海老のビスクスープ650円、エビのアヒージョ900円など。

えび刺し身盛り合わせ1800円。7種類ほどのエビが乗る

20:00

ラストは名物居酒屋へ
迫力ライブで〆る

最後はおばぁラッパーズのプロデューサー、もりとさん経営の居酒屋へ。もりとさん自身、沖縄を拠点に活動するマルチチーズロックというバンドで活躍するミュージシャン。〆には上質な音楽を聞きながらしっぽり飲む。

音楽も楽しめるダイニングバー
生活の柄
セイカツノガラ

ミュージシャンの糸満もりとさんがオーナーを務める。1階はカウンター、2階は座敷席になっている。料理で使う素材のほとんどは栄町市場で購入するという、栄町愛の強い名店。

Map P.201-A4 那覇

🏠 那覇市安里388-1 ☎ 098-884-6863 🕐 18:00～23:30 🈺 月・火

不定期でライブも行われる

おばぁ COMMENT
栄町市場に遊びに来て～!

ひめゆり同窓会館

栄町市場は、ひめゆり学徒隊の母校である沖縄師範学校女子部と沖縄県立第一高等女学校の跡地。市場には「ひめゆり同窓会館」があり、2階はひめゆりピースホールとなっている。不定期で演劇の公演などを開催。

当時の写真も飾られている

プチ
ぼうけん

琉球王国最高の聖地 斎場御嶽を詣でる

沖縄がまだ琉球王国だった時代、最高の聖地とされていたのが、斎場御嶽。うっそうと茂るジャングルのなかに広がる聖域は、今も琉球の神々信仰の中心となっている。

TOTAL
1時間〜

斎場御嶽を訪れる

| オススメ時間 | 午前中 | 予算 | 300円 |

▶ ジャングルに囲まれた聖地へ
昼間の斎場御嶽は混み合うため、訪れるのは朝一がベスト。チケット売り場であるがんじゅう駅・南城は御嶽の入口からは徒歩10分ほど離れている。
掲載許可：南城市教育委員会

琉球の神々が宿る 聖なる森を歩く

沖縄にはたくさんの御嶽が存在しているが、中でも最も神聖な場所とされるのが斎場御嶽。首里城から見て南東にあたり、首里城と久高島を真っすぐに結ぶ線の上に位置している。

御嶽は今も聖地としてあがめられている。マナーを守って観光しよう

御嶽を訪れる際のマナー

◆祈りの場（ウナー）や香炉のある場所へは立ち入らない
◆拝所では手を合わせて感謝の気持ちを
◆写真を撮る際は神様に断りを
◆大きな声で騒がない
◆ゴミなどを捨てたりしない

御門口付近にある
久高島遥拝所

ジャングルの中に拝所が
点在している

いにしえの七御嶽のひとつ

斎場御嶽
セーファウタキ

各拝所には香炉が置かれている。ここでノロと呼ばれる神職が祈りを捧げる

琉球王国の創世神である「アマミキヨ」が創ったと伝えられる七御嶽のひとつ。琉球王国時代には神の島・久高島を望む聖地としてあがめられ、重要な祭事や儀式の場となった。

Map P.185-A4 南城

🏠 南城市知念久手堅地内 ☎ 098-949-1899
🕐 9:00〜18:00、11〜2月〜17:30（最終入場30分前）
📅 旧暦5/1〜3、旧暦10/1〜3
💰 300円（がんじゅう駅・南城で購入） 🚗 南風原北ICから15km
🅿 150台 
チケットを販売しているがんじゅう駅・南城

御嶽（うたき）とは何？
御嶽とは、神々が降臨する聖地であり、島の人々にとって信仰のよりどころとなっている大切な場所。御嶽により祀ってある神が異なり、地域や集落にひとつは必ずある。

御嶽内に存在する6つの神域を回る

敷地内には「イビィ」と呼ばれる神域が6つあり、ゆっくり歩いても1時間もあれば回ることができる。

斎場御嶽 MAP

② ③ ④⑤
①
入口　出口
久高島遥拝所

プチぼうけん↓
斎場御嶽を詣でる

巨岩の下の拝所　大庫理（ウフグーイ）

各神域のそばには解説ボードもある

平岩が積まれた場所が祈りの場

石畳の参道を歩くと最初に見えてくる神域。洞窟のような岩場のなかに、ノロと呼ばれる神職たちの祈りの場（ウナー）がある。自然と神々への信仰が融合した姿に息をのむ。

豊穣を司る「台所」　寄満（ユインチ）

「寄満」とは台所のことで、首里城にも同じ名前の建物がある。ただし実際に料理が行われた場所というわけではなく、世界中から豊穣が集まる場所とされている。

巨大な石の下に祈りの場がある。立ち入りは禁止

香炉は今も使われている

シキヨダユルアマガヌビー・アマダユルアシカヌビーの壺

三庫理のすぐ脇にある、頭上の鍾乳石から滴り落ちる聖なる水、御水（ウビィ）を受け止めるふたつの壺。かつては貯まった水量で琉球王国の豊兆などを占っていた。

ふたつの水壺が並ぶ

岸壁の下のふたつの水壺

壺にたまった聖水。持ち帰ったり飲むのは禁止

上部には鍾乳石が下がっている

御嶽の中で最も神聖な場所　チョウノハナ

三庫理の右手の岩の上にあるのがチョウノハナ。地下から金の勾玉が3個発見されたことから、重要な祈りの場であったとされている。

右手の岩の上がチョウノハナ

岩の下は立ち入り禁止となっている

斎場御嶽のシンボル　三庫理（サングーイ）

ふたつの岩が寄り添う神域で、斎場御嶽のシンボル。正確には三角形の合間を抜けた先のことを三庫理（入口から奥は立入禁止）と呼ぶ。

ガイドツアーで御嶽を回る

斎場御嶽についてより詳しく知りたいならガイドツアーに参加するのがおすすめ。2日前までの予約制で、所要時間は約1時間。

歴史や文化を学べます

斎場御嶽ガイド
☎098-949-1899（緑の館・セーファ）⏰9:00～16:00 ⑯1～2人まで2000円、3～19人まで1人1000円

斎場御嶽から足を延ばして
ふたつの聖なる島へ

本島の東に浮かぶ聖なる島

久高島
クダカジマ

斎場御嶽の東、海の上に浮かぶ久高島は、琉球創世の神「アマミキヨ」が最初に降り立ったとされる聖なる島。また、うるま市の浜比嘉島には同じく創世神たちの墓や聖域がある。

沖縄随一の聖なる島で、琉球王国時代には国王による礼拝も行われていた。島内には御嶽や御殿、拝所などがいくつもある。訪問の際はルールを守ること。

Map P.183-B2 南城

🏠南城市知念久高 🅿なし

久高島への行き方

🚢久高島へのフェリーが出るのは南城市の安座真港。安座真港までは南風原北ICから15km、斎場御嶽からは2km。安座真港からはフェリーと高速艇が合わせて1日6便運航、所要時間はフェリーが25分、高速艇は15分。久高島の港は徳仁港。

島は自転車で
回るのがベスト

アマミキヨが
降り立った
とされる
ハビャーン

集落内は静かに歩
こう。水着も禁止。

島一周サイクリング

🚲 島は東西に細長く、西にある港から最東端のハビャーンまで
自転車30分とサイクリングにちょうどよい距離感。

LUNCH SPOT お食事処
とくじん

徳仁港そばにある久高島振興会経営のお食事処。島で取れた海の幸を使った料理が人気で、名物は特産でもあるイラブー（ウミヘビ）汁2500円。

🏠南城市知念久高231-1
📞098-948-2889
🕐11:00～20:00
🅿なし

島の魚介たっぷりの海鮮丼1500円

久高島へ
TOTAL 4時間～

オススメ時間 午後　予算 2000円～

🚢 フェリーで聖なる島へ

久高島へは、安座真港からフェリーで約15～25分。港は斎場御嶽から車で5分ほどなので、午前中に斎場御嶽、午後から久高島と、ふたつの聖地を1日で回ることもできる。

御殿庭
ウドゥンミャー

徳仁港
🚲5分

12年に一度行われる祭事、イザイホーの祭場。神を招き入れるアシャギ、久高島始祖のひとりであるシラタルの拝殿などが並ぶ。

🚲8分

ビロウの杜
ウバーマ浜

久高島

船待合所
お食事処・とくじん
徳仁港

島の東端にある、アマミキヨが降臨した場所。岩場になっており歩くことができず足場は悪い。周囲には沖縄古来の植物が生い茂る。

ハビャーン

イシキ浜
イシキハマ

神の国、ニライカナイから五穀の種を詰めた壺が流れ着いたとされる場所で、沖縄の五穀発祥伝説の浜。海で遊泳することは禁止。

0 N 500m

🚲5分

フボー御嶽
フボーウタキ

🚲15分

アマミキヨが最初に作った七御嶽のひとつで、久高島最高の聖地。ロープの先が祭祀の場となっている。この先には絶対に立ち入らないこと。

28

岩の中に作られた
アマミチューの墓
詳細は →P.134

浜比嘉島へ

TOTAL 2時間〜

オススメ時間	予算
午後	無料

海中道路で島から島へ
本島から島々の間を渡す海中道路
（→P.134）は、沖縄を代表するドライ
ブコースとして知られる。斎場御嶽のある
南城市とは離れているので、それぞれ
別の日に回るのがおすすめ。

浜比嘉島への行き方
浜比嘉島は離島ではあるが本島と道でつな
がっている。道は海中道路と呼ばれ、人気のドラ
イブコースとなっている。最寄りのイン
ターチェンジは沖縄
北ICで、島までは
約20km。

ガジュマルの
木々に囲まれた
東の御嶽

琉球開闢の伝説が残る

浜比嘉島
ハマヒガジマ

うるま市の東部、海中道路と呼ばれ
る道路でつながる島のひとつ。アマ
ミキヨとシネリキヨ、琉球創世の伝
説に登場する2神にゆかりのスポット
が見どころとなっている。

Map P.189-C4 うるま
うるま市勝連比嘉
☎098-978-7373（あまわ
リパーク内観光案内所）

鳥居をくぐり階段を
上った先に洞窟がある
（シルミチュー）

詳細は →P.135

島のおまもりをGet！

島パーラー 浜比嘉店

Map P.189-C4 うるま
うるま市勝連比嘉104-4
☎080-6489-5617
⏰11:00〜17:00
休木・金

アマミチューの墓のそばに
ある。軽食やドリンクなどを
販売するパーラーで、浜比
嘉島の塩を入れたお守り、
マース袋を販売している。

ひとつひとつ柄が異なる。
無病息災700円、縁結び1500円、子宝安産1000円

プチぼうけん

斎場御嶽から足を延ばして、ふたつの聖なる島へ

琉球創世の神話をちょこっとSTUDY

アマミキヨとシネリキヨ 琉球創世の2柱

琉球王国時代の歴史書『中
山世鑑（ちゅうざんせいかん）』によると、アマミキヨ
という神が琉球の島々を創
り、そこに神を拝むための7
つの御嶽を開いた。アマミ
キヨはその後天帝から一男
一女を賜り、娘が3人の男性
と2人の女性を産んだ。長男
は国王、次男は按司（あじ）
という地方有力者、三男は
百姓、長女は最高神官であ
る大君、次女がノロという
神官で、それぞれ始まりと
なった。琉球最古の歌謡集
『おもろそうし』には、アマ
ミキヨとシネリキヨという
男女2柱が島々と人間を創っ
たという歌も残されている。

琉球の神々

▶アマミキヨ

琉球の神話に登場する、
創世神。神々の住む世
界からやってきて、
島々や7つの御嶽、
人間を創り、五穀を
もたらし人の世を創
り出した。女性の神
であるとされる。

▶シネリキヨ

アマミキヨの配偶者のような
存在で、男性の神。『おもろ
そうし』にはアマミキ
ヨと一緒に島々を
創ったと歌われる
が、『中山世鑑』に
はシネリキヨの記
述はない。

▶東方大主

ニライカナイ信仰では最
高神とされる存在。ア
マミキヨに琉球の
島々の創世を命じ、
自らの子である一男
一女を与えた天帝と
同じと認識されるこ
とが多い。

▶キミテズリ

琉球王国に伝わる、海と太陽
を司る女神。新たな国王
が就任する際に現れ、
聞得大君（きこえの
おおきみ）に憑依し
神託などを授けると
される。

マングローブに癒やされる〜
やんばるの森をカヤックで冒険!

本島北部やんばる、マングローブに流れる川で、のんびりカヤック♪
ガイドさんのネイチャートークに耳を傾けながら
大自然でリフレッシュしちゃおう。

緑を見ながらのんびり
川を進もう

MANGROVE

マングローブカヤックツアー

TOTAL
2時間〜

オススメ
時間 午前中〜
日没

予算 6000円

💡 カヤックツアーに参加しよう
やんばるエコフィールド島風のツアー
は、ガイドひとりにつきカヤック4艇ま
での少人数制。通年開催されているが、
潮の満ち引きでスタート時間が変わるの
で、予約の時に集合時間を確認すること。

汽水域に生息する不思議植物
マングローブを見学

東村にある慶佐次川の流域。海の水と川の水が混じり合う
汽水域にはマングローブが広がる。マングローブを進むカ
ヤックツアーは、やんばる観光のハイライトだ。

ガイドさんの話に
耳を傾けよう

マングローブとは何?

汽水域に生育する植物の総称がマングローブ。
慶佐次川で見られるのは以下の3つ

オヒルギ
3種類のなかでも最も
陸側に生育。膝を曲
げたような根(膝根)
を張り巡らす。赤い
がくがよく目立つ。

水の中に
たくさんの根が!

メヒルギ
ヤエヤマヒルギよりも
やや陸に近い場所で生
育。根の部分が小さ
く、盆栽のように葉の
部分が広がっている。

星型の
花が咲く

ヤエヤマヒルギ
マングローブのなかで
も特に海に近い場所で
生育する。支柱根とい
う根を伸ばし、波風か
ら身を守っている。

根を伸ばして
体を支えます

少人数制のカヤックツアーを催行
やんばるエコフィールド島風
ヤンバルエコフィールドシマカジ

東村にあるやんばるツアーの専門店。ガイド兼
オーナーは、地元出身の當山さん。ツアー中もす
ぐそばで案内してくれるので、初心者でも安心。

Map P.194-B2 東

🏠 東村有銘556-2
📞 080-9852-5562
⏰ 受付8:00〜19:00
休 なし
P 30台(集合場所)

地元出身
ならでは
の詳しい
ガイドが
人気

○ 持って行く物、用意してくれる物
○ パドル、ライフジャケット、カヤッ
クは用意してくれる。服装は速乾性
○ があり動きやすいもので、長袖長ズ
ボンを着る。中に水着を着る。帽子も
○ 必携。

今回参加した
ツアー

ツアーINFO

慶佐次川マングローブカヤック 2時間
◐ 通年(時間は潮の干満で異なる)
¥ 6000円(器材レンタル代込み)

AND MORE ツアー

慶佐次川マングローブカヤック 3時間
スピーディな2時間のカヤックツアー
に加え、さらに海へと出てシーカヤッ
クも楽しめるのがこの3時間ツアー。
途中にはうちなースイーツのおやつタ
イムもあり、満足度は120%!
◐ 通年(時間は潮の干満で異なる)
¥ 8000円(器材レンタル代、
おやつ代込み)

初心者は
はりきいて
しっかりと聞いて
おこう

START

プチぼうけん♪

やんばるの森をカヤックで冒険！

慶佐次川マングローブ カヤック2時間ツアーへ！

東村ふれあいヒルギ公園を出発して、川を上り支流を通って戻ってくる2時間のツアー。カヤック初心者でも安心して参加できる。

7:45 東村ふれあいヒルギ公園に集合

慶佐次集落にある東村ふれあいヒルギ公園がカヤックツアーの集合場所。広々とした駐車場があり、目の前には売店が立つ。

シオマネキの看板が目印

8:00 公園内でカヤックの操縦を学ぶ

着替えてガイドさんや他の参加者たちと合流したら、公園内でカヤックの基本的な操縦法についてのレクチャーを受ける。漕ぎ方や曲がり方をしっかりと教わろう。

準備OK！いざ川へ！

カヌーを支えてくれるので安心

赤いがくがあるオヒルギの花

ハブの抜け殻ですよ！

泥の中にも生き物が！

8:15 川へと移動しカヤックに乗り込む

いよいよ川へ出て、カヤックに。乗り込むときはお尻から勢いよく座るのがコツ。ほかの参加者たちが乗り込む前に、漕ぎ方や曲がり方を練習してみよう。

8:30 風景を眺めながらまったりカヤック

ゆっくりと川を上っていく

広い川の両脇にマングローブが茂っている。ときには川の中央をのんびり漕ぎ、ときにはマングローブのそばまでいって自然観察。やんばるの自然についてていねいにガイドしてくれる。

マングローブがすぐ目の前に！

オヒルギの根の中でシラサギが休憩中

FINISH

9:30〜 マングローブの支流を進む

川を上って折り返したら、間近にマングローブを見る支流へ突入☆ すぐそばにマングローブの根が生えているので、ぶつけないかどうかハラハラする。でも慣れれば大丈夫。

公園に戻って解散！

支流を20分ほど進んだら公園に戻り、借りたものを返して解散。公園内にはマングローブの遊歩道もあるので、お散歩するのも◎。

木漏れ日がここちよい！

お疲れ様でした〜

作家さんから直接買う幸せ体験
やちむん工房におじゃま♪

琉球王国よりも古い、沖縄の器作り。工房のなかには、直売所を併設しているところも。作家さんとゆんたくしながら購入できるなんて、幸せすぎでしょ!

・名 2860円

使いやすい
マグカップ

登り窯に併設して
ショップがある

形、柄ともさまざまな
パターンがある

自然の中にたたずむ
やちむん工房をはしご

沖縄の方言で「焼き物」を意味するやちむん。森のなかや海沿い、住宅街など作家自身が選んだ場所に工房があり、自宅の窯で日々作陶をしている。

4180円

点描模様の
7寸皿

登り窯で
自ら焼き上げる
田村窯
タムラガマ

やんばるの森のなかにあり、自作した登り窯を使って土や釉にこだわる伝統的なやちむんを作っている。柔和な将敏さん、朗らかな印象の麻衣子さん夫妻との会話も楽しい。

Map P.194-A2 大宜味

🏠 大宜味村津波57-2　📞0980-44-1908
🕐10:00〜18:00（12:00〜13:00は昼休み）
🚫不定休　🚗許田ICから24km　🅿3台

・4180円

飛び鉋の飾りが
施された7寸皿

魚紋の
4寸ワンブー
・1650円

毎日使いたくなるお茶碗

・1650円

窯出し直後は
商品豊富!

・4180円

唐草模様の7寸皿

Artist
田村将敏さん・麻衣子さん
将敏さんは、セレクトショップでやちむんと出合い、沖縄に移住。読谷の北窯で修行。2010年に独立。伝統柄からオリジナルまでさまざまなパターンの作品を生み出している。

やちむん工房へ

TOTAL
1日

オススメ
時間　午後　予算　アイテム
による

🚗 回る時はレンタカーで

工房の多くは那覇など市街地から離れた場所に店がある。路線バスなど公共の交通機関でアクセスするのは難しいので、レンタカー利用はマスト。買い過ぎてしまっても車なら安心。

Artist
奥平清正さん・真穂さん

読谷にある常秀工房で修行後、2008年に開窯。沖縄の方言で浅瀬のサンゴ礁群を意味する「イノー」やサンゴ、唐草など島の自然をモチーフとした作品が人気を呼んでいる。

各4400円

ペアで揃えたいカップ

並べ方もかわいい！

生活を彩る 鮮やかな陶器
陶房 火風水
トウボウ ヒフミ

中城村の住宅街にたたずむ自宅の一角が店舗、奥が工房となっている。店舗の向かいは台所で、飾られている器がどのように使われているかを実際に目の当たりにできる。

Map P.187-B3 中城

🏠中城村新垣126 ☎098-995-7331 🕙10:00～17:00頃（要事前連絡）🗓不定休 🚗北中城ICから8km 🅿4台

プチぼうけん 6 やちむん工房

イノーの鮮やかなブルーと赤サンゴを表現した深皿

8250円

自宅の一角に皿やカップが並べられている

焼き魚や刺身などの和食に使いたい角皿

5500円

定番の平皿

8250円

タイの薪窯で焼き上げた南蛮焼締の角皿

4180円

豊富なパターンの 角平皿が人気
一翠窯
イッスイガマ

読谷の海のそばにある工房。定番は、ストライプや水玉、格子柄などさまざまなパターンがあるスクエアの平皿。ほか土の風合いを感じられる南蛮焼締もある。

Map P.188-A1 読谷

🏠読谷村長浜18 ☎098-958-0739 🕙9:00～17:00 🗓なし 🚗石川ICから11km 🅿3台

ペルシャブルーの正方皿（大）

4180円

カラフルな湯飲み

各2750円

畳敷きの室内に作品がずらり！

Artist
眞喜屋修さん

沖縄県生まれの陶芸家。土、化粧から釉にいたるまで沖縄由来のものにとことんこだわり、伝統的なやちむん作りを続けている。師匠は読谷山焼の巨匠である大嶺實清。

コーヒー豆がデザインされたカップ

4400円

やちむんの 伝統にこだわる
陶房 眞喜屋
トウボウ マキヤ

古い琉球家屋を利用した建物内で、伝統からモダンなオリジナルまでさまざまなパターンの作品を販売。日々の暮らしに寄り添う、比較的手頃な値段で使いやすい器が揃う。

Map P.185-A4 南城

🏠南城市佐敷比与那447 ☎098-947-1320 🕙9:00～17:00（要事前連絡）🗓日 🚗南風原北ICから10km 🅿3台

「ソテツ」をイメージしたデザインの8寸皿

6050円

ドット模様がかわいいお茶碗

2530円

Artist
高畑伸也さん

アジアを放浪後に沖縄に立ち寄り、その後移住。伝統にとらわれすぎない自由な発想を大切にし、窯から出したときに「かっこいい」「かわいい」と思えるうつわを目指し作陶している。

定番のスクエアプレート。サイズにより料金が変わり、小2420円、中3630円、大4620円

やちむんの柄と形について

昔から愛されてきた沖縄のやちむんについて知ろう！

柄

唐草
最も一般的なパターン。唐草とひと口にしてもさまざまなバリエーションがある。

赤絵
色を出すために2度焼成するという赤絵。手間と時間がかかるためほかよりも高価。

点描（てんびょう）
大小無数の点を描く人気のパターン。どんな料理にもよく合うため使いやすい。

形

マカイ
沖縄の方言で「お椀」のこと。一般的なお茶碗は4.5寸、麺類は6寸サイズ。

カラカラ
泡盛を入れる酒器。諸説あるが、振るとカラカラと音が鳴るというのが語源。

魚紋
人間国宝・金城次郎さんが得意とした魚紋。さまざまな工房から発売されている。

飛び鉋（とびかんな）
工具の刃先で連続した細かい削り目を付ける技法。シャープで柔らかな印象。

ワンブー
やちむん独特の形。緑の部分が外に出ているのが特徴。使いやすいのは4寸。

抱瓶（だちびん）
携帯用酒器。肩から提げたときに体の線に合うよう三日月形をしている。

地元コザっ子と潜入!? 基地の町のナイトスポット事情

コザへの行き方
紹介した各ナイトスポットは胡屋交差点の徒歩圏内。胡屋交差点は沖縄南ICから2km。那覇からバスも多数運行している。

県内第2の都市である沖縄市は、かつてコザと呼ばれた「基地の町」。地元生まれのコザっ子と一緒に、夜のコザへいざ出撃!

コザのナイトスポット巡り
TOTAL **4時間〜**
オススメ時間 19:00〜　予算 3000円〜

個性派のナイトスポットが中心は、嘉手納基地から胡屋交差点へ延びる「コザゲート通り」。週末夜にはネオンが輝き、米兵たちが町へと繰り出してくる。かつて治安が悪かったが、今は安全。

米軍関係者も盛り上がる! 夜のコザで遊ぶ

米軍基地に囲まれたコザにはアメリカ文化が色濃く残り、かつて米兵御用達の店には「Aサイン」という看板が掲げられていた。女性も安心のナイトスポットへご案内〜。

案内してくれたのは

小浜由子さん
コザで生まれ、高校まで過ごす。沖縄芸大卒業後、陶器作家として活動。2023年6月に沖縄市にgallery uniをオープン。

長年コザの町を見つめてきた名物ママとの会話が楽しい!

アメリカ人も御用達の老舗バー
スナック プリンス

ドリンクは一杯800円〜

1. 怪しい階段を上った先がバーには米兵が残したドル紙幣が
2. 天井や壁

1967年オープンのレジェンドバー。週末には米軍関係者も多く訪れる。店を切り盛りするのは2代目ののり子さん。深夜になるほど盛り上がるため、20:00〜21:00がハッピーアワー。

Map P.202-C1 沖縄市
沖縄市上地1-4-2（2階）
098-932-4806
20:00〜翌2:00 月〜水
胡屋交差点から徒歩3分
Pなし

しっぽり派におすすめの2件!

静かに飲みたい人は、老舗バーへどうぞ。ママやマスターに沖縄のことを聞いてみて。人生相談にも乗ってもらえる!?

創業50年以上のAサインバーで、レトロな外観はゲート通りでもひときわ目立つ。ミュージシャンでもあるマスターが作る特製タコスが名物。夜には生演奏が聴けることも。

コザのレジェンド的存在
Cafe OCEAN カフェオーシャン

1. 名物のタコスはひとつ300円
2. カウンターでマスターと会話もよし、テーブルでゆっくりするもよし

Map P.202-C1 沖縄市
沖縄市中央2-15-2
098-938-5978
12:00〜22:00（L.O.21:00） なし
胡屋交差点から徒歩5分 Pなし

レトロでキュートな外観

本物のAサインが残っている

音楽の町コザで
ライブならここ！

1970年代に流行ったオキナワロックが生まれるなど、コザは音楽の町としても知られる。町のライブハウスで盛り上がろう！

コザを代表する3ピースバンド、JETのライブハウス。1960〜80年代のアメリカンロックを中心に演奏。ライブチャージは無料だが、ドリンクを注文するのがマナー。

★ ファンが集う
名物ライブハウス

JET
ジェット

Map P.202-C2 沖縄市

🏠沖縄市中央1-10-3（2階）
☎090-2966-9582
🕐20:00〜（ライブは20:30〜翌1:10）
🈳日〜木 🚶胡屋交差点から徒歩1分 🅿なし

ライブチャージなしで迫力のステージが楽しめる

オーナー兼バンドメンバーのTAKIさん

実際にスケボーもできるよ！

超☆個性派バーに
立ち寄ってみて

ゲート通りから少し離れて、アーケード街の中央パークアベニューへ。ゲート通りよりも静かで、雰囲気のいいバーが点在。

かつて色街のシンボルだったショークラブを改装。現在は屋内スケートパークとして利用されている。夜にはバースペースがオープンし、スケーターたちの滑りを見ながら一杯、なんてことも。

★ 元ショークラブを
改装したスケート場

SKATE CLUB
ORION
スケートクラブ オリオン

Map P.202-B2 沖縄市

🏠沖縄市中央
3-15-4 ☎080-
4275-0143
🕐SNSを確認
🈳月〜木 🚶胡屋
交差点から徒歩5分
🅿なし

ショークラブ時代の名残がそこかしこに！

スケボー見ながら飲めることも

町全体がラウンジだ！夜遊び後は個性派ホテルへ

沖縄の地方番組「コザの裏側」のディレクターが手がけた、沖縄初の町なかホテル。客室は商店街にかつてあった美容室、バーなど。全室60m²以上のスイートルーム。

トリップショットホテルズ・コザ

Map P.202-B2 沖縄市

🏠沖縄市中央2-6-47 ☎070-5489-3969 🕐IN15:00
OUT11:00 💴1万円〜（素泊まり）🈳7 🚶胡屋交差点から徒歩5分 🅿7台

1.こちらは美容室を改装したロックサイド 2. ホテルのフロント兼ラウンジのプレイヤーズカフェ

2

キャバレーだった店舗を改装した客室、セントラル

プチ
ぼうけん
3

食を通して文化への理解を深める
市場ツアー&沖縄料理レッスンに参加！

食べるだけじゃない！ 沖縄料理を自分でも作れるようになりたい！ そんな人にオススメなのが、料理体験。
沖縄料理のプロ・嘉陽先生と一緒に、ボリュームたっぷりの5品を作ってみよう。

Cooking

ゴーヤーチャンプルー
ゴーヤージュース
ラフテー
クファジューシー
アーサー汁

Shopping

実際に沖縄に暮らしているかのような体験

沖縄料理を学ぶだけでなく、まちぐゎー散策がセットになっている。ゆんたく（おしゃべり）しながら食材を選ぶ体験は、まるで沖縄に暮らしているかのよう。

教えてくれたのは
嘉陽かずみ先生

那覇市出身。料理講師師範1級、食育インストラクター1級などの資格をもつ。琉球料理研究家、松本嘉代子氏の元で学び、現在はよんなーフードを主催する。

体験は
ココで
楽しく沖縄料理を習得できる
よんなーフード

沖縄の料理を楽しく学べる教室。今回紹介したスタンダードコース以外にも沖縄そばやジーマーミ豆腐が作れるコースを開催。少人数制で、料理初心者でも安心。

Map P.199-B3 那覇

🏠 那覇市寄宮2-5-8（リプラハウス303）
☎ 098-832-7747 🕙 10:00〜、16:00
〜（各回所要2時間30分〜3時間）
🈲 不定休 💰 スタンダードコース1名8800
円、クイックコースA・B1名7150円（ともに2名以上参加の場合、要事前予約）
🚃 ゆいレール安里駅から徒歩22分 🅿️あり

市場ツアー&沖縄料理体験
TOTAL 3時間〜

オススメ
時間 10:00〜、16:00〜
予算 8800円〜
1万1000円

🍳 料理体験を通して沖縄文化を学ぶ
今回体験したスタンダードコースで作る沖縄料理は、ゴーヤーチャンプルー、ラフテー、クファジューシー、アーサー汁、ゴーヤージュースの計5品。終わったあとは実食もできる。

まずは
所要
1時間
市場散策！

体験は先生と待ち合わせるところからスタート。ゆんたくしながら、お目当ての食材を探そう。

1
先生と待ち合わせをして
まずは市場へ

2
ゆんたくしながら
牧志公設市場に到着

3
どれも沖縄料理には
欠かせない

4
新鮮なゴーヤーを発見。
さっそく購入することに

市場には肉、魚介、乾物などが並ぶ

めんそーれ

5
買い物後は先生の
キッチンスタジオへ移動

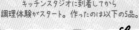

いよいよ 沖縄料理を作ってみよう！

キッチンスタジオに到着してから調理体験がスタート。作ったのは以下の5品。

所要2時間

1 ゴーヤーチャンプルー

チャンプルーとは沖縄の方言で「ごちゃ混ぜ」のこと。ビタミンたっぷりのゴーヤーチャンプルーは、夏の家庭料理に欠せない一品。

材料（4人分）			
ゴーヤー	400g	塩	小さじ1～2
ニンジン	80g	サラダ油	適量
豚三枚肉	100g	醤油	少々
島豆腐	1/3丁	カツオ節	適量
卵	2～3個		

作り方

薄い方が柔らかくて食べやすいです

1 薄切りにしたゴーヤー、細切りにしたニンジンを合わせ塩もみする。豚三枚肉はゆでて短冊切り、島豆腐は水気を切り手でちぎる。

ゴーヤーは薄切りに。苦味が抜けやすくなる

2 島豆腐と豚肉を炒め、続いて水気を切ったゴーヤーとニンジンを炒める。

手早く炒めればゴーヤーの食感が損なわれない

3 醤油、カツオ節を加え、溶き卵を和えて完成。

溶き卵は火を入れ過ぎないように

2 ラフテー

豚の三枚肉を醤油や泡盛で甘辛く煮込む、琉球宮廷料理。口の中で溶けるほど柔らかい口当たりと、ふわりと漂う泡盛の香りが楽しめる。

材料（4人分）	
豚三枚肉	400g
カツオだし	3カップ
泡盛	1/2カップ
砂糖	1/3カップ
醤油	1/3カップ

作り方

1 豚三枚肉はあらかじめ下ゆでしておく。

2 鍋にカツオだし、泡盛、砂糖を入れ煮立たせてから豚肉を投入。その後醤油を3回に分けて入れる。

3 煮汁が減り、豚肉に照りが出たら火を止める。

コツ
醤油は3回に分けて少しずつ入れる

中心まで均等に味がつきます

3 クファジューシー

クファは「硬い」、ジューシーは「炊き込みご飯」のこと。琉球王国時代に宮廷料理として愛され、現在も行事ごとに食されている。

材料（4人分）	
米	2カップ
豚三枚肉	80g
干しシイタケ	1枚
ニンジン	40g
カツオだし	2カップ
豚だし	1カップ
塩	小さじ1～2
醤油	大さじ1
サラダ油	小さじ1
ワケギ	1本

作り方

1 米は事前に洗っておく。ゆでた豚三枚肉、干しシイタケ、ニンジンを5mm角に切る。

2 炊飯器または鍋に、だし、調味料、サラダ油、1を入れて炊く。

3 炊き上がったら小口切りにしたワケギを混ぜて盛り付けする。

コツ
具は全て同じサイズに切り揃えるのが宮廷料理流

4 アーサー汁

アーサー、いわゆるアオサを使った素朴な郷土料理。使う具材はシンプルながら、鉄分やカルシウムなどの栄養分がたっぷり。

作り方

1 アーサーは水洗いし、島豆腐は1cm角に切る。

2 鍋に煮立たせたカツオだしに、島豆腐、調味料を入れる。

3 椀にアーサーと2を入れて完成。

材料（4人分）	
アーサー	5g
島豆腐	1/6丁
カツオだし	3カップ
塩	小さじ1
醤油	少々

コツ
アーサーは食べる直前に入れると味を損なわない

5 ゴーヤージュース

苦味と甘味がマッチして飲みやすい

作り方

1 ゴーヤーは緑の部位をすりおろして濾す。

2 コップに1のゴーヤー汁とハチミツ、シークヮーサー汁を混ぜ合わせ、炭酸水または水で割って完成。

材料（4人分）	
ゴーヤー	1本
シークヮーサー汁	大さじ4
ハチミツ	大さじ4
炭酸水もしくは水	2～3カップ

できあがり☆いただきます♡

いざ実食！とってもおいしい♡

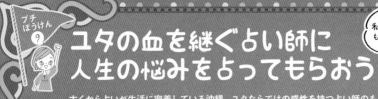

プチぼうけん⑨

ユタの血を継ぐ占い師に人生の悩みを占ってもらおう！

私が占ってもらいます

》編集K
aruco新人編集者。実家には占いの本が数十冊あるほどの占いマニア。

古くから占いが生活に密着している沖縄。ユタならではの感性を持つ占い師のもとに、悩みを抱えるaruco女子が訪ねてみました！

あなたと彼の魂の位置関係を見ていきます

ユタって？
ユタとは、沖縄県や鹿児島県の奄美大島群島にいるシャーマンのこと。霊的な力をもつとされ、生活の中の問題解決やアドバイスを生業とする。沖縄では、今でも迷いごとがあった際にユタに見てもらうという風習がある。

ENJOY FORTUNE TELLING

今後の運勢を調べてもらおう

人生という名の迷路に迷う旅人たちを全力サポート

45分の個人鑑定でしっかり占ってもらえる

人生に悩みごとはつきもの。まず占いで、自分の生まれもった性質を調べて把握することが大切。そこからどう進むのが吉なのか、解決策を探っていけば、問題解決の糸口が見つかるはず。

幸せへの近道を探しましょう

琉球大霊占術の個人鑑定
TOTAL 1時間〜

オススメ時間 **事前予約制**　予算 **1万円〜**

占いで人生の悩みを解決
ユタの血を継ぐ美杏先生の個人鑑定を受けてみよう。今回は恋愛についての悩みごとを見てもらうことに。恋愛系の相談では、相手の生年月日が必要になるので、忘れず事前に把握しておこう。

占ってくれたのは **美杏(みあん)先生**
母方の祖母が沖縄のユタ、父方の祖母が中国系占術師という家系で育つ。基本の命・卜・相に加え、医・山の5つの術を扱える、いわゆる中国古代の五術が使いこなせる数少ない霊療師。鑑定歴は30年以上、占い師100選にも選ばれるほど実力派。

体験はココで

鋭い分析で鑑定を行う

占いサロン369
ウラナイサロンミロク

美杏先生主催の占いサロン。日本国内だけでなく、海外からも鑑定希望者が訪れるほど人気が高い。店名の「369（ミロク）」とは、弥勒菩薩の意味があり、また369という数字が神秘を表すことから。

Map P.199-A3 那覇

🏠 那覇市おもろまち4-8-10 2F　☎098-943-3616　⏰10:00〜18:00　🏖水・木　琉球大霊占術45分1万円、祈祷1回1万円〜　🚃ゆいレールおもろまち駅から徒歩6分　Ｐなし

38

気になるコトQ&A

わからないことがあれば聞いてください♪

Q 琉球大霊占術ってなに？

A ユタの血を継ぐ美杏先生ならではのオリジナル占術。占いには、基本の命・ト（ぼく）・相のほか、霊視を使用。占いの基本3種と神通力を組み合わせることで、的確に相談ごとを解決するほか、開運を導く効果もある。

Q 何が占えるの？

A 総合鑑定なので、恋愛や適職、金銭関係、健康、人生運など、全体運が占える。なにか重大な決断に迫られている人は特におすすめ。琉球大霊占術で人生の流れを読み解き、先生から直接アドバイスがもらえる。

Q 命・ト・相って何？

A 命とは、生年月日や誕生地など、その人が生まれもった「必然」をもとに占う。トとは、カードや神通力を用いて「偶然」をもとに運勢を占う。相とは個人の持つ姿や形から「過去・未来・現状」や吉凶を占う。

Q どういう人が鑑定に来るの？

A 美杏先生のもとには、20代から80代までの幅広い年齢層の人が訪れる。そのうち7割が女性で、県外からやってくる人も多いそう。男性経営者や女性起業家など、県外から日帰りででも経営相談に来る人も多いとのこと。

さっそく占いスタート！

所要45分

いよいよ美杏先生の鑑定がスタート。今回は女子定番のお悩み、恋愛運を見てもらうことに。気になる彼との相性はいかに……！？

1 シートに必要事項を書く

まずはカウンセリングシートに、占ってもらいたいことや、自分や彼の生年月日などの情報を記入していく。

先生に占ってもらいたいことを明確にしよう

ドキドキする〜

2 まずは「命」を占う

お互いの運勢や素質を見ていく

美杏先生オリジナルの命術を使用。それぞれの生年月日から、その人の性格や傾向、人生の流れを調べる。

3 次は「ト」を占う

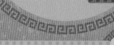

カードや霊視で、彼の気持ちや現状を見る。どうすればよいほうに傾くのかのアドバイスをもらえることも。

依頼者と相手の魂を交信（チャネリング）する

4 最後は「相」でフィニッシュ

彼との距離が縮まる時期は……

霊感をとおして手相を見る。全体運や恋愛の時期、健康面など、依頼者の総合的な全体運の暗示を確認して終了。

手相の線の長さや濃淡を見ていく

+α で神託も

占いのあと神託がもらえるコースも。美杏先生が祭壇で祈り、今必要な言葉を授けてくれる。
⊕120分 3万円

先生に依頼者の守護霊が降りる

守護霊のお言葉をお伝えします

気になる占い結果は！

彼との相性はかなりよく、前世では近い縁だったことが判明。ただし油断は禁物。焦らず距離を縮めた方が吉とのこと。

先生のアドバイスを胸に精進します！

プチ
ぼうけん
10

THIS is OKINAWA CULTURE♪
ど迫力のエイサーを観る！

年に一度、沖縄全土を巻き込んで盛り上がるエイサーの祭典に潜入！勇壮な囃子に合わせて繰り広げられる伝統の踊りは、心震わす感動体験。

ユニークな
チョンダラーが
躍動！

沖縄各地
から集まって
くる

（沖縄市園田青年会）

最終日の全島エイサーまつりにて（沖縄市越来青年会）

スゴい
迫力！！！

先祖の霊を迎える儀式
エイサーに酔いしれる

沖縄の旧盆になくてはならないエイサーは、時期になると各地で開催される。なかでも沖縄全島エイサーまつりは、観客動員数が30万人超えというビッグイベント！

沖縄最大のエイサー祭り
沖縄全島エイサーまつり　オキナワゼントウ エイサーマツリ

旧盆を終えた翌週末に行われる、沖縄最大のエイサーの祭典。「エイサーのまち」として知られる沖縄市を舞台に3日にわたり開催され、最終日には本島各地からエイサー団体が集まる。

Map P.187-A3・P.202-C2 沖縄市

☎098-937-3986（沖縄全島エイサーまつり事務局）⏳旧盆翌週の金～日（2024年は8月23～25日）

会場へのアクセスについて

1日目の会場は胡屋交差点周辺、2、3日目会場は沖縄市コザ運動公園。2日目、3日目は周辺に臨時駐車場が開設されるほか、沖縄市役所やイオンモール沖縄ライカムなどからシャトルバスも運行。詳しくは公式ウェブサイト（URL www.zentoeisa.com）で確認を。

2・3日目の会場となる沖縄市コザ運動公園

イベントは3日間行われる！

開催は3日間。初日は町なか、2・3日目は沖縄市コザ運動公園が舞台となる。メインとなるのは、最終日の沖縄全島エイサーまつり。

1st DAY
道じゅねー

・会場：胡屋交差点周辺

沖縄市の中心、コザ・ミュージックタウン（→P.126）前の胡屋交差点付近の道路を、沖縄市内のエイサー隊が練り歩く。開催は18:30～21:00、有料席はなく自由見学。

左：地元青年会が中心（沖縄市久保田青年会）
右：通りをエイサー隊が練り歩く（沖縄市中の町青年会）

2nd DAY
沖縄市青年まつり

・会場：沖縄市コザ運動公園

沖縄市内で活動するエイサー団体が繰り広げるエイサーが見られる。2023年の参加団体は13。開催時間は15:00～21:00。本場のエイサーを見たいならこれを見るのがおすすめ。

沖縄市の団体がエイサーを披露（沖縄市南桃原青年会）

3rd DAY
沖縄全島エイサーまつり

・会場：沖縄市コザ運動公園

沖縄全島各地から選抜されたエイサー団体が、伝統から創作までさまざまなエイサーを披露する。開催は15:00～21:00。演舞終了後には花火やレーザーショーも開催する。

最後には全出演団体と観客が会場で一体となってカチャーシー♪

40

写真提供：エイサー会館

エイサーまつりを見学

TOTAL 半日

オススメ時間 15:00〜21:00
予算 1500円〜

有料チケットについて
開催3日間のうち、2日目と3日目はスタンドに有料席が設置される。料金は前売りA席2000円〜で、公式ウェブサイトで購入方法を案内。なお無料スペースもあるので、チケットなしでも見学できる。

エイサーとはなに?
エイサーとは、旧盆の3日間に行われる、先祖の霊を送迎する伝統芸能。旧暦の7月13〜15日に行われ、13日は「ウンケー(お迎え)」で15日は「ウークイ(お送り)」。

エイサーの由来
もとは琉球王国時代に伝わった浄土宗の念仏踊りが原形とされる。近代になると芸能として踊られるようになり、1900年代半ばには各地でエイサー大会が開催されるようになった。

いつでも観られるエイサーショー
県内にある沖縄に関するテーマパークでは、定期的にエイサーショーを開催している。人気のテーマパークは以下の2ヶ所。

おきなわワールド →P.154　琉球村 →P.136

資料館でエイサーについて学ぶ
エイサーに関する施設。有料ゾーンでは、歴史や文化を学べる展示コーナーやエイサーの太鼓体験ができるエリア、着付け体験もある。

エイサー会館 エイサーカイカン
Map P.202-C2 沖縄市
🏠沖縄市上地1-1-1(コザ・ミュージックタウン内)
☎098-989-5066 ⏰10:00〜21:00(最終入20:30)
(祝日の場合は翌平日) 💴300円 🚗沖縄南ICから2km 🅿230台(有料)

♪ ハーイヤー

EISA DANCE

エイサーの隊列

イキガモーヤー
男手踊り。大太鼓、締太鼓の太鼓衆の後ろで勇壮に踊る

締太鼓
小型の締太鼓をリズミカルにたたく。踊りながらたたくのでよく目立つ

イナグモーヤー
女手踊り。エイサー隊の最後尾で手と全身を使った踊りをする

サナジャー(チョンダラー)
白塗り顔と滑稽な踊りで場を盛り上げる。実は隊列を整理する役割もある

大太鼓
エイサー隊の花形。旗頭の後ろに位置し、大きな音で全体のリズムを整える

旗頭(はたがしら)
エイサー隊の先頭に立ち、地域の名を冠した旗を持つ。旗を激しく振ることも

みんなで盛り上がろ!

地方(じかた)
三線を弾き鳴らし、地元の民謡やエイサー節を歌い上げる

イーヤー サーサ

気分はマーメイド♪
慶良間の海でスキンダイビング☆

「ケラマブルー」と呼ばれる慶良間諸島の海へ！
ガラスみたいな海の中で、サンゴや熱帯魚が輝く。
一生に一度は見たい、夢のような風景が広がっている。

ケラマブルーの海で！
レッツ☆スキンダイビング

沖縄本島の南西に浮かぶ慶良間諸島。国立公園にも指定される周辺の海は、目を見張るほどの透明度！シュノーケリングやダイビングも人気だけれど、スキンダイビングに挑戦してみては？

サンゴの海で泳ぎましょう

What's
スキンダイビング
シュノーケリングと同じ装備を付け、ライフジャケットなしで潜る（いわゆる素潜り）。健康な人なら泳げなくても参加OK。

SKIN DIVING...

ここで参加しました！

左：冬はウエットスーツを着用する 右：船でダイビングポイントへ移動

那覇のダイビングショップ

Johnny's diving
ジョニーズ ダイビング

那覇のダイブショップで、スキンダイビングをメインに行っている。ツアーは少人数制、インストラクター付きなので安心。ツアーは那覇港発、ボートでポイントまで移動、場所を変えて潜る。

Map P.198-A・B2 　那覇

☎050-3743-4150　⊕受付8:00〜18:00　困なし

ツアーINFO 那覇発！1日ボートツアー

◆通年7:20〜　围3ダイブ1万7600円（那覇市内送迎、シュノーケルセット、水中画像データ込み）

水中スクーターのレンタル（1日3300円）もある！

持って行く物、用意してくれる物

シュノーケル、マスク、フィンは貸してもらえるので、水着を用意すればOK。ほかタオル、着替え、昼食も持参すること。フィンは＋1100円で遊泳力の高いロングフィンに変更可能。

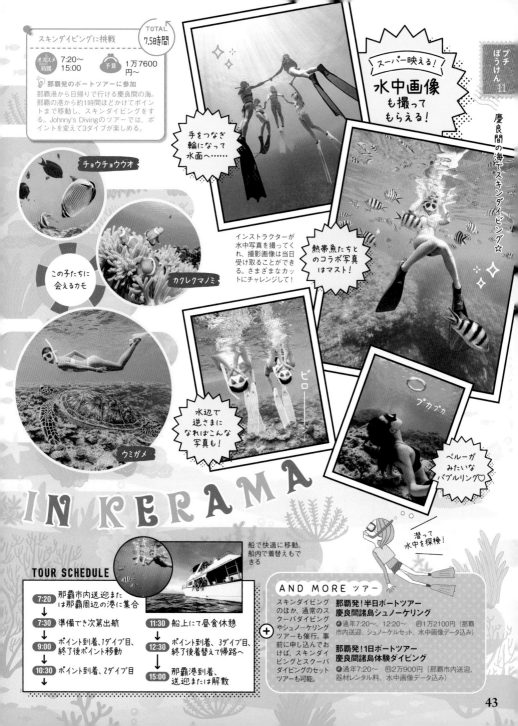

慶良間の海でスキンダイビング

スキンダイビングに挑戦

TOTAL 7.5時間

オススメ時間 7:20〜15:00

予算 1万7600円〜

那覇発のボートツアーに参加
那覇港から日帰りで行ける慶良間の海。那覇の港から約1時間ほどかけてポイントまで移動し、スキンダイビングをする。Johnny's Divingのツアーでは、ポイントを変えて3ダイブが楽しめる。

スーパー映える!
水中画像
も撮ってもらえる!

チョウチョウウオ

この子たちに会えるカモ

カクレクマノミ

手をつなぎ輪になって水面へ……

インストラクターが水中写真を撮ってくれ、撮影画像は当日受け取ることができる。さまざまなカットにチャレンジして!

熱帯魚たちとのコラボ写真はマスト!

ウミガメ

水辺で逆さまになればこんな写真も!

ビロー〜ン

プカプカ

ベルーガみたいなバブルリング♡

IN KERAMA

潜って水中を探検!

船で快適に移動。船内で着替えもできる

TOUR SCHEDULE

- 7:20 那覇市内送迎または那覇周辺の港に集合
- 7:30 準備でき次第出航
- 9:00 ポイント到着、1ダイブ目、終了後ポイント移動
- 10:30 ポイント到着、2ダイブ目
- 11:30 船上にて昼食休憩
- 12:30 ポイント到着、3ダイブ目、終了後着替えて帰路へ
- 15:00 那覇港到着、送迎または解散

AND MORE ツアー

スキンダイビングのほか、通常のスクーバダイビングやシュノーケリングツアーも催行。事前に申し込んでおけば、スキンダイビングとスクーバダイビングのセットツアーも可能。

那覇発!半日ボートツアー 慶良間諸島シュノーケリング
⦿通年7:20〜、12:20〜 ⦿1万2100円(那覇市内送迎、シュノーケルセット、水中画像データ込み)

那覇発!1日ボートツアー 慶良間諸島体験ダイビング
⦿通年7:20〜 ⦿2万900円(那覇市内送迎、器材レンタル料、水中画像データ込み)

那覇港からフェリーで出発！
阿嘉島1泊2日デトックスTRIP

那覇から船に乗って、離島へGo！ 行き先は、慶良間諸島の阿嘉島（あかじま）。
コバルトブルーの海に囲まれた小さな島で、開放感100％の休日を過ごそう！

見渡す限りのブルー
の海が広がる

AKA ISLAND

慶良間3島では最もマイナー
その分自然が濃い！

慶良間諸島のメインは渡嘉敷、座間味、阿嘉の3島。阿嘉島は最も小さくて、人口も少ない。橋でつながる慶留間と阿嘉、のどかな島の2 DAYプラン、旅日誌にしてお届け！

右:日本最大種の
オオゴマダラ
下:かわいいシー
サーを発見☆

集落を
のんびり
歩いてね〜

集落の目の
前のビーチも
こんなに
きれい！

阿嘉島へ行く

TOTAL
1泊2日

 オススメ時間　1泊2日

 予算　2万円〜

🏠 **慶良間諸島にステイ**
夏の慶良間諸島は観光客で大混雑！ 阿嘉島は宿泊施設自体も少ないので予約は早めに。人気の宿は半年以上も前から満室ということも！ リゾートはほぼなく民宿が主なので、予約は電話がベター。

10:10

阿嘉港着、
まずは宿へ

那覇を出港後約1時間で阿嘉島へ到着。港に予約しておいた宿の人が迎えに来てくれていたので、車に乗って宿に行き荷物を置く。島の情報もいろいろ入手しました☆

島は映画『マリリンに逢いたい』の舞台。港の前にはシロの像が立つ

START！

9:00

那覇の泊港から
フェリーで出発

2日間めいっぱい楽しみたいので、朝イチの高速艇をチョイス。青い海を眺めながらのクルーズに胸が高鳴る♡

大型のフェリーと高速艇がある

フェリーについて
泊港からのフェリーは1日3便が運航。うち2便が高速艇。所要時間はフェリーが1時間30分、高速艇が50分〜1時間10分。ネットで事前予約・購入すればQRコードで乗船可能。

泊港のフェリーチケット販売所

詳細は → P.163

11:00
港そばのさんご
ゆんたく館で情報収集

港そばのビジターセンターでスタッフさんとゆんたくしながら情報収集。穴場スポットやエコなプログラムについて話を聞いたよ。

阿嘉島の自然と海ならここへ

慶良間諸島国立公園ビジターセンター さんごゆんたく館
ケラマショトウコクリツコウエンビジターセンターサンゴユンタクカン

Map P.203-B3 阿嘉島

🏠座間味村阿嘉936-2 ☎098-987-3535 🕘9:00～17:00、冬季～16:00 🈺なし 阿嘉港から徒歩3分

マナティーバッグでビーチクリーン！

さんごゆんたく館でマナティープロジェクトというビーチクリーンを申し込める。黄色いバッグが借りられるので、そこにゴミを詰めて持ち帰る。参加料は500円。

気軽に参加してみよう

MANATII

11:30
レンタルショップしょう
でレンタルバイク

集落の外れにある

自転車だと意外と広い阿嘉島。効率よく回るためスクーターを選択。1ヵ所しかレンタバイクがないので、予約は早めに。

レンタルショップしょう

Map P.203-B3 阿嘉島

🏠座間味村阿嘉3 ☎090-1179-2839 🕘9:00～19:00、10～3月～18:00 🈺なし レンタバイク3時間2500円、5時間3500円、レンタサイクル3時間700円、24時間1500円 阿嘉港から徒歩5分

ゲルマニオンコース3000円

前菜、スープ、パスタ、メインにデザートの付くランチコース

自家栽培の野菜やハーブを使います

12:00
バイクで慶留間島へ！
本格フレンチのランチ

1. ある日のメイン。低温調理でうま味を引き出したカジキのソテーやカジキの胃袋のアヒージョ 2. 米ナス、ゴーヤー、セーイカのトマトソースパスタ 3. 紅イモとカボチャのポタージュ 4. 前菜の盛り合わせ。魚介のカルパッチョや島野菜のピクルスなど

慶留間島（げるまじま）へ橋で渡り、フレンチレストランへ。島の食材をメインに使った料理は見た目も◎。最初はぶっきらぼうなオーナーシェフも、話せばいい人♡ 釣りが趣味。

Trattoria Bar 慶留間g'non
トラットリア バー ゲルマニオン

Map P.203-C3 慶留間島

🏠座間味村慶留間54 ☎098-987-2650 🕘12:00～15:00、19:00～（要事前予約）🈺不定休 阿嘉港から自転車で20分

1. 赤瓦の伝統建築が見られる重要文化財高良家住宅。慶留間橋を渡った先から小学校と港を望む 2. 島にはケラマジカという慶良間諸島固有の鹿が生息！

13:00
慶留間島を
ぶらぶら

食後はスクーターを置いて、慶留間島をぶらぶら。赤瓦の古民家、高良家住宅に立ち寄ったり、小学校を見たり。ケラマジカにも遭遇したよ。

重要文化財 高良家住宅
ジュウヨウブンカザイ タカラケジュウタク

Map P.203-C3 慶留間島

🏠座間味村慶留間62 ☎098-987-2153（座間味村教育委員会）🕘9:00～17:00 🈺月 310円 阿嘉港から自転車で20分

14:30
阿嘉ビーチで
ウミガメとスイム♡

ルールを守って観察しよう

阿嘉島へ戻り、阿嘉ビーチで海水浴。このビーチ、ウミガメと出会う可能性が高いんだって！ ちょうどタイミングがよく見ることができました！ ラッキー☆

マジャノハマ（阿嘉ビーチ）

Map P.203-B3 阿嘉島

🏠座間味村阿嘉 ☎098-987-3535（座間味村観光協会）🕘遊泳自由 阿嘉港から徒歩8分

1. ライフセーバーはいない。遊泳の際はライフジャケットを身につけること
2. サンゴの保護・保全のため干潮時は泳がないように

1. シーズン中はライフセーバーがいるので安心　2. シュノーケリングなどマリンアクティビティも楽しめる　3. ビーチを見下ろすニシバマテラス

15:30
メインビーチの北浜(ニシバマ)へ！

まだまだ泳ぎ足りない！ ということで、メインビーチへ。高台のテラスからはコバルトブルーの海がどーんと広がる！ 遠浅なので海水浴に最適なのよ。

北浜(ニシバマ)
Map P.203-B3
阿嘉島
🏠座間味村阿嘉　☎098-987-3535（座間味村観光協会）🏊遊泳自由　🚲阿嘉港から自転車で15分

18:00
宿に戻って夕食タイム

ビーチのあとはバイクを返し、宿で夕食タイム。今回の宿「民宿富里」は、ご主人が取ってくる魚料理が自慢。フレンドリーなスタッフとの会話も楽しい♪

釣りたての魚が味わえます

民宿 富里　ミンシュクトゥーラトゥ
Map P.203-B3 阿嘉島
🏠座間味村阿嘉140　☎098-987-2117　🕘IN随時 OUT9:30　💰バス・トイレ共同6600円～、バス・トイレ付き8500円～（2食付き）🛏8 🚶阿嘉港から徒歩10分

1. 夕食は刺身から煮魚などバリエも豊富　2. 客室はどこも清潔

19:30
ヒズシビーチでサンセットタイム

宿から徒歩10分ほどのところにある隠れビーチで夕日ウオッチング。青から赤、やがて漆黒と、刻々と色を変える空に思わずうっとり。帰る頃には満点の星が出て、息をのむ。

島に沈む夕日を見に行こう

ヒズシビーチ
Map P.203-B3
阿嘉島
🏠座間味村阿嘉　☎098-987-3535（座間味村観光協会）🚶散策自由　🚲阿嘉港から自転車で10分

20:30
古民家バーへ繰り出す！

離島の夜はこれから！ ということで、集落にある古民家を改装したバーへ。旅人や島人、すべてを快く受け入れてくれる懐の深いバーで、いい気分♡

おつまみメニューもあるからね

1. 島にルーツを持つ店主の与那嶺さん　2. 泡盛ベースのオリジナルカクテル透明度50（右）700円とホワイトレディ（左）800円　3. 琉球古民家を改装

ヨナミネハウス
Map P.203-B3 阿嘉島
🏠座間味村阿嘉144　☎098-896-4786　🕘18:00～24:00　🚫不定休　🚶阿嘉港から徒歩10分

2日目はどうする？

1. 島一番の展望スポットである天城展望台　2. 集落を歩くのも楽しい！

翌日はフェリーの時間まで集落を歩くもいいし、展望台などへ行くのもおすすめ。離れた場所ならレンタサイクルを利用しよう。フェリーの時間を見計らって、港へ行こう。

いっぺーまーさん♡
最新沖縄グルメを
食べ尽くそ！

沖縄のグルメシーンが劇的に進化中！
愛され続ける定番の伝統料理から最新のトレンドまで
絶対おいしい店をモリモリっとラインアップ！
あなたもうちなーグルメの虜になるハズ。

GOURMET

絶対食べたいメニューがずらり！
沖縄の伝統料理図鑑

チャンプルー

ゴーヤーチャンプルー
"ごちゃ混ぜ"を意味するチャンプルーは沖縄料理の代表格。苦みが効いたゴーヤーが大定番。

ソーメンチャンプルー
ゆでた素麺を野菜などの具材と一緒に炒めたもの。具材なしは「ソーメンタシヤー」という。

豆腐チャンプルー
沖縄豆腐とも呼ばれる島豆腐を使用したチャンプルー。具材のうま味が島豆腐に染み込む。

フーチャンプルー
沖縄独自の車麩を使用したチャンプルー。もちもちっとした独特の食感とうま味を楽しめる。

汁もの

イナムドゥチ
イナはイノシシ、ムドゥチはモドキの意味。豚肉を使ったまろやかな白味噌ベースの味噌汁。

味噌汁
沖縄風の味噌汁。島豆腐、カマボコ、卵、山東菜、ポーク缶などとにかく具だくさん。

中身汁
中身とは豚の内臓で、豚モツをだしなどで煮込む。イナムドゥチと同じお祝い料理の定番。

イカスミ汁
真っ黒な見た目に反し、まろやかな風味。具材はアオリイカや臭い消し用のニガナなど。

おつまみ系

天ぷら
厚みのあるふわふわの衣が特徴の沖縄天ぷら。白身魚やイカ、アーサーやモズクなどの具が定番。

どぅる天
すりつぶした田イモに衣を付け、カラリと揚げた料理。外はかりっと、中はとろーり。

ジーマーミー豆腐
ジーマーミー（地豆）とは落花生。落花生の絞り汁を芋くずで固め、もっちりとした食感。

ゆし豆腐
にがりで固める前の豆腐。ふわふわ食感で、沖縄そばや汁ものに使われる。朝ごはんにも◎。

一品料理

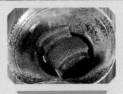

沖縄そば
沖縄のソウルフード。カツオベースのスープが美味。だしや麺にこだわった店も増加中。

ラフテー
琉球宮廷料理の定番。豚三枚肉を泡盛やカツオだし、黒糖などで煮込んだ沖縄風角煮。

おでん
沖縄では夏でもおでんを食べる。あっさりしたカツオだしで、具にテビチがあるのが特徴。

テビチ
テビチ（豚足）は沖縄の定番食材。トロトロに煮込んだ煮付けや焼きテビチが人気。

48 豚の足ことテビチ。最初は見た目がアレで苦手でしたけど、今では大好物！コラーゲンたっぷり♡（岡山県 ゆず）

琉球王国時代の宮廷料理や庶民向けの大衆料理まで、
沖縄には独自の食文化が根付いている。さらにアメリカ統治時代に広がった料理まで加わり、
さまざまな料理が楽しめるようになった。個性豊かなソウルフードを味わい尽くそう！

サーターアンダギー

サーター（砂糖）、アンダギー（揚げる）。砂糖入り生地を揚げた沖縄版揚げドーナツ。

のーまんじゅう

冠婚葬祭でよく食べられる、縁起物。もっちりした生地にたっぷりのあんが詰まっている。

ちんすこう

琉球王国時代の伝統菓子。小麦粉とラード、砂糖で作る生地を焼く。さまざまな味がある。

ぜんざい

沖縄のぜんざいは、金時豆と砂糖を煮詰め、その上にかき氷を乗せた氷ぜんざい。

タコス

トルティーヤ生地で肉や野菜をサンド。米軍により持ち込まれ、沖縄で独自に進化した。

タコライス

タコスの具材をご飯にのせたタコライスは、1980年代に金武町で誕生したB級グルメ。

ハンバーガー

アメリカグルメの代表格。パティや具材、ビジュアルにこだわるバーガーが味わえる。

ステーキ

沖縄のステーキは赤身肉が定番。タレに漬け込んでから焼くので、驚くほど軟らかい。

ヒラヤーチー

沖縄風お好み焼き。ニラなどの具材を生地に加えて焼き、ソースやポン酢でいただく。

島らっきょう

シャキシャキ食感と香りがよい島らっきょう。1〜5月が旬で、浅漬けや天ぷらが定番。

ご飯もの

ジューシー

豚肉のゆで汁とだしで炊いた沖縄風炊き込みご飯。沖縄そばの相棒としてもおなじみ。

ポーク玉子おにぎり

ポークランチョンミートと卵焼きをご飯でサンドしたもの。沖縄定番のファストフード。

旬果フルーツ

パッション
フルーツ

旬 4〜7月

硬い皮に覆われたゼリー状の果肉。酸味があり、ジャムやソースの材料としても活躍する。

パイナップル

旬 6〜9月

ピーチ、ゴールドバレルなど品種はさまざま。手でちぎって食べるスナックパインは甘さ満点。

マンゴー

旬 7〜9月

芳醇な香りと甘さを持つトロピカルフルーツの代名詞。真っ赤なアップルマンゴーが定番。

ドラゴン
フルーツ

旬 7〜11月

サボテン科の植物。ほんのりとした甘さの赤肉種とさっぱりとした味わいの白肉種がある。

島バナナ

旬 9〜10月

本土にはほとんど出回らない「幻のバナナ」。ねっとり濃厚な食感とほのかな酸味が特徴。

シークヮーサー

旬 9〜12月

「酸っぱい食べ物」を意味するミカン科の柑橘類。刺身や焼き魚にかけたりして食べる。

海の幸

グルクン

沖縄の県魚で、唐揚げや塩焼きで食べるのが定番。4〜8月頃が旬で、船釣りツアーが出る。

イラブチャー

鮮やかな青や赤、緑の体色が特徴。身は淡白でクセがなく、和洋さまざまに調理される。

アカジン
ミーバイ

沖縄県3大高級魚に数えられるハタ科の魚。脂ののった身は甘く濃厚で、刺身や煮魚に最適。

タマン

糸満市の市魚である白身魚。身は繊細で、マース煮（塩煮）が美味。和名はハマフエフキ。

アカマチ

アカジンミーバイと並ぶ高級魚。クセのない白身で、刺身や焼き、煮魚とさまざまに味わえる。

シャコ貝

沖縄本島以南に生息する巨大な二枚貝。コリコリと食感がよく、刺身やバター焼きで食べる。

沖縄独自の海の幸は、那覇市第一牧志公設市場の鮮魚店で見られる。

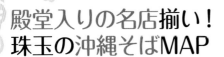

殿堂入りの名店揃い！珠玉の沖縄そばMAP

全国のそばじょーぐー（沖縄そば好き）に愛される、名店を一挙紹介！「The 沖縄そば」なシンプル系から変わり種まで、あなたのお気に入りはさてどちら？

シコシコ麺にあっさりスープ♪

那覇＆近郊

地元のゆし豆腐たっぷり

ゆしどうふそば（中）700円 Ⓑ
ふわふわ食感のゆし豆腐がやさしい味のスープにマッチ☆ 二日酔いでもペロリっ！

首里そば（中）500円 Ⓐ
コシのある麺は噛むほどに味わい深い。具の豚肉も三枚肉とロースの2種類がイン！

南部

モズク麺に生モズク……

もずくそば（三枚肉）（中）814円 Ⓒ
まずは麺だけで食べ、その後は食べ放題の生モズクをそばにどさっと入れて食べよう

Ⓐ 愛され続ける伝統の味
首里そば シュリソバ

1951年創業の老舗。さくら屋の味を受け継ぐ人気店。小麦に木灰汁を加えて作る麺はコシが強くシコシコ。カツオベースのスープは澄み切っており、最後の一滴までじわりとうまい。

Map P.202-H8 那覇

🏠 那覇市首里赤田町1-7（ギャラリーしろま内） ☎098-884-0556
🕐11:30〜14:30（売り切れ次第終了）㊡木・日 🚃ゆいレール首里駅から徒歩2分 🅿7台

Ⓑ ふわふわ食感で幸せに
高江洲そば タカエスソバ

今でこそさまざまな店で出されるゆし豆腐そばだが、発祥はこの店。スープは豚にカツオ、昆布を煮込んだしっかり味。ゆし豆腐は宜野湾産を使い、8時間煮込んだとろとろ軟骨も美味！

Map P.186-C2 浦添

🏠 浦添市伊祖3-36-1 ☎098-878-4201 🕐10:00〜16:00（売り切れ次第終了）㊡日、不定休 🚗西原ICから車で4km 🅿12台

海も望むテラス席もある

Ⓒ モズクたっぷりのヘルシーそば♪
もずくそばの店 くんなとぅ
モズクソバノミセ クンナトゥ

奥武島に渡る橋のたもと。オーナーが営む養殖場から直送したモズクがたっぷりのもずくそばが名物。生モズクを練り込んだ麺は、あっさりしたスープとマッチ。食べ放題の生モズクにモズク酢、モズクゼリー付き。

Map P.185-B3 南城

🏠 南城市玉城堅原460-2 ☎098-949-1066 🕐11:00〜17:00（L.O.16:30）㊡なし 🚗南風原南ICから9km 🅿30台

Ⓓ 軟骨ソーキがとろーり美味♪
浜屋 ハマヤ

宮城海岸そばにある行列店。豚骨、鶏、カツオをじっくりと煮出したスープは、ガツンと濃厚！ 一番人気の浜屋そばは、とろとろに煮込まれたソーキがオン！ 軟骨までぺろりと食べられる。

Map P.186-A1 北谷

🏠 北谷町宮城2-99 ☎098-936-5929 🕐10:00〜17:30（L.O.17:00）㊡不定休 🚗沖縄南ICから5km 🅿9台

✉ いつでも大行列の「首里そば」。実はすぐ近くに姉妹店があります。そちらなら少しは空いています。（愛媛県・ゆみゆみ）

お歯黒注意報発令！

北部

沖縄そば①殿堂入りの名店

沖縄そば（大）
930円 Ⓕ
カツオだしに中太麺、豚肉＆カマボコ。100年以上の老舗の味、とくと味わって

これが沖縄そばのスタンダード

元祖「いかすみそば」
1280円（ジューシーおにぎり付き）Ⓖ
イカスミ入りの真っ黒スープのほか具材にもイカを使用。見た目ほどクセなくあっさり

磯の香りが立ちこめる♪

アーサーそば（中）
1000円 Ⓔ
着卓した瞬間からアーサーの香りが鼻孔をくすぐる。海藻ラバーなら必食の一杯

こってりの沖縄そばならここ！

中部

浜屋そば（大）
850円 Ⓓ
豚骨系白濁スープの上に、巨大な軟骨ソーキが鎮座。骨まで余すところなく食べよう

Ⓔ アーサーづくしの特製そば
なかむらそば
恩納村の海を見渡すロケーションにある。看板メニューのアーサーそばには、沖縄産のアーサーがどっさり！もちの自家製麺にもアーサーが練り込み、磯の香りが食欲をそそる。

Map P.190-A1 恩納

🏠 恩納村瀬良垣1669-1
☎ 098-966-8005
🕙 10:30〜16:00
🚫 木 🚗 屋嘉ICから7km Ⓟ 38台

Ⓕ 創業100年オーバーの老舗
きしもと食堂 本店
キシモトショクドウ ホンテン
創業1905年、現存する沖縄そば店では最古となる老舗。カツオと豚骨を煮込み醤油で味を調えたスープに、木灰汁を使う自家製麺は沖縄そばの王道の味。いつも大行列だが、少し離れた場所に支店あり。

Map P.192-A2 本部

🏠 本部町渡久地5
☎ 0980-47-2887
🕙 11:00〜17:00
🚫 なし
🚗 許田ICから22km Ⓟ 25台

Ⓖ オールブラックのイカスミそば
八重善 ヤエゼン
地元客に愛される食堂で、名物はこの店が元祖とされるイカスミそば。カツオと豚骨からとったスープにていねいに下処理をした生のイカスミをプラスした漆黒のスープは見た目のインパクト大。

Map P.193-A3 本部

🏠 本部町並里342-1 ☎ 0980-47-5853 🕙 11:00〜15:00 🚫 火・水 🚗 許田ICから22km Ⓟ 20台

沖縄そばの相棒はこちら！
沖縄そばのセットといえば、そばだしやソーキの煮汁で作る炊き込みご飯のジューシー。味変に使うのは島トウガラシを泡盛に漬けたコーレーグース。

沖縄版炊き込みご飯のジューシー

コーレーグース

辛いので、味を見ながら慎重に入れてね

沖縄そば☆最前線
大ブームの生麺、
ここがおいしい！

最近大人気なのが、生麺使用の沖縄そば。若手の店主たちが作る麺とこだわりスープのマリアージュにノックアウトされること間違いなしっ！

自家製麺の店も多い

生麺とは？
沖縄そばの麺は、あらかじめゆでて蒸した麺を使うことが多いが、生麺とはその下ゆでをする前の麺を使うそばのこと。ゆで麺なら提供時間も早いが、生麺は10分ほどかかる。

研究を重ねた一杯です

EIBUNのアーサーそば（生麺）
1080円
すっきりとしたカツオベースのスープとアーサーの香りがマッチした一杯

うちの麺！
アーサーそばは、麺にアーサーを練り込んだ特注生麺を使用

おしゃれな内装で、女性ひとりでも入りやすい

美しく独創的な沖縄そば
STAND EIBUN
スタンドエイブン

沖縄そばを約700軒食べ歩いて研究しているオーナーの中村さんが、市内に待望の2号店をオープン。基本の本ソーキのほか、釜玉、カレー、ジュレだれなど、趣向を凝らしたそばが並ぶ。

`Map P.201-C3` 那覇

🏠那覇市壺屋1-1-18 ☎080-7178-1187 🕚11:00〜16:00 🈺水 🚃ゆいレール牧志駅から徒歩12分 🅿なし

日替わりの魚介だしが香る
帆掛きそば
フーカキソバ

店主自ら釣る県産魚で取るだしがこだわり。そばは県産豚肉使用の帆掛きそばと、魚介だしオンリーの海風そばの2種類から選ぶ。麺も生麺、照喜名製麺の縮れ麺の2種類。

`Map P.189-B3` うるま

🏠うるま市宇堅7 ☎098-973-3633 🕚11:00〜17:00（売り切れ次第終了）🈺水、火・木不定休 🚃沖縄北ICから6km 🅿8台

うちの麺！
「島麦かなさん」配合の特製生麺。コシが強く小麦本来の味を感じる

〜うみかじ〜海風そば
（特製生麺・並）1000円
アサリにカツオ、昆布のほか日替わりの県産魚のだしが凝縮されたスープが特徴

こだわり食材のハーモニー
海と麦と
ウミトムギト

オーナーは、海外で長年フレンチのシェフをしていた渡辺さん。枕崎のカツオ節や伊吹島のいりこ、北海道産昆布など魚介だしのうま味が溶け合うスープは、飲むほどに味わい深い。

`Map P.192-B2` 本部

🏠本部町崎本部32 ☎0980-43-5850 🕚11:00〜L.O.15:00、日〜L.O.15:30 🈺火・水 🚃許田ICから21km 🅿20台

うちの麺！
5種類の小麦をブレンドした自家製麺。全粒粉入りでもちもち食感

海麦そば
1050円
三枚肉、軟骨ソーキの2種類がのった贅沢な一杯

✉「STAND EIBUN」は器も美しくて、おしゃれすぎ！ 混んでいても通っちゃいます。（高知県・はちきん）

うちの麺！ 毎日店主自ら手打ちする自家製麺。つるつるの食感が◎

なんこつソーキそば
700円
スープの味を壊さぬよう、軟骨は別盛り。ジューシーは＋100円

Map P.187-C3 中城

地元人気の穴場店
麺家にらい
メンヤニライ

中城村の役場近くにある穴場店。透き通るすっきり味のスープは、削りたてのカツオ節でとるだしに、数種類の塩をブレンドした塩だれをプラス。つるつるの自家製麺と相性抜群。

🏠 中城村当間662-1 ☎098-895-7999 🕐11:00〜L.O.14:00（売り切れ次第終了）🈳水、第1・3木 🚗北中城ICから5km 🅿10台

麦のうま味が詰まった麺
金月そば 恩納店
キンチチソバ オンナテン

数ある沖縄そばの店のなかでも、麺へのこだわりと情熱は他店を圧倒！ 純国産小麦（5%は沖縄産）を使い、製粉から製麺まで自社で行っている。恩納店のほか沖縄県内に3店舗ある。

Map P.190-A2 恩納

🏠 恩納村名嘉真8-3 ☎098-967-8492 🕐11:00〜16:00 🈳月 🚗金武ICから16km 🅿10台

沖縄つけそば（並）
950円
麺のうま味を存分に味わえる新感覚の沖縄つけそば。濃厚なつけだれは魚介のだしで割って飲み干せる

うちの麺！ 生のままゆでることでモチモチの食感を実現している

普通の沖縄そばもあります

沖縄そば② 大ブームの生麺

うちの麺！

生麺、全粒粉、ゆで麺の3種類からチョイス可能。人気は生麺

大きな三枚肉そば
1100円
味の染みこんだ三枚肉は、箸で切れるほどやわらか

選べる3種類の麺
きんそば

首里の住宅街に店を構え、地元の人の利用がほとんど。大きな三枚肉そばは、器からはみ出すほどの三枚肉がインパクト大の一杯。スープはカツオベースのすっきりした味わい。

Map P.199-A4 那覇

🏠 那覇市首里平良町1-36 ☎なし 🕐11:00〜15:00（スープ売り切れ次第終了）🈳月、不定休 🚊ゆいレール儀保駅から徒歩8分 🅿3台

7種類の生麺からチョイス！
沖縄すば
ちょーでーぐぁ

生麺ブームのパイオニア的存在。店舗の2階で作る自家製麺は、沖縄最多の7種類（季節によって8種類）！ カツオをベースに半日じっくり煮込んで作るクガニ（黄金）スープが、麺の味をさらに引き立たせている。

Map P.186-C2 西原

🏠 西原町呉屋86-7 ☎098-882-8215 🕐11:00〜15:00、土・日・祝10:00〜16:00 🈳月（祝日の場合は営業、翌火曜休）🚗西原ICから6km 🅿16台

太生麺、細生麺、月桃、アーサ、フーチバー、ウメ、イカスミの全7種類

太生麺 本ソーキすば
750円
うま味が溶け込んだスープは上品な味わい

うちの麺！

THE BEST 島野菜料理

朝食 3850円
約50品目が並ぶ薬膳朝食。これだけの皿数があっても585キロカロリー！

> わからない食材があれば聞いてくださいね
>
> 女将 渡辺克江さん

1. ホテルの離れが食事会場になっている　2. 朝にぴったりのゆし豆腐！

おもな品目
- ゆし豆腐
- ニガナの白和え
- 田イモの揚げ焼き
- 野菜パパイヤのイリチー
- 長命草のサラダ
- トウガンの煮浸し
- ナーベーラーの酢味噌添え
- ツルムラサキの煮浸し
- 紅イモとウコンのパン
- セロリとアロエの炒め物

テーブルを埋める50品目の薬膳料理

沖縄第一ホテル
オキナワダイイチホテル

品のよいアンティークに囲まれた離れでいただくのは、コース仕立てになった薬膳料理。野菜本来の味と効能を引き出すため、味付けはシンプル。あっさりなのにしっかりおいしい。

Map P.200-B2 那覇

🏠那覇市牧志1-1-12
☎098-867-3116 ⏰朝食は8:00〜、9:00〜の入替制、夜は18:00〜（要事前予約） 🈺不定休 🚊ゆいレール美栄橋駅から徒歩7分 🅿3台

早起きしても食べたい！
スタイルで選ぶ那覇のベスト朝食

Good Morning!

那覇ステイでの朝食難民必見！朝からモリモリ食べて、1日を過ごそう。もう「那覇では朝に食べるものがない」なんて言わせない！

山之内裕子さん

THE BEST パンケーキ

スフレパンケーキフルーツスペシャル 1760円
オレンジやストロベリーなど5種のフルーツが乗ったスフレパンケーキ

絶品☆ハワイアンパンケーキ

C&C BREAKFAST OKINAWA
シーアンドシー ブレックファスト オキナワ

> 誰の朝ごはんにもヒットするメニューが揃っています

"旅先で食べるおいしい朝食"がコンセプト。ハワイの朝食からインスパイアされたというメニューは、人気のパンケーキからアサイーボウル、サンドイッチ、オムレツなど多岐にわたる。

Map P.201-C4 那覇

🏠那覇市松尾2-9-6 ☎098-927-9295
⏰9:00〜15:00、土・日・祝は8:00〜 🈺火 🚊ゆいレール牧志駅から徒歩10分 🅿なし

1. ナッツをブレンドした自家製グラノーラ950円も販売　2. 15:00まで営業。カフェ利用も◎　3. 牧志公設市場の近くにある

ポークたまごおにぎりは、コンビニでも販売しています。ボリューミーでおなかいっぱいになります。（東京都・みさ）

沖縄料理

Map P.200-B2

那覇
🏠 那覇市松尾1-3-4
☎ 098-941-2929
🕐 7:00～19:00
🈺 無休 🚃 ゆいレール県庁前駅から徒歩5分
🅿 なし

沖縄スタイルの朝ごはん

いつでも朝ごはん 国際通り

イツデモアサゴハン コクサイドオリ

> オリジナルの
> ピリ辛うま味噌で
> 味変も！

ゆし豆腐やジューシーなど、朝食にぴったりの身体にやさしい定食を提供。料理に醤油や油はほとんど不使用、まただしも6時間以上かけてじっくり煮込むというこだわりぶり。

> ぼろぼろじゅーしーセット 1100円
> ジューシーを煮込んだ沖縄風雑炊は、甘口白味噌を使いまろやかな味に

> +250円で
> うちなー茶が
> 飲み放題に

那覇のベスト朝食

ポークたまごおにぎり

> ポークたまごおにぎり390円〜
> 沖縄朝食の大定番。具はゴーヤーの天ぷらやチキナーの炒め物

専用の袋でテイクアウトもできる

県民のソウルフード専門店

ポーたま 牧志市場店

ポータマ マキシイチバテン

Map P.201-C4

那覇
🏠 那覇市松尾
2-8-35
☎ 098-867-9550
🕐 7:00～19:00 🚃 ゆいレール
牧志駅から徒歩10分
🅿 なし

ポークランチョンミートと卵をサンドしたポーク卵おにぎりの専門店。具はスタンダードからスペシャルまで10種類以上から選べ、できたてが味わえる。沖縄本島に4店舗ある。

ゴーヤーの天ぷら

> ひとつで
> おなかいっぱいに
> なるほどボリューミー

> 自家製の味噌も
> 販売してます

味噌汁

> 具だくさん味噌汁定食 1080円
> 豚肉、島豆腐、シメジ、青菜に卵などが入った沖縄版味噌汁。玄米または白米と小鉢付き

伝統味噌の沖縄味噌汁

味噌めしや まるたま

ミソメシヤ マルタマ

Map P.200-C2

那覇
🏠 那覇市泉崎2-4-3
☎ 098-831-7656
🕐 7:30～
L.O.14:30、
17:00～L.O.20:30
🈺 日・第2・4・5木 🚃 ゆいレール旭橋駅から徒歩8分 🅿 なし

首里で創業約170年を数える老舗味噌屋が営む食堂。朝は具だくさんの味噌汁をメインとした定食、昼はランチ、夜も定食とお酒が楽しめる。自家製味噌を使ったアイデアメニューも多い。

「味噌めしや まるたま」では、アイデアを凝らした味噌メニューが食べられる。

実はとってもハイレベル！おいしいベーカリー案内

沖縄では今、おいしいパン屋さんが増殖中！老舗からニューオープンまで、絶対おいしいベーカリーをピックアップ。

なぜおいしい？沖縄のパン店

20年程前に宗像堂がオープン。当時は天然酵母パンだけの店はなかったが、個性ある店が増え、お互いを応援しあう沖縄の地域性もあってどんどんとレベルも上がった。

人気ベスト3はこちら！

Best 1
バナナ・こくまれ（小）
430円
黒糖生地にクルミとレーズン、バナナをたっぷり練り込んでいる。やさしい甘さ

カフェメニュー！
パニーニやスープなどのカフェメニューもオーダー可能。パニーニ単品は800円、スープとドリンクのセットは1770円

Best 2

黒糖シナモンロール
370円
県内産の黒糖を練り込んだ生地で作るシナモンロール。コクがあってスパイシー

Best 3

サブリナ（小）
340円
レーズン入りの全粒粉生地のパン。ローズマリーの香りがよく、紅茶と相性抜群

沖縄パン店のパイオニア
宗像堂 ムナカタドウ

カフェ　イートイン

2023年でオープン20年を迎えたパン店で、沖縄に天然酵母パンを根ざさせた店。パンは今も店舗裏の薪窯で焼き上げられ、開店直後から全国のパン好きが列をなす。たくさんのパンが揃う午前中が狙い目。

Map P.186-C2 宜野湾

🏠宜野湾市嘉数1-20-2　☎098-898-1529　🕙10:00〜17:00　🏖月〜水　🚃西原ICから3km　🅿6台

1. 購入したパンは緑豊かなテラスで味わうことも可能　2. オーナーの宗像さん。自家製の薪窯で焼き上げる　3. ベーグルや食パンなども揃っている　4. 緑のなかに立つ白い外国人住宅。同敷地内には発酵研究所もある

✉「宗像堂」の中庭には木のブランコがあります。子供を遊ばせるにもぴったりです。（埼玉県・ひとみ）

カフェメニュー！
アボカドのオープンサンド1400円。カレー風味のアボカドペーストを載せたオープンサンド。日替わりのスープ付き

DJブースやギターなどが飾られたおしゃれな店内

人気ベスト3はこちら！

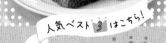

Best 1
黒糖チャパッタ 280円
ほんのりした甘味と噛み応えが特徴。サンドイッチにぴったり

Best 2
ブラックオリーブのライ麦ブレッド 300円
オリーブのみとヒマワリ種を混ぜ込んだ生地で作る

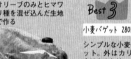

Best 3
小麦バゲット 280円
シンプルな小麦のバゲット。外はカリカリ、中はふんわり

緑に囲まれた高台にある

PLOUGHMANS LUNCH BAKERY
プラウマンズ ランチ ベーカリー

カフェ / イートイン

かつて将校たちが暮らした外国人住宅を改装したベーカリーカフェ。店内や緑のテラス席で、自家製天然酵母を使ったメニューが味わえる。パンの販売も行っており、購入したパンのイートインも可能。

Map P.187-B3 北中城

🏠北中城村安谷屋927-2
☎098-979-9097 🕘9:00～16:00（L.O.15:00）🅿日
🚗北中城ICから2km
🅿10台

もっちりした食感のハード系パン、ロデヴ

オーナーの金子さん（右）。パン好きが高じて店までオープンさせたという

2023年オープンの新鋭店

Boulangerie enne
ブーランジェリー エンネ

テイクアウト

八重瀬の名店として知られた内田製パンの跡地に2023年オープン。パンを焼くのは、筋金入りのパンマニアである金子さん。北海道や九州、沖縄などの国産小麦と自家製天然酵母にこだわるハード系パンは絶品！

Map P.184-B2 八重瀬

🏠八重瀬町富盛337
🕘なし ⏰10:00～18:00（売り切れ次第終了）🅿木・金
🚗南風原南ICから6km 🅿1台

人気ベスト3はこちら！

Best 1

エンネブレッド
1/4サイズ 320円
ライ麦を配合したカンパーニュ。ハード系だがやわらかく、しっとりとした食感

Best 2

イチジクとグリーンレーズン
1/2サイズ 340円
エンネブレッドにイチジクとグリーンレーズンを練り込んだパン。食べ応え◎

Best 3

チーズ in ロデヴ
320円
高加水で餅のような食感のロデヴにチーズをイン。濃厚なうま味を感じられる

「Boulangerie enne」では、県産小麦の島麦かなさんを使ったパンも限定で販売している。

57

「まかちくみそーれ」
とは沖縄の方言で
「おまかせください」
の意味

ニガナの白和え

カスピ海ヨーグルトの
シークヮーサーソース

ゴーヤーの卵とじ

サーター&
タピオカ
アンダギー

ハヤトウリや
パパイヤの漬物

ナーベーラー
ンブシー

シークヮーサーの
冷麺

玄米とやんばるジューシーのおにぎり

パパイヤイリチー

ラフテーと煮物

ゆし豆腐とハンダマの味噌汁

土地に根差した郷土料理を受け継ぐ

笑味の店 エミノミセ

目の前の畑で採れた旬の野菜を
たっぷり使った定食が味わえる。
ランチの御膳「まかちくみそーれ」
2100円（変更の可能性あり）には、
地元のおばぁから学んだという昔
ながらの長寿食がずらり。

Map P.194-A2 大宜味

⌂ 大宜味村大兼久61
☎ 0980-44-3220
⏱ 11:30〜15:00（事
前予約制）休 火〜木
🚗 許田ICから30km
P 10台

店の前に
畑があり、
野菜を育て
ている

ぬちぐすいな島野菜たっぷり！
琉球料理の定食ランチ

島で採れる野菜を使った昔ながらの料理
は、「ぬちぐすい（命水）」と呼ばれる伝
統の長寿食。手間暇かけて作る定食は、
身体にも心にもうれしい。

首里城下で伝統の味を

富久屋 フクヤ

慶事の際に食されていた琉球の伝
統料理がいただける郷土料理屋。
ランチの定食は、んむわかしーや
むじぬ汁、イナムドゥチといった
汁物に、島の素材をたっぷりと
使った小鉢がつく。

Map P.202-A1 那覇

⌂ 那覇市首里当蔵町1-14 ☎ 098-884-4201
⏱ 11:30〜15:00、
夜は予約のみ営
業 休 月〜水
🚃 ゆいレール儀
保駅から徒歩8
分 P なし

マスターの
富名腰さん
がデザイン
したという
店内

沖縄ではお祝いごとに
欠かせない、
いなむどぅち定食1400円

ビラガラマチ

ジーマーミー豆腐

うちなーの
伝統料理を
お試しあれ！

モズク酢

ドゥル天

かんぴょうイリチー

古代米の
お赤飯

イナムドゥチ

「笑味の店」は店のすぐそばに畑があります。島野菜が実際に実っているところが見られますよ！（大阪府・ひろみ）

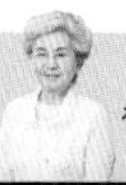

昔ながらの琉球料理を提供しています
松本嘉代子さん

イナムドゥチをメインとしたまつもとStyleランチ2700円。ランチは揚げ物とあまがし付き

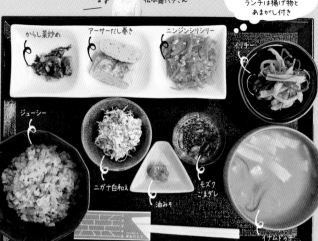

からし菜炒め
アーサーだし巻き
ニンジンシリシリー
イリチー
ジューシー
ニガナ白和え
油みそ
モズクごまダレ
イナムドゥチ

「ぬちぐすい」の神髄がここに

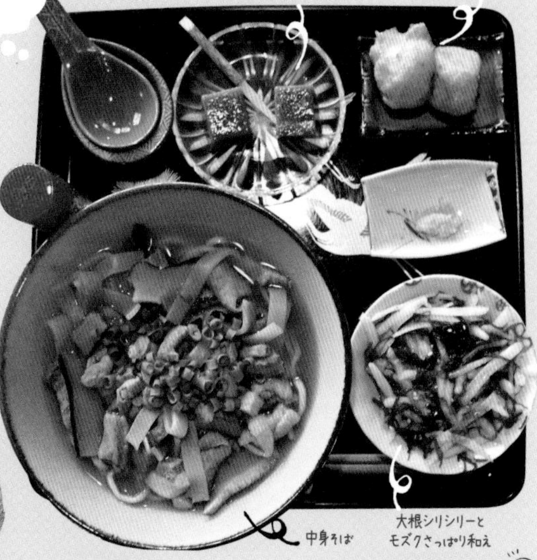

琉球Styleまつもと

リュウキュウスタイルマツモト

厨房で腕を振るうのは、琉球料理界のレジェンド、松本嘉代子さんの娘さん。母から受け継ぐレシピを使った定番の琉球料理を定食スタイルで食べられる。朝から営業しているので朝食にも◎。

Map P.200-C1 那覇

沖縄県那覇市泉崎1-9-13
098-917-2841
7:00～15:00
休水・土・日
ゆいレール県庁前駅から徒歩3分
Pなし

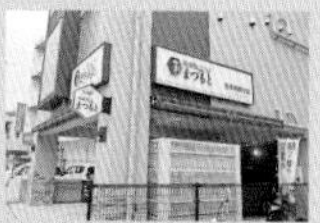

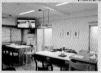

カフェのようなカジュアルな内装

代表的な島野菜

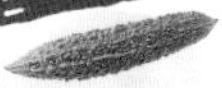

ゴーヤー 沖縄野菜の代表格。さわやかな苦みが特徴的

ナーベーラー ヘチマのことで、ミネラル豊富な夏野菜

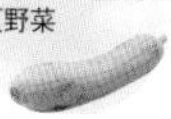

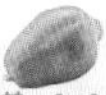

野菜パパイヤ 熟す前のパパイヤ。肥満や美肌に効果あり

トウガン 水分豊富な夏野菜。低カロリーでヘルシー

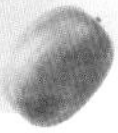

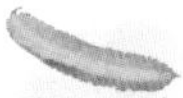

シカクマメ ヒダが4本あり断面が四角い。天ぷらなどで食べる

ハンダマ 表が緑、裏が紫の葉野菜。加熱すると粘りがでる

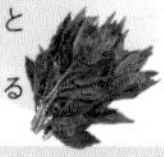

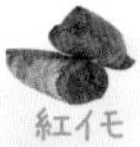

紅イモ ポリフェノールを含むイモ類。上品な甘さ

田イモ 里芋の一種。おもにすりつぶして調理する

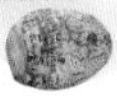

浜比嘉島の古民家食堂

てぃーらぶい

浜比嘉島の集落にある古民家を利用。看板メニューは、中身とソーキ、2種類のそばから選ぶ沖縄そば膳1430円。ジーマーミー豆腐は、最初はそのまま、ふた口目は汁に浸して2度おいしい。

Map P.189-C4 うるま

うるま市勝連浜56
098-977-7688
11:00～L.O.15:30
休火・第1水・第3日
沖縄北ICから19km
P9台

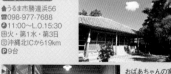

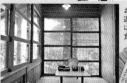

おばあちゃんの家に遊びに来たよう。靴は脱いで畳の間で食事をする

メニューには沖縄あるある小ばなしが！

県民が愛してやまない豚モツの中身そばがメイン

紅イモのナーントゥ（蒸し餅）
ジーマーミー豆腐の天ぷら
中身そば
大根シリシリーとモズクさっぱり和え

「琉球Styleまつもと」では、沖縄独特の豚だしやおにぎりなどのテイクアウトも行っている。

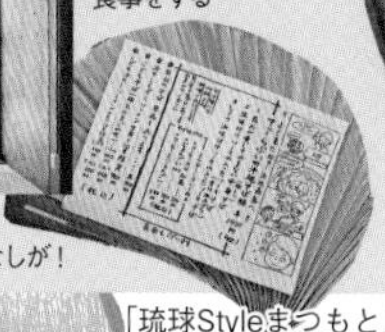

とっておき、教えます。食べたい！ をかなえる那覇の居酒屋

沖縄第一の都市、那覇には、それこそ星の数ほどの飲食店がある。郷土料理から創作料理まで、あなたの「コレ食べたい！」を叶える店はこちら！

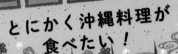

とにかく沖縄料理が食べたい！

沖縄居酒屋のレジェンド

うりずん 本店 ウリズンホンテン

沖縄の食と酒文化を今に伝える名居酒屋。先代の土屋實幸さんは、戦後の泡盛文化を牽引した人物。メニューにはチャンプルーやラフテーなど沖縄料理の定番が並ぶ。

Map P.201-A4 那覇

住那覇市安里388-5 ☎098-885-2178 営17:30〜24:00 休なし 交ゆいレール安里駅から徒歩2分 Pなし

1

2

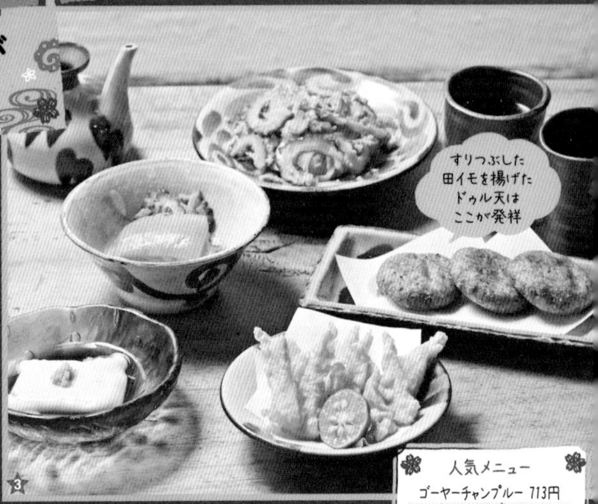

すりつぶした
田イモを揚げた
ドゥル天は
ここが発祥

3

1. 沖縄本島から離島までさまざまな泡盛を揃える。貴重な古酒も　2. 一本板のカウンターなど風情ある店内。肖像画は先代のもの　3. 沖縄の伝統料理がひととおり揃っている。わからないメニューはスタッフに聞いてみて

人気メニュー

ゴーヤーチャンプルー 713円
ジーマーミ豆腐 594円
ドゥル天 713円
ラフテー 950円
島らっきょうの天麩羅 594円

食べ放題でお得に楽しみたい！

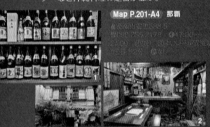

コスパ抜群のおでん屋さん

おでんおふくろ

テビチ（豚足）が入り、昆布ではなくカツオだしがベースの沖縄のおでん。こちらでは、その沖縄おでんが食べ放題で楽しめる。50種類もの具があり、内地では見かけないものも。

Map P.200-B1 那覇

住那覇市久茂地1-8-7 ☎098-868-6721 営17:00〜23:00（L.O.22:00） 休日・祝 交ゆいレール県庁前駅から徒歩5分 Pなし

1

2

おでんおふくろ

3

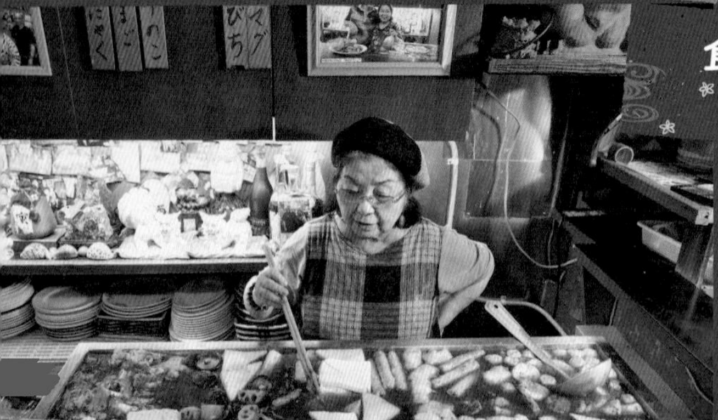

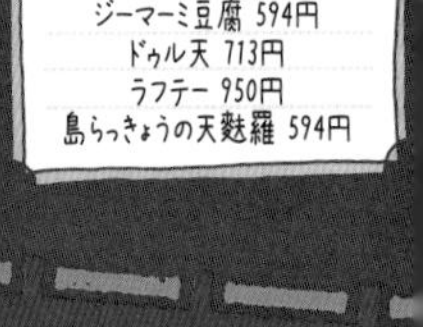

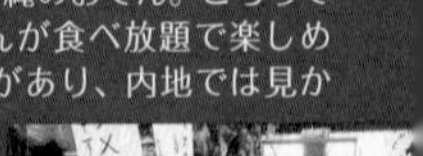

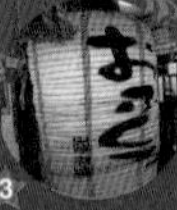

人気メニュー

2時間食べ・飲み放題
3500円

おでんをはじめ刺身や沖縄料理の総菜などが食べ放題になっている！

1. おでんはシートに希望の具を書いてオーダー。一番人気は豚足のチマグ！　2. チャンプルーやジューシーなど沖縄の味がずらり　3. 昔ながらの赤提灯が目印

沖縄料理を食べるならやっぱり「うりずん 本店」。いつも混んでいるので予約は必須です。（福岡県・としえ）

沖縄食材の創作料理を泡盛と味わいたい！

沖縄産の厳選食材や調味料を使い、工夫を凝らしている

那覇の居酒屋

人気メニュー
島豚あぐーの鉄板焼き 900円
海老の石垣島ラー油炒め 850円
イカスミチーめんたしやー 850円

泡盛マイスターの店
カラカラとちぶぐゎ～

泡盛マイスターの長嶺哲成さんがオーナー。3名の泡盛マイスターを抱え、古酒、新酒ともさまざまな銘柄を取りそろえる。料理は沖縄の食材を使った創作料理がメイン。泡盛にも合う！

泡盛のこといろいろ教えますよ

泡盛マイスターの長嶺陽子さん

Map P.200-B2 那覇

🏠那覇市久茂地3-15-15
📞098-861-1194　🕐18:00～24:00（L.O.23:00）　🗓日曜
🚃ゆいレール県庁前駅から徒歩5分、Ｐなし

沖縄にこだわらず本当においしい店に行きたい！

食通が集うモダン居酒屋
酒と魚 はこさく

全国から仕入れた新鮮な魚介を、刺身や炭焼き、漬け、釜飯など、ベストな調理法でいただける隠れ家的居酒屋。泡盛だけでなく日本酒の種類も豊富で、料理との相性もバツグン。

宇和島のブランド鯛「鯛一郎クン」を炊き上げた釜飯です

Map P.200-B2 那覇

🏠那覇市松尾1-8-3（総合丘ビル2F）　📞098-862-8239
🕐18:00～24:00（L.O.）　🗓ゆいレール美栄橋駅から徒歩6分
Ｐなし

1. 人気店なので事前予約がマスト　2. 旬の魚を提供するため、日ごとにメニューが変わる

人気メニュー
今宵のお造り 2人前 2080円～
焼きじーまーみ豆腐 770円
鯛一郎クンおかしら釜飯 1980円

沖縄をはじめ日本全国の厳選食材を使った創作和食。肉も魚も揃っている

厳選食材で作る創作料理
hi-na-ta 2072　ヒナタ2072

和テイストの創作料理が人気。開放的なオープンキッチンスタイルで、入店するとまず日替わりのおばんざい1000円が出てくる。食事のほか2軒目のバーとして利用するのもおすすめ。

人気メニュー
とちぎ和牛 肩ロース
hi-na-ta流 焼きすき 2500円
ジーマーミ豆腐揚げだし 700円
酔っ払い海老 900円

Map P.200-A2 那覇

🏠那覇市久茂地2-20-1
📞090-1737-2072　🕐11:00～14:30（L.O.14:00）、18:00～23:00（L.O.22:30）　🗓土曜の昼
🚃ゆいレール美栄橋駅から徒歩3分

宮里酒造の「春雨」シリーズや首里のクラフトビールと一緒にどうぞ！

沖縄料理と一緒に味わいたいのが、やっぱり泡盛。各店えりすぐりを集めているので、お気に入りを探してみて。

那覇以外の泊まりでもOK！地方の名居酒屋巡り

読谷STAY 古民家を利用した小料理屋 マジュン・リッカ

読谷の住宅地にある古民家を改装した店。食はもちろん、器やガラスまで沖縄にこだわり、目でも舌でも沖縄の文化を感じることができる。オーナーは地元出身の元女優、比嘉直美さん。

Map P.188-B1 読谷

読谷村高志保122
098-989-8333 17:00～L.O.21:30 休月・火 図石川ICから14km P7台

紅豚肩ロースソテー 2500円

読谷産の銘柄豚、紅豚をソテーし、自家製の月桃塩を添えた一品。ハンダマや長命草などの薬草が鮮やか

ジーマミー豆腐のあげだし 650円

手作りのジーマーミー豆腐を揚げ出しに。とろりとした食感で、舌触りも滑らか

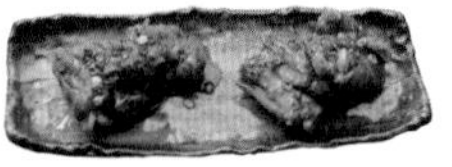

てびち(豚足・チマグー)の唐揚 880円

コラーゲンたっぷりのテビチを唐揚げに。特製の甘辛ソースがくせになる

久米島産の車海老素揚げ 1本980円

久米島の海洋深層水で育った車エビを丸ごと素揚げに。頭、尻尾まで食べられる

昔の風情を残しつつ、モダンに改装している

南の魚って、実はおいしいんです

鮮魚は地元の漁港から直送です

木の内装が落ち着ける雰囲気

読谷STAY 地元の海産物をリーズナブルに 大木海産物レストラン オオキカイサンブツレストラン

Map P.188-B1 読谷

読谷村大木427-2
098-956-5692 16:00～23:00 休月 図沖縄南ICから11km P20台

入口上には大きなアカジンミーバイが！

鮮魚店の営む海産物居酒屋だけに、鮮度のよさは折り紙付き。料理はどれもボリューム満点で、沖縄の魚のおいしさを堪能できる。海を思わせるオブジェであふれる内装もすてき。

本日のおさかな(バター焼き) 2000円～

その日にあがった鮮魚を4種類の調理法から選べる。この日はビタロウ（フエフキダイ）。定食だと2100円～

島たこ味噌炒め 1100円

沖縄で取れた島ダコを濃厚な味噌と一緒に炒めたもの。ビールにぴったり！

刺身盛り合わせ 1980円

8種類の刺身の盛り合わせ。マグロやサーモンのほかタマンやミーバイなど沖縄の魚も入る

「マジュン・リッカ」では、不定期でスタッフさんにより三線ライブが行われます！（北海道・なおチャン）

那覇以外にも、おいしい居酒屋はたくさん！読谷、うるま、名護から指折りの名店をセレクト。お店を目当てにわざわざ近くに宿を取るのもアリ。

心を込めた調理を心がけています

うるまSTAY

榮料理店
サカエリョウリテン

創作風の沖縄料理が揃う

地方の名居酒屋

大きな窓が開放的

うるま市を代表する名店で、メニューには伝統的な調理法にひと工夫加えた料理がずらり。地元農家の島野菜や近海産の魚介、あぐー豚などを見た目も美しいひと皿に仕上げている。

Map P.188-A2 うるま
🏠うるま市石川伊波1553-463
☎098-964-7733 ⏰17:00～23:00 (L.O.22:00) 休日、不定休 🚗石川ICから2km Ｐ10台

てびち唐揚げ
黒酢南蛮たれ 858円

じっくりと煮込んでアクをとってから唐揚げにしている。外はカリカリ、中はふわりとジューシー

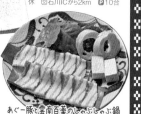
あぐー豚と雲南百菜のしゃぶしゃぶ鍋
アーサスープ仕立て 3080円

やんばるあぐー豚の三枚肉をメインにしたしゃぶしゃぶ鍋。甘くて上品な脂身が美味

海ブドウのそうめん
タシヤー 1078円

さっぱりしたシソソースのそうめんタシヤーの上から海ブドウをどっさりと！

オーナーが選び抜いたやちむんや地元酒造所メインの泡盛にも注目

夜には明かりがともりロマンティックに

名護STAY

島のごちそう
はなおり
シマノゴチソウ ハナオリ

伝統料理から創作料理まで

Map P.193-B3 名護
🏠名護市為又246-1
☎0980-54-1992 ⏰18:00～23:00 (L.O.22:00) 休日・第4土 🚗許田ICから12km Ｐ11台

夫婦ふたりで営む居酒屋。調理は野菜ソムリエでもある奥さんが担当し、細かな気配りと技で初めての人でも食べやすくしている。広々したカウンター席もある。

もずく天ぷら
1個300円

沖縄風のモズク天ぷら。モズクをたっぷり使っているため、ふんわり

にがな白和え
500円

クセのあるニガナを白和えに。ごま油を使い食べやすく仕上げている

刺身みそ和え 1200円

マグロやマチ、イラブチャーなどの島の魚の刺身を、味噌和えに

老舗からNEW OPENまで
オキナワバーガー頂上決戦！

アメリカ文化が息づく沖縄では、ハンバーガーもソウルフード！ いずれ劣らぬパワフルバーガーのNo.1がここに決定。

沖縄のバーガーチェーン

「ジェフ」と「A&W」という日本で沖縄にしかないバーガーチェーンも要チェック。どちらもオリジナルメニューで、滞在中時間があれば行ってみて。

ゴーヤーバーガーなどもあるジェフ

 WOW

超☆ボリューミー

SNS映え抜群の名物バーガー

ハワイアンな内装がかわいい！

Captain Kangaroo
キャプテンカンガルー
ボリューミーさ No.1

「キャプカン」の愛称で知られる、行列必至の人気バーガー店。ビーフ100%、粗挽きのパティはボリューム満点で、噛んだ瞬間に肉汁が口の中に広がる。海を望む絶好のロケーションも自慢。

Map P.192-B2 本部

🏠 本部町崎本部930-1
☎ 0980-43-7919
🕐 11:00〜17:00 🈺 なし
🚗 許田ICから22km 🅿 30台

スパーキーバーガー
1400円

高さ10cm以上もあるメガトンサイズの特製バーガー。＋450円でパティを2枚に変更可能

これをサンド！

- バンズ
- フライドオニオン
- ベーコン
- トマト
- レタス
- チーズ
- パティ
- BBQソース
- バンズ

---

nice

HEY BURGER
1300円

ケチャップやマヨネーズ、ピクルスベースのHEYソースが、あっさりパティとベストマッチ

バーガー界のニューカマー

HEY
ヘイ
あっさり度 No.1

オリジナリティあるバーガーを楽しんでください

キャプカンの元スタッフが満を持してオープン。パティは県産の豚肉が80%、外をじっくり焼くことで中身ふわふわ、外カリカリの食感を実現。ビーフよりもあっさりしており、女性向け。

焼き菓子なども扱っている

Map P.193-C3 名護

🏠 名護市城1-2-3 2F
☎ なし 🕐 11:00〜16:00 🈺 日
🚗 許田ICから9km 🅿 なし

これをサンド！

- バンズ
- HEYソース
- 卵
- くんちゅまベーコン
- レタス
- チーズ
- パティ
- バンズ

✉ 「Captain Kangaroo」では、海を見ながら絶品バーガーが味わえます！（東京都・コジコジ）

fruity

Yellow
1800円
オリジナルのパイナップルサルサ＆ソースを使用。レンコンのピクルスが食感のアクセントに

食材のマリアージュを楽しんでください！

これをサンド！
- バンズ
- パイナップルソース
- パイナップルサルサ
- レンコンピクルス
- チーズ
- パティ
- トマト
- レタス
- バンズ

あじわうてないフルーツバーガー

夜はバーとして営業。限定のメニューもある

LITOR
リッター

独創性No.1

2023年6月オープン。フレンチシェフと作り上げたフルーツバーガーが話題。フルーツは具として使うのではなく、サルサやソースにするなどのひと工夫が。バリスタ世界3位の淹れるコーヒーもぜひ。

美容効果のある竹炭を使ったBlack Latte 680円

Map P.200-B2 那覇
🏠那覇市久茂地3-25-20
📞098-943-1583
🕐11:00～23:00　🚃不定休　🚊ゆいレール県庁前駅、美栄橋駅から徒歩6分

オキナワバーガー

cheese

店名は映画「スタンド・バイ・ミー」の登場人物「ゴーディ」から

沖縄バーガーのパイオニア

GORDIE'S
ゴーディーズ

肉々しさNo.1

つなぎを使わないビーフ100％のパワフルパティが人気。炭火で焼いてうま味を閉じ込めており、噛んだ瞬間に段違いの肉々しさを感じる。外国人住宅を改装し、内装も古きよきアメリカン一色。

チーズやベーコンの追加もできます（有料）

ダブルチーズバーガー
（コンボ[ドリンク付]）1793円
香ばしいパティと、とろけるチーズが相性抜群！オリジナルBBQソースも濃厚（単品は1551円）

これをサンド
- バンズ
- オニオンスライス
- BBQソース
- チーズ
- パティ
- チーズ
- パティ
- バンズ

Map P.186-A1 北谷
🏠北谷町砂辺100-530
📞098-926-0234
🕐11:00～19:30　🚃不定休　🚗沖縄南ICから5km　🅿約30台

juicy

ハンバーガーにはポテトが付く

国際通り裏で絶品バーガー

これをサンド！
- バンズ
- ベーコン
- アボカドソース
- トマト
- オニオンスライス
- チーズ
- パティ
- レタス
- BBQソース
- バンズ

アボカドベーコンチーズバーガー
1590円
ぶ厚いベーコンや自家製のパティが食べ応えあり。アボカドソースが絶妙

Zooton's
ズートンズ

ジューシーさNo.1

国際通りそばでおいしいバーガーを食べたいならこの店へ。パティやバンズ、厚切りベーコンやBBQソースにいたるまですべてが自家製。店内はカラフルなポスターやオブジェが埋め尽くし、写真映え必至。

にぎやかな内装が超☆クール

Map P.200-B2 那覇
🏠那覇市久茂地3-4-9
📞098-861-0231
🕐11:00～20:30（L.O.20:00）、火・日～16:30（L.O.16:00）
🚃なし　🚊ゆいレール県庁前駅から徒歩5分
🅿なし

「LITOR」では、旬のフルーツを使った限定バーガーも登場。夜しか味わえないバーガーもある。

県内産も続々登場！
クラフトビールがアツい☆

全国的な人気となっているクラフトビールは、沖縄でも今が旬。お店自慢のタップルームで、こだわりのビールを味わって！

ビーチそばの タップルーム

AGARIHAMA BREWERY
アガリハマ ブルワリー

AGARIHAMA IPA
キレがあって飲みやすいIPA。ホップのさわやかなアロマが特徴

GAJUMARU IPA
沖縄県産サトウキビを仕込み釜に入れたオリジナルIPA

SUNRISE PALE ALE
レモンやオレンジを感じさせる柑橘系アロマと程よいビター感が◎

与那原の東浜に2023年にオープン。醸造所に併設してタップルームがあり、毎日できたてのクラフトビールが味わえる。ビールは基本3種類で、ほか季節限定が2種類ほど。

Map P.185-A3 与那原
🏠 与那原町東浜2-4
📞 098-917-0311
🕐 17:00～23:00
休 火　🚗 南風原北ICから4km
🅿 8台

自家製のクラフトビールが飲み比べできる3種類 飲み比べ1000円

サトウキビやパインなど沖縄の素材を使ったビールもあります

FOOD!
ビールによく合うAGARIHAMA TACOS。全5種類あり、地元のフルーツを使ったフルーツサルサが人気No.1！

全国のクラフト ビールが味わえる

クラフトビアハウス
麦 BAKU
クラフトビアハウス バク

もともと東京・新橋のビアバーで働いていたというオーナーが運営。長年培ってきた技術を駆使し、ビールを最高の注ぎ方で提供する。常時15種前後オンタップが並び、選ぶのも楽しい。

サンゴビールとコラボした、ダブルアップIPA930円も販売

オリオン ザ ドラフト 650円

最高の注ぎ方でいただくオリオンビールと、沖縄市に酒造所を置くクリフビールのマンゴー香るヴァイツェン

うすはりグラスにビールをなみなみ注いでいく

きめ細やかな泡が自慢です

クリフビール マンゴーヴァイツェンM 1250円

FOOD!
店主自らが釣った魚をつまみとして提供。本日のお造りはグルクン昆布〆890円

Map P.200-B2 那覇
🏠 那覇市久茂地3-9-21（UD久茂地ビル2F）
📞 098-861-8915
🕐 17:30～24:00、土・日16:00～　休 月、不定休　🚃 ゆいレール県庁前駅から徒歩4分
🅿 なし

「CHATAN HARBOR BREWERY & RESTAURANT」は外国人のお客さんもたくさん！海外旅行気分が味わえます。(愛媛県・ひな)

店を選ぶ

クラフトビールを提供する店には、自社ビールを提供するところ（ブルワリー系）と独自のセレクトで提供する店（セレクト系）がある。一般的にブルワリー系ならできたてのビールが味わえ、セレクト系はより多くの種類が味わえるのがメリット。

ビールを選ぶ

クラフトビールには製造方法や素材の違いによりさまざまな種類があり、見ただけではどんな味のビールかわからないことも。よくあるクラフトビールの種類は右記。

おもなビールの種類

IPA インディア・ペールエールの総称。ホップをふんだんに使っており苦みが強い

PA ペールエール。「ペールPale」とは淡いという意味。ホップと麦芽の配合がほどよいバランス

エール 発酵の際に酵母が浮かび上がる上面発酵。香りが強く、芳醇な味わい

ラガー 日本で最も一般的なビール。下面発酵で醸造され、苦みがありのど越しが爽快

FOOD!
肉から魚介、前菜までメニューは豊富。こちらはフレッシュムール貝のラガービール蒸し2100円

ヴァイツェンやペールエール、IPA、スタウトとドラフトビールは全部で5種類揃う

一番人気のラガー（Mサイズ990円）。すっきりとした飲み口で万人受け

マイスターが一杯一杯ていねいに注いでくれる

サンセットタイムがおすすめです

海を見ながらクラフトビール

CHATAN HARBOR
BREWERY & RESTAURANT
チャタンハーバー ブルワリー&レストラン

アメリカンビレッジそば。天井が高く開放的なテラス席がある空間は、北米のパブそのもの！「沖縄の自然」がテーマのビールは、地元の気候に合わせた味わい。夕日の時間がベスト。

Map P.186-A1 北谷

🏠 北谷町美浜53-1
☎ 098-926-1118
🕐 17:00〜22:00（L.O.21:30）休なし
🚗 北中城ICから7km
🅿 14台

クラフトビール

テーマパーク内の食事処

地ビール喫茶 **SANGO** ジビールキッサ サンゴ

おきなわワールド内にある。ビールの仕込み水に使うのは、園内の玉泉洞の地下水。ミネラル、カルシウムを多く含み、苦みを感じやすい。タップルームではサンゴビール3種類をドラフトで飲める。

Map P.185-B3 南城

🏠 南城市玉城前川1336（おきなわワールド内）
☎ 098-949-7421
🕐 11:00〜16:00（L.O.15:00）休なし
🚗 南風原南ICから6km
🅿 400台（おきなわワールド）

おきなわワールド内に醸造所がある

できたて生ビールが最高です！

IPAのほかセゾン、ケルシュの3種類がある

柑橘系の香りとホップの苦みが特徴のIPA。ドラフト600円

FOOD!
石垣牛やあぐー豚を使った串が人気。石垣牛・あぐー豚 食べ比べセット2980円

軽くてペロリと食べられる

パリパリ度No.1!

手づかみで食べるのが一番うめぇ

パリパリ派?
沖縄タコスを

トルティーヤ（タコ
タコミートや野菜、サルサ
伝統料理・タコス。
店を選ぶのか

A
1人前 (2ピース)
500円
トルティーヤからはみ出す
たっぷりの具材。パリッと
した食感で食べ応え◎

中はもちもちの食感

外はパリッとしていて

薄いトルティーヤを高温で揚げた
パリパリ食感のハード系。
外はパリパリでも中がもちもちしている。

pari
pari

C
1人前 (3ピース)
840円
3種類の具があり、自在に組
み合わせ可能。トルティー
ヤにはオートミールを配合

ツナ チキン ビーフ

お好みで塩をかけて召し上がれ

B
1人前 (3ピース)
1200円
サクッと揚げたタコシェル
でタコミート、キャベツ、
レタスをやさしくサンド

シンプルiS
ベストな
沖縄タコスを
食べに来て
ください

特製のサルサソースは辛味
が強くなく食べやすい

沖縄タコス
アメリカ統治時代に始まったソウルフー
ド。最大の特徴はメキシコ式ともアメリ
カ式とも違う特製トルティーヤ。トウモロコシ
の粉のほか小麦粉や各店
で独自のものを入れて工夫している。

タコライスとは?
タコミート、レタス、チーズをライス
の上にのせた沖縄発祥の料理。右記で
はメキシコ以外の店舗で提供してい
る。特にキングタコスはタコライス
発祥の店として名をはせる。

ここが
タコライス
発祥の店!
キャンプハンセンの
ゲートそばにあった
パーラー千里で開発し
たレシピを受け継いだ
のがここ。もともと
パーラー千里とキング
タコスは系列店だった。

沖縄料理の
定番

A
沖縄タコスの王道No.1
キングタコス 金武本店
キングタコス キンホンテン
タコライス発祥の店として知られる、
通称「キンタコ」。タコスもオーダーで
き、パリ食感のトルティーヤが人気。
本店は金武にあるが、うるまや宜野湾
など沖縄本島に全部で6店舗ある。

Map P.189-A3 金武

⌂ 金武町金武4244-4
☎ 090-1947-1684
🕐 10:30～21:00 休なし 駅金武
ICから3km Ｐ20台

B
国際通りで本格タコス♪
JAM'S TACOS 国際通り店
ジャムズ タコス コクサイドオリテン
職人が毎日手作りで仕込むタコシェル
を際立たせるために、野菜は極限まで
細く切り、ビーフも味付けを濃いめに
調味するという店主のこだわりが光る。
タバスコや塩で味変も楽しめる。

Map P.201-B3 那覇

⌂ 那覇市牧志2-4-14 (カカズ産業国
際通りビル3F) ☎ 070-9053-2109
🕐 11:00～15:00、17:00～21:00
（月はランチタイムのみ）休火 ゆ
いレール牧志駅から徒歩5分 Ｐなし

📧 サルサソースは店により辛さが違い、なかには驚くほど辛いところも。様子をみて少しずつかけるのがおすすめです。（長野県・ななは）

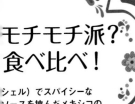

モチモチ派？
食べ比べ！

シェル）でスパイシーな
ソースを挟んだメキシコの
トルティーヤの食感で
ツウなのだ。

F
1人前（2ピース）
500円
ビーフ100％のタコミートは
ややスパイシー。ピリ辛サル
サソースがベストマッチ！

やわらかいけど、端っこはパリッ☆

mochi
mochi

沖縄タコスを食べ比べ！

粉からすべて手作りのトルティーヤ

パリパリ控えめ、
もっちりとした食感の
ソフト系。トルティーヤの味を
感じたいならこちらおすすめ。

トルティーヤは軽やかでいくつでも食べられるッ！

D
1人前（4ピース）
740円
注文を受けてから揚げるト
ルティーヤ。やや小さめな
分、ペロリと食べられる

オリジナルの
チリソースを
かけてどうぞ！

E
1人前（3ピース）
660円
もっちりトルティーヤはぶ
厚くてボリュームあり。サ
ルサソースもスパイシー

C
沖縄最古のタコス専門店
チャーリー多幸寿
チャーリータコス
1956年に創業した、沖縄で最も歴史
があるタコス専門店。タコミートは3種
類から選べ、サルサソースには島トウ
ガラシを使用している。

Map P.202-B2　沖縄市

🏠 沖縄市中央4-11-5
☎ 098-937-4627 🕚 11:00 ～
18:45（売り切れ次第終了）⚫木（祝
日の場合は営業）🚗沖縄南ICから
1km 🅿30台

D
中部屈指の人気タコス店
タコス専門店メキシコ
タコスセンモンテンメキシコ
ソフト系タコスの代表格として知られ
る。地元から観光客までアツい支持を
受け、店内はいつでも大にぎわい！
タコミートは牛と鶏の合いびきで、数
種のスパイスで味付け。食事メニュー
はタコスのみ。

Map P.186-B2　宜野湾

🏠 宜野湾市伊佐3-1-3
☎ 098-897-1663 🕙 10:30 ～
18:00（売り切れ次第終了）⚫火・
水 🚗西原ICから8km 🅿10台

E
地元客に愛される味
セニョール ターコ
プラザハウスショッピングセンター内。
タコスは、しっとりとパリパリ食感が
両立したハイブリッド系。ひき肉にタ
マネギ、豆などをまぜたタコミートもこ
だわりの味。オニオンリングやインチ
ラーダなどメニューも豊富。

Map P.187-A3　沖縄市

🏠 沖縄市久保田3-1-6（プラザハウス
ショッピングセンター内）☎098-933-
9694 🕚11:30～22:00（ラスト
オーダー）⚫なし🚗沖縄南ICから3km 🅿300台（プ
ラザハウスショッピングセンター）

F
米軍基地近くのタコス専門店
CASA TACOS
カーサ タコス
うるま市のキャンプコートニーのゲー
ト近くに店を構える。タコミートからト
ルティーヤ、ソースにいたるまですべ
て手作りのタコスが人気。ブリトーや
ステーキサンドなどタコス以外の愛さ
れメニューもある。

Map P.189-B3　うるま

🏠 うるま市天願1387-5
☎ 098-972-6022 🕚 11:00 ～
20:00 ⚫火・水 🚗沖縄北ICから
5km 🅿10台

〆ステーキ文化

飲んだあとはステーキで〆るのが沖縄流。赤身肉メインのステーキは、飲んだあとでもさっぱりと食べられるのだ。

がっつり食べたい肉派のあなた

肉厚ボリューミーなステーキに、沖縄ならではの

テンダーロインステーキ(200g) 4015円
牛一頭からわずかしかとれないヒレ肉。赤身で脂はないがやわらかい

Gyuuu

〆ステーキの代表格
ステーキハウス88 辻本店
ステーキハウスハチハチ ツジホンテン

沖縄を代表するステーキハウスで、本島に9店舗を展開。脂身がほとんどない赤身肉を使ったステーキは、肉のうま味をダイレクトに感じられる。どこに行こうか迷ったらまずここへ。

Map P.198-A2　那覇
🏠 那覇市辻2-8-21
☎ 098-862-3553
🕐 11:00～翌2:00
　(L.O.翌21:00)
🈁 なし　🚃 ゆいレール
旭橋駅、県庁前駅から徒歩8分
🅿 30台

ステーキソースも選べる！

老舗のステーキ食堂
ステーキハウス金松
ステーキハウス キンマツ

1970年代に創業した老舗。レトロな食堂風の店内でリーズナブルなステーキを提供している。人気はテンダーロイン200g2700円やニューヨークステーキ。ほかにもメニューあり。

Map P.186-A1　北谷
🏠 北谷町桑江11
☎ 098-936-5909
🕐 11:00～22:00
　(L.O.21:30)　🈁 なし
🚗 沖縄南ICから5km
🅿 8台

ニューヨークステーキ(230g)
1900円
適度な脂のあるロース肉のステーキ。ライス、スープ、サラダ付きでこの値段！

レトロな内装にも心躍る

アメリカ統治時代から変わらぬ味
パブラウンジ エメラルド

1979年の創業で、近くにあったゴルフ場のパブレストランがルーツ。最高級オージービーフを、秘伝のたれに1日漬け込んでから焼くステーキはやわらかでうま味たっぷり。

Map P.187-A3　北中城
🏠 北中城村島袋311
☎ 098-932-4263
🕐 11:00～21:00
　(L.O.20:30)　🈁 なし
🚗 沖縄南ICから4km
🅿 25台

北米の高級ステーキハウスを思わせる内観

エメラルド特製ジャンボプレミアムステーキ
4500円

450gの特大サイズのぶ厚いステーキ。くんせい塩かオリジナルソースで食べる

✉ はじめて〆ステーキを経験しました！沖縄のステーキは赤身なので意外と食べられちゃいます。(神奈川県・マーミ)

はステーキ＆焼肉で決まり！

銘柄豚と和牛焼肉。肉食派も大満足な店はこちら！

銘柄豚肉

「鳴き声以外は食べる」という沖縄の豚肉文化。在来種であるアグーやその配合種などさまざまな銘柄豚がある。

Buuuu

ステーキ＆焼肉

やんばる炭火焼肉コースは肉のほか野菜、小鉢、ご飯などがセットになっている

やんばる炭火焼肉コース
4400円

今帰仁アグーのモモロース、肩ロース、三枚肉（バラ）の3種類が味わえる

今帰仁アグーの専門店

アグー豚 長堂屋
ナガドウヤ

絶滅寸前だった在来種のアグーを、「戻し配合」により純血種に近づけた貴重な今帰仁アグーが食べられる。炭火焼肉またはしゃぶしゃぶコースから選べるほか、アラカルトで追加注文も可能。

Map P.193-A3 今帰仁
🏠今帰仁村玉城710-1
☎0980-56-4782 ⏰17:00～23:00（L.O.22:00）
休水 🚗許田ICから21km Ｐ40台

豚のうま味を堪能できる

やんばる島豚 満味
マンミ

七輪焼きコース
4980円

各部位からホルモンまで、やんばる島豚のおいしさを存分に味わえる

最高の豚肉を食べてみて！

新鮮なやんばる島豚を提供している。肉やモツなど部位ごとにカット方法を変え、おいしい焼き方をレクチャーしてくれるのもうれしい。野菜や調味料もやんばる産にこだわっている。

Map P.193-B4 名護
🏠名護市伊差川251
☎0980-53-5383
⏰17:00～21:00（L.O.21:00）休日・月 🚗許田ICから12km Ｐ15台

本部町の山あいにある牧場で育てられるもとぶ牛。オリオンビール粕を配合した飼料で育つもとぶ牛は、きめ細かな肉質と美しいサシが特徴。単品からセットまでさまざまなメニューがある。

もとぶ牛特盛
（2～3人前）8000円

もとぶ牛サーロイン
（150g）5000円

さまざまな部位が少しずつ味わえる盛り合わせがお得。単品ならサーロインをどうぞ！

Map P.192-A2 本部

純牛 沖縄のブランド牛を提供
焼肉 もとぶ牧場 本部店
ヤキニク モトブボクジョウ モトブテン

🏠本部町大浜881-1
☎0980-51-6777
⏰11:00～15:00（最終入店14:15、L.O.14:30）、17:00～22:00（最終入店21:00、L.O.21:30）
休なし 🚗許田ICから25km Ｐ25台

もとぶ牛食べ比べ
（1人前）4000円

『満味』では、仙人みたいなオーナーが最善の肉の焼き方を教えてくれることも。

注文が入ってから
スパイスを調整
して作ります

飴色タマネギと12種類の
スパイスで作る
バターチキン。

鳥野菜の
アチャール

那覇の
スパイスカレー
といえばここ

ピーナツとキュウリの
アチャール

ゴカルナ

沖縄におけるスパイスカレーの草分け的存在。インドと日本のカレーのハイブリッドを目指したというカレーは、口当たりマイルドなのにスパイシー。食べ進めるうちにじんわりと汗をかいてくるから不思議だ。

甘めのドライキーマは
バターチキンと混ぜて
食べても◎

Map P.200-C2 那覇

🏠那覇市楚辺1-1-2
☎098-855-5558
🕚11:00～16:00
⊘不定休 🚃ゆい
レール県庁前駅から
徒歩12分 🅿なし

**特製バターチキンカレー
プレートセット 1400円**
（ドライキーマ200円をトッピング）
一番人気の特製バターチキンカレーのプレート。
辛さは3段階から選べる
スパイシーさ… ★★★

大きくカットした
ホロホロチキン

ターメリックライス

赤キャベツの
ザワークラウト

マニアも唸る！？
沖縄のスパイスカレーがヤバいらしい

Spicy curry

沖縄の町を歩くと漂う、カレーの香り。スパイス香る極上のカレーは、南国沖縄の空気感にぴったりなのだ！ ハイレベルなカレー店、教えます。

朝6:00から
仕込んでいます

定番から
創作まで
豊富なメニュー

濃厚な
ラッシーをお供に
味わいたい

鶏キーマ

カレー屋タケちゃん
カレーヤタケチャン

開店前からすでにSNSで評判を呼んでいた人気カレー店。野菜のうま味を残しながら炒め、コリアンダーやカルダモンなどのスパイスを独自の配合で混ぜて煮込んだカレーは至極の一品。

ジャガイモと
キノコのサブジ

Map P.201-C3 那覇

🏠那覇市壺川1-18-38
☎098-988-3306 🕚11:30
～16:00 ⊘月・火 🚃ゆい
レール旭志駅から徒歩13分
🅿なし

ターメリックライス

**ゴボウと鶏キーマの
スパイスカレー
1100円**
6～7種類のスパイスを使用
したカレー。ゴボウのシャキシャキ感がクセになる
スパイシーさ… ★★

キャロットラペ

「カレー屋タケちゃん」のラッシーに書いてあるネコの絵は、店主の娘さんが描いたそうです！（神奈川県・よしえ）

ヤマナカリー別邸
ヤマナカリーベッテイ

独創的なオリジナルカレー

店主は、根っからのカレー好きが高じて店を出したという山中さん。提供するカレーは、家では作れない、そして味わえないカレー。メニューはA（定番）とB（週替わり）の2種類があり、盛り合わせた二盛カレーがおすすめ。

Map P.201-A4 那覇
🏠那覇市安里387-14
（レジデンス安里2F）
📞090-8624-0627
🕐11:00〜15:00（L.O.14:30）
🚃ゆいレール安里駅から徒歩1分
Ｐなし

鶏だしを使ったマイルドなチキンカレー

キャベツをウコンとクミンであえた「うこみん」

週によりさまざまなカレーが味わえます

二盛カレー 1100円
定番のチキンカレーとエビのグリーンカレーの2種盛り。混ぜて食べてもおいしい
スパイシーさ… ★★★★

ターメリックライス

シシトウで作る、辛くないグリーンカレー

エビもプリプリ

キャロッペ

沖縄のスパイスカレー

ナカラマサラ

職人の作るこだわりカレー

スパイスカレーにハマリ、料理教室やイベントでカレーを教え提供していた塩月さんが念願の店をオープン。「辛いのが苦手」というとおり、カレーはどれも野菜や乳製品を多用した優しい味わいに仕上がっている。

香りが豊かで、やさしいけど深い味わいを目指しています

スパイスカレー（一種盛り）1000円
カレーは日替わりで4種類から選べる。こちらは定番のココナッツチキン
スパイシーさ… ★

インドの薄焼きパン、チャパティ

アチャール3種

ヨーグルト

タイ米と日本米をブレンドしたターメリックライス

マイルドなココナッツチキン

スパイシースープ

Map P.193-C3 名護
🏠名護市大南2-4-12
📞なし
🕐11:30〜16:00（L.O.15:30）
休不定
🚗許田ICから9km Ｐなし

ゆで卵

アチャール

香りのあるジャスミンライス

根菜キーマ

塩糀とカルダモンのチキンカレー

キノコとココナツ

スパイスカレー ストラム

本日のカレー（3種）
ランチ1000円〜、ディナー1800円〜
カレーはすべて日替わり。ベースとなるだしとタマネギペーストにスパイスを加えて仕上げる
スパイシーさ… ★★★★★

容赦なしのスパイシーカレー

小麦粉を使わないグルテンフリーのカレーです

スパイスカレー ストラム

Map P.193-A3 今帰仁

スパイスの味むき出し、ワイルドなカレーを味わいたいならここへ。カレーは日替わりで3種、マイルド系からスパイシー系までさまざま。3種類すべて食べたい人は盛り合わせをチョイスしよう。

🏠今帰仁村諸志1993
📞0980-56-2148
🕐12:00〜15:00、18:30〜22:00（売り切れ次第終了）
休火・水 🚗許田ICから26km Ｐ7台

「スパイスカレー ストラム」は2階がゲストハウスになっている。

73

星野リゾート バンタカフェ

Map P.188-A-D1 読谷

海に臨む高台にたつ国内最大級の海カフェ。入江に面して200の席が広がり、ロケーションごと4つのエリアに分かれている。フルーツを使ったひんやり系スイーツや沖縄らしい軽食もある。

📍 読谷村儀間560　☎098-921-6810　🕐10:00〜L.O.日の入り、土・日・祝8:00〜　❌なし　🚗石川ICから14km　🅿77台

FOOD & SWEETS!

軽食にぴったりのポークたまごおにぎり700円

沖縄伝統のぶくぶく茶からアイデアを得たぶくぶくジュレソーダ1000円

海を望む
絶景カフェ

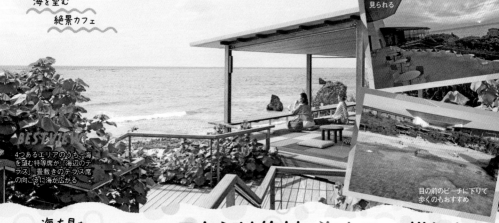

きれいなサンセットも見られる

4つあるエリアのうち、海を望む特等席が「海辺のテラス」。畳敷きのテラス席の向こうに海が広がる

BEST VIEW!

目の前のビーチに下りて歩くのもおすすめ

青い海を見ながらリラックス ワタシは絶対、海カフェ 推し!

カウンターとテーブル、奥には座敷もある

野菜たっぷり
プレートランチ

テラスからは森の奥に広がる海を望む。力強いグリーンと宝石のようなブルーのコントラストは感動もの!

BEST VIEW!

カフェこくう

Map P.193-A3 今帰仁

今帰仁の海を見下ろす場所にある琉球モダンカフェ。農家から直接仕入れる野菜をふんだんに使ったランチが評判。カツオだしをベースとした料理は、ヘルシーでやさしい味わい。

📍 今帰仁村諸志2031-138　☎0980-56-1321　🕐11:30〜17:00(L.O.16:00)　❌日・月　🚗許田ICから23km　🅿20台
赤瓦の伝統家屋をイメージした外観

FOOD!

総菜9種にごはん、味噌汁が付くこくうAは1700円。写真は酵素玄米

ヘルシーな料理と風景を楽しんでください

「カフェこくう」には、奥に板敷きの座敷席があります。家族連れに最適ですよ。(京都府・ホーリー)

厚切りのトーストに
ホワイトソースとハム、チーズをの
せて焼いたクロックムッシュ550円

浜辺の茶屋 ハマベノチャヤ

オンザビーチのカフェ。店内や屋上、浜辺など
いくつかの席があるので、好きな席をチョイス
しよう。季節や潮の干満により表情を変える海
を眺めながら、スイーツやランチを楽しんで。

Map P.185-B3 南城

🏠南城市玉城玉城2-1 ☎098-
948-2073 🕙10:00～18:00
(L.O.17:00)、金～日・祝8:00～
🗓月 (祝日の場合は営業) 🚃南
風原南ICから10km 🅿30台

注文が入ってから豆を挽
き、ハンドドリップで入れ
るコーヒー660円も人気

海カフェ

どの席からも
海が望める

FOOD!
ハチミツとジャムと無
塩バターがのった厚切
りパンの三色トースト
550円

さまざまな席があるので、好みで選ぼう

BESTVIEW!
海を見るなら、両開きの窓
に面したカウンター席が断
然おすすめ

美ら海を見ながらのカフェタイムは、沖縄ならではのとっておきの贅沢。
これだけのために沖縄に来る価値がある!

体に優しい
ハーブカフェ

BESTVIEW!
窓に面したテーブル席や庭
からの眺めは絶景! 季節の
花やハーブが咲くガーデン
を散策するのも楽しい

自家栽培のバタフライピーで色付け
したライスに豚または魚、ハーブ
や香味野菜を混ぜて食べるカオ・
オップ・アンチャン1391円

木造の店内は落ち着ける
雰囲気

FOOD!
大人気のくるまスペシャル
1899円

カフェくるくま

ハーブやお茶を製造販売する
健康食品メーカーが経営。自
社栽培のハーブたっぷりのタ
イ料理が評判で、定番のくる
くまスペシャルのほかさまざ
まなメニューが味わえる。

Map P.185-B4 南城

🏠南城市知念知念1190
☎098-949-1189 🕙10:
00～17:00 (L.O.16:00)、
土・日・祝10:00～18:00
(L.O.17:00) 🗓水 🚃南風原北ICから
12km 🅿60台

庭には木のブランコが
置かれている

「星野リゾート バンタカフェ」は、カウンターで注文してトレイに乗せて席へ移動するセルフスタイル。

Bookcafe Okinawa Rail

ブックカフェ オキナワ レイル

やんばるの森の最奥、曲がりくねった峠道を上った先にある。自然と一体化したコンクリート造りのモダン建築で、スイーツとドリンクを提供。「Okinawa Rail」とはヤンバルクイナのこと。

Map P.196-C2 国頭

- ▲国頭村奥間大保謝原2040-107
- ☎080-8350-5524
- ⏰10:00〜18:30（L.O.17:00）
- 休月・火 🚗許田ICから42km
- P7台

SWEETS!
濃厚で甘酸っぱいシークワーサーパイ980円と天然スパイスや沖縄県産ウコンで作るチャイ（アイス）1080円

置いてある本は自由に閲覧が可能

店内にはピアノが置かれ、不定期でライブなどのイベントも開催する

森の中の
オフグリッドカフェ

BESTVIEW!
森の中にたたずむモダンな建物。店内のどこからもジャングルの森が望め、図書館のような静寂な空気が広がる

ジャングルに囲まれる癒やし空間 それでも 森カフェ が大好き！

ぽつんとたたずむ
秘密基地風カフェ

BESTVIEW!
オープンデッキの景色。屋我地島と奥武島に囲まれた羽地内海（はねじないかい）や、やんばるの木立を望む

木を大胆に用いたシックな店内

Cafe 森の巣箱
カフェ モリノスバコ

手作りのツリーハウスをカフェ＆バーとして活用。木の温もりが感じられる店内で、自然のエネルギーから着想を得たという地中海料理がいただける。サウナやホテルも併設。

Map P.193-A3 今帰仁

- ▲今帰仁村湧川699
- ☎0980-56-1570
- ⏰11:00〜19:00
- 休水 🚗許田ICから20km
- Pあり

FOOD!
彩り野菜とフムスの地中海プレート1500円。焼きたてのピタ生地で巻いて食べる

気まぐれブレンドのハンドドリップコーヒー500円

店主がチョイスしたクラフトビールは1本800円〜

「Cafe 森の巣箱」のスパイスを漬けこんだ自家製カカオコーラがおいしかったです。（徳島県・すだちん）

FOOD!

生地から手作りするピザが人気。イチオシはモッツァレラ＆生ハム1980円。月桃、レモングラス、ハイビスカスを使ったハーブティーは495円

Cafe ichara カフェ イチャラ

森に包み込まれるようなロケーションにあるはぐれカフェ。目の前にそそり立つような木々を眺めながら、ピザやカレーなどのランチを楽しめる。石窯で焼くピザはもっちり食感。

Map P.193-B3 本部

🏠本部町伊豆味2416-1
📞0980-47-6372
🕐11:30～16:00（L.O.15:15）
休火・水 ⓟ許田ICから17km ⓟ8台

山道を抜けた先に店の入口が

亜熱帯の森に囲まれたテラス

森カフェ

BEST VIEW!
川へとせり出したウッドデッキにあるテラス席。ジャングルに囲まれているような非日常の体験ができる

海カフェは確かにステキだけど、森カフェだって負けていない！
熱帯のジャングルに覆われたカフェは、ただ座るだけで癒やされちゃうこと間違いなし。

ジャングルの中にぽつんとたたずむ

店内、庭、いたるところにシーサーが鎮座

個性豊かなシーサーがかわいい

BEST VIEW!
2007年にANAの広告に登場した2階の座敷席。瓦屋根の上にのったシーサーとにらめっこしてみては

やちむんや民芸品を扱うショップを併設してます

豆をじっくり煮て作る特製ぜんざい600円

やちむん喫茶 シーサー園

ヤチムンキッサ シーサーエン

2階建ての古民家を改装。1階の囲炉裏席と2階のテラス席があり、どちらもおばあちゃんの家みたいなほっこり落ち着ける雰囲気。昔ながらの沖縄の味が揃い、600円均一とリーズナブル。

Map P.193-B3 本部

🏠本部町伊豆味1439
📞0980-47-2160 🕐11:00～17:00（L.O.16:30）
休月・火
ⓟ許田ICから19km ⓟ15台

SWEETS& FOOD!

沖縄では台風のときの非常食として食べられてきたヒラヤーチー600円

「やちむん喫茶 シーサー園」の1階は陶器を扱うショップになっている。　77

沖縄のコーヒーカルチャーが進化中！
最新アドレスがコチラ

旅の途中に、特別なコーヒーでひと息入れよう。世界各地のコーヒー豆のほか、沖縄産の豆で淹れるコーヒーが味わえる店も。

沖縄のコーヒー文化を牽引

豆ポレポレ
マメポレポレ

Map P.202-B2 沖縄市

国内外のスペシャルティコーヒーの大会で数々の受賞歴がある仲村さんがオーナー。厳選したコーヒー豆の個性を最大に引き出すことを目指して焙煎。ハンドドリップやエスプレッソマシンで提供している。

TAKEOUT のみ

⬤沖縄市中央2-7-46　☎098-960-5516　◉要確認　⦿木・日　◉沖縄南ICから52km　⦿なし

1. コーヒーはテイクアウトのみ。ドリップコーヒー572円〜
2. 店内にはいくつかの焙煎機が置かれている

DRIP COFFEE DATA

ブレンド
沖縄産とブラジル産コーヒーのブレンド

シングルオリジン
なし

その他
カフェオレ、カフェモカ、カフェ・モカフラッペなど

自家焙煎 ◎

コーヒーを淹れてくれるのは2代目の足立朋子さん

緑の中にテラス席が設けられている

コーヒーの木

一杯ずつていねいに淹れてくれる

定番のがじゅまるブレンド150g1377円とブレンドライフ150g1263円

牛乳で割るだけでカフェオレが楽しめる豆ポレポレのオーレのもっと多良間産黒糖1944円、加糖・無糖1620円

DRIP COFFEE DATA

ブレンド
浅煎りのオリジナルブレンドやがじゅまるブレンドなど

シングルオリジン
日により変わる5種類前後の豆から選べる

その他
アメリカーノやカフェラテなど

自家焙煎 ◎

自家栽培・焙煎コーヒー

HIRO COFFEE FARM
ヒロ・コーヒーファーム

CAFE　TAKEOUT

Map P.195-A3 東

1993年に初代の足立浩志さんが作ったコーヒー農園のカフェ。各国の雑貨が散らばるおもちゃ箱のような建物で、自家栽培の豆を使ったコーヒーやスイーツ、フードメニューが楽しめる。

⬤東村高江85-25　☎0980-43-2126　◉13:00〜16:00　⦿火・水、不定休　◉許田ICから45km　⦿あり

1. ヒロ・ブレンドコーヒー（ホット、Mサイズ）800円とコーヒープリンゼ（Lサイズ）550円　2. 焙煎後に出る豆炭を天然酵母のパンに練り込んだ真っ黒なブラックドック600円。ソーセージもコーヒーでボイルしている

✉ 「豆ポレポレ」では、運がよければコーヒー豆の焙煎中の作業が見られます。（東京都・ゆるめも）

スペシャルティコーヒー豆知識

ブレンドコーヒー
いくつかのコーヒー豆をブレンドしたコーヒーのこと。店により浅煎り、深煎りなど数種類ある。

シングルオリジン
「単一品種」という意味で、各農園で生産された豆を焙煎しひとつの銘柄で淹れたコーヒー。

自家焙煎
自社で焙煎機を持ち、生で仕入れたコーヒー豆を焙煎すること。焙煎技術により豆の個性が出やすい。

1. 厳選した食材を使ったティラミス880円もぜひ 2. カフェラテ（左）682円、モンドアブレンド（右）660円

シングルオリジンやブレンドの豆を販売

コーヒーの香りに包まれて幸せ〜

沖縄のコーヒーカルチャー

コーヒーで人と世界をつなぐ

MONDOOR
モンドア

CAFE TAKEOUT

店主は、オーストラリアでスペシャルティコーヒーにはまったという生駒さん。コーヒーを通してまだ見ぬ世界の扉を開けるきっかけとなれば、と日々かけがいのない一杯を淹れている。

Map P.184-B2 糸満

🏠 糸満市糸満967-11（太田アパート）2F
☎ 080-3187-2319
🕐 L.O.17:30　❌ 不定休　🅿 専用
🚗 名護地に約6km
📷 54

琉球のスタイルを基調にモダンなインテリアで囲まれたおしゃれな店内

エスプレッソ以外のコーヒーはすべてハンドドリップ

CAFE TAKEOUT

独創的なコーヒーをぜひ

rokkan COFFEE SHURI
ロッカン コーヒー シュリ

人気カフェの2号店で、首里城下に位置する。セレクトする豆だけでなく、使う器や水にもこだわり、五感を超えた先の第六感で楽しめるコーヒーを提供している。

Map P.202-A1 那覇

🏠 那覇市首里当蔵町2-14
☎ 098-943-4399
🕐 6:00〜18:00　❌ 無休　🚃 ゆいレール儀保駅
🚶 徒歩19分　📷 1

ラテ600円〜 塩キャラメルナッツタルト550円。デザートはパティシエが毎日手作り。新感覚のエスプレッソ・トニック700円

トニックウォーターとエスプレッソをブレンド。苦味が華やかになり飲みやすい

沖縄市の名店、「豆ボレボレ」。2024年に同じ沖縄市内に移転する予定。

menu

やんばる野菜の
前菜盛り合わせと
あぐー豚のローストポーク
1800円

彩り豊かな野菜をサラダ
やグリル、ラペで。フム
スやあぐー豚のロースト
ポークを添えて

島食材を華麗にアレンジ！
おしゃれビストロへ

滋味深い島の食材を使った、イタリアンやフレンチに舌鼓。旬を知り抜いたシェフが作る料理は、まるで芸術品のような美しさ！

French

屋我地島のカジュアルフレンチ
tutan
—トゥタン—

古宇利島へと渡る橋のかかる屋我地島にある一軒家ビストロ。トタン屋根の古民家を改装した店内で、地元の野菜や肉を使ったフレンチベースの創作料理が味わえる。

Map P.193-A4 名護

🏠 名護市運天原527 ☎0980-52-8039
🕐17:00〜L.O.22:00 📅週2日不定休
🚗許田ICから22km Ｐ10台

1. こだわりのナチュールワインを各種取りそろえる。グラス700円〜、ボトル4500円〜 2. 天井が高く開放的な店内 3. ワインのほかやんばる生姜を使った自家製ジンジャーハイボールや自家製酵素ドリンクもある。各700円 4. オーナーシェフの赤坂望さん。東京で腕を磨いた後に沖縄へと移住、念願のレストランをオープン

シェフの自慢！
地元やんばる産の
野菜をメインに、
素材本来の味を
引き出す調理法を
心がけています

🔻 「tutan」は夜になるとライトアップされて、一層すてきな雰囲気になります。記念日にもおすすめ。（茨城県・ウッシー）

体が喜ぶナチュラルフード

BE NATURAL

ビー ナチュラル

南国の森の中にひっそりとたたずむ隠れ家レストラン。営業はランチタイムのみで、料理はすべてコース仕立て。なによりも素材の「旬」を重視するため料理は月で変更される。

Map P.185-B3 南城

🏠南城市佐敷佐敷138-1 ☎098-947-6203 ⏱11:30～L.O.13:30（要予約）🈺火・水 🚗南風原北ICから8km Ⓟ20台

シェフの自慢！
漁港や農家など周辺の食材を使い、旬にこだわった料理を提供しています

おしゃれビストロ

menu
本日のおまかせランチ 2500円
アンティパストにプリモ、セコンドピアットにドリンク＆ドルチェが付く。ある日のメニューはとうもろこしのムースにメインは地魚のバートフィロ包み

1. 北欧など世界の食器もセンス抜群 2.店内のそこかしこにドライフラワーが飾られている

---

menu
肉や魚、野菜など沖縄の食材を使い、オーソドックスだが工夫のある料理に仕上げる

彩橘牛のローストビーフ トンナートソース 1800円

シェフの自慢！
生まれ育った沖縄の食材を知ってもらいたいと思い、厳選食材を使っています

Italian

シェフの本気イタリアン

PASTAIONE OKINAWA

パスタイオーネ オキナワ

イタリアで8年腕をふるってきた玉城シェフによる、沖縄食材中心のイタリアンをアラカルトでカジュアルに楽しめる。2023年7月のオープン直後から話題を呼び、早くも人気店に。

Map P.200-B1 那覇

🏠那覇市久米2-18-11 ☎098-943-3905 ⏱17:00～24:00（L.O.23:00）🈺日 🚃ゆいレール県庁前駅から徒歩8分 Ⓟなし

イカスミを練り込んだタリオリーニ 島唐辛子のペペロンチーノ 1600円

アグー豚ロースの炭火焼き 3400円

世界のワインを取りそろえている

名物マスターに会いに
那覇の路地裏Barをはしご

沖縄料理でおなかを満たした後は、おしゃれなバーへと繰り出そう。各店の名物マスターが忘れられない夜を演出してくれる。

フルーツカクテル

ゴージャスなフルーツカクテル
BAR Owl
バー アウル

県産のフルーツを豊富に使ったフルーツカクテルが名物。メインとなるフルーツ以外にも、トッピングに県産の野菜を使うなど、絢爛豪華な見た目はまるでひとつの美術作品のよう。

高江洲さん
自ら農家に出向いて仕入れるフルーツをふんだんに使い、センス光るカクテルを作り上げる

Map P.200-B1 那覇
🏠那覇市久茂地1-8-7（カネトモ産業ビル2F）
☎098-867-5494
🕐19:00〜翌2:00
🈳日 🈺チャージ1000円 🚃ゆいレール県庁前駅から徒歩3分 🅿なし

● 店内のいたるところにフクロウのモニュメントが。ずっしりとしたカクテルは果実感満載で飲み応え十分◎

沖縄県産ドラゴンフルーツの「ドラゴンスレイヤー」（右）、沖縄県産パッションフルーツの「ゴールデンスクランバー」（左）、各4000円。入荷するフルーツによりメニューは変わる

泡盛マイスターの泡盛カクテル　泡盛カクテル

The Bar SHIOKAWA
ザ バー シオカワ

塩川さん
泡盛マイスター協会会長。大学で「泡盛学」の授業を受け持つなど泡盛への造詣が深い

クランカルなニューヨークスタイルの店内

大人な雰囲気に浸りたいならマストで訪れたい一軒。泡盛マイスターの資格を持つマスターが、泡盛のカクテルコンテストで入賞した作品を提供する。会話を楽しみながらいただきたい。

Map P.200-B2 那覇
🏠那覇市久茂地3-15-15（第2やまこビル2F）
☎098-869-6201
🕐20:00〜翌3:00
🈳不定休 🈺チャージ500円 🚃ゆいレール県庁前駅から徒歩6分

1. ジンベースのカクテル1100円
2. サザン・アイランド・オキナワ1100円。泡盛とフルーツリキュールのコラボ
3. 琉球シンドローム1100円。キリッと辛口、ベルモット香る泡盛カクテル

82　「The Bar SHIOKAWA」の塩川さん。泡盛の話がおもしろくて、ついつい長居してしまいました。（神奈川県・M）

オニノウデ

貴重な泡盛が埋め尽くす！

泡盛好きによる泡盛好きのためのバー。店内に並ぶ数百種類の泡盛を、マスターが収集した酒器でいただける。料金システムは簡単でチャージを払えば店内に並ぶ泡盛をワンショット100円から選んでいただける。

Map P.201-B3 那覇

🏠那覇市壺屋1-7-13 ☎090-3797-0577 🕐19:00～24:00 🈳水 💰チャージ1000円 🚃ゆいレール牧志駅から徒歩10分 🅿なし

1. ゴーヤー酢の物300円。料理にもほとんど泡盛を使用している
2. 「暖流」をソーダで割った通称「暖ボール」。すっきりと飲みやすい　3. 店内には所狭しと泡盛のボトルが並ぶ。なかにはレアな古酒もチョイス。泡盛の味は酒器によって変化するという　4. 器は飲む泡盛に合わせてマスターがチョイス。泡盛の味は酒器によって変化するという

佐久川さん
泡盛ややちむんを集める趣味が高じて、壺屋に店をオープン。店内の壁も泡盛と朱を混ぜて塗装するなど泡盛愛が強い

置いてある棚ごとに泡盛の価格が設定されている

El Lequïo
エル レキオ

南米風のオリジナルカクテル

南米をイメージしたおしゃれな店内で、マスター考案のオリジナルカクテルが楽しめる。店名はスペイン語で「The 琉球」の意味。その名の通り、沖縄をイメージした華やかなカクテルが多い。

Map P.201-A4 那覇

🏠那覇市安里1-3-3 ☎098-863-2832 🕐19:00～翌2:00 🈳年休 💰サービスチャージ10% 🚃ゆいレール安里駅から徒歩6分 🅿なし

キジムナーの香水2000円。ラム酒ベースで、甘くさわやかな香りが鼻へ抜ける

杉浦さん
数々の国際的なカクテルコンペティションで優勝経験のあるすご腕マスター。現在も海外を回り、カクテルイベントに出演している

トミーの沖縄そば1600円。青のりや紅生姜が乗った、沖縄そばにインスパイアされた一杯

那覇のナイトスポット
那覇でバーを楽しむなら国際通りが安牌。桜坂や松山のほうに行くと、ディープな店が増えてくる。特に松山は沖縄屈指のナイトスポットだ。

「El Lequïo」の店内に飾られているパナマ帽は、テーラーにオーダーしたオリジナル。実際に購入することもできる。

伝統の音楽と料理に酔う
民謡酒場体験ルポ♪

沖縄で歌い継がれる島唄を聞きながら、おいしい食事とアルコール……。ここは天国！？いや、ここは民謡酒場。みんな一緒に歌って踊ろう♪

スイ！スイ！スイ！スイ！イーヤーサーサー

ヒヤミカチウキリ〜

オーナーの樹里さん

LIVE DATA

時間
19:20〜、20:30〜、21:45〜（各回35分程度）
ライブチャージ 500円

民謡 60% / POPS 40%

民謡酒場って何？

沖縄民謡の生演奏を聞きながら飲食ができる民謡酒場。ライブが盛り上がってきたら、みんなでカチャーシーを踊って楽しもう。

今回オーダーしたのは店おすすめのアグー豚のキムチ炒め780円、魚天プラ（マグロ・イカ）680円。ドリンクは泡盛を使ったオリジナルカクテル、美ら海と初恋各500円。

民謡からPOPSまで聴かせてくれる
島唄ライブ樹里
シマウタライブジュリ

食事を楽しみながらプロが歌う島唄を楽しめるライブハウス。週末には琉球民謡の教師で、店長の樹里さんが登壇することも。その速弾きを見に、多くの来店客でにぎわう。

Map P.200-B2 那覇

🏠 那覇市松尾2-2-29
☎ 098-861-0722
🕐 18:00〜24:00
休 無休 交 ゆいレール県庁前駅から徒歩10分 P なし

まずは腹ごしらえ

ラストはみんなでカチャーシー♪

これで私もうちなーんちゅ?!

さあ、入店！

店舗は、国際通りから一歩入った路地にある。プロが歌う生の島唄を聞けるなんて、今からドキドキワクワク！

オーダーをする

メニューは沖縄料理を中心としたアラカルトのほかに、飲み放題付きのコースメニュー3500円〜もある。どれにしようかな〜。

ライブスタート

待ちに待ったライブがスタート！1回のライブで5〜6曲を披露してくれる。まずは民謡「安里屋ユンタ」や定番POPSの「島人ぬ宝」などを披露。

クライマックス！

歌い手や店のスタッフに振り付けを教えてもらいつつ、民謡『ユイユイ』に合わせてダンス♪自然に体が動き出してきた！

「島唄ライブ樹里」に行ったら、たまたま週末で樹里さんの演奏が聞けました！早弾きがすごすぎます。（熊本県・しょうこ）

沖縄を代表する民謡歌手、知名定男プロデュースのネーネーズ。1990年に結成され、現在のメンバーは6代目

時間	
19:00〜、20:10〜、21:20〜（各回30分程度）	民謡 20% POPS 80%
ライブチャージ 2310円	

ネーネーズ
出演のライブハウス

ライブハウス島唄
ライブハウスシマウタ

女性島唄グループ、ネーネーズが歌う民謡やオリジナルソングが聴けるライブハウス。入れ替え制ではないので、3ステージ続けて観覧可能。スケジュールは公式ウェブサイトを要確認。

1. ノリのいい曲からしっとり系の曲まで、さまざまな曲を披露してくれる。 2. メニューは沖縄料理が中心

Map P.200-B2 那覇
🏠那覇市牧志1-2-31（ハイサイおきなわビル3F）
☎098-863-6040 ⏰18:00〜22:30 🈺水 🚃ゆいレール県庁前駅から徒歩10分 🅿なし

深夜になるほど盛り上がる

琴線に
触れるディープな島唄

なんた浜
ナンタハマ

時間	
21:30〜、1日2〜3回	POPS 10% 民謡 90%
ライブチャージ 1000円	

民謡歌手・饒辺愛子（よへんあいこ）さんがオーナー。沖縄市のレトロな繁華街、中の町にあり、一見怪しげだが安全なので安心して。『コザ小唄』など地元の民謡も聞かせてくれる。

ベテランの奏でる三線に酔いしれよう

Map P.202-C1 沖縄市
🏠沖縄市上地1-15-12
☎098-932-5930
⏰21:00〜翌3:30
🈺月・木 🚗沖縄南ICから2km 🅿なし

♪ 民謡酒場を
もっと楽しむために
知っておきたいこと ♪

島唄に欠かせない楽器
島唄には以下の3つの楽器が欠かせない！中には楽器に触れさせてくれる店も。

三線（さんしん）
3本の弦をもつ弦楽器。「工工四（くんくんしー）」という独特の音階で演奏する。

三板（さんば）
3枚の板が紐でひとくくりにされた、カスタネットのような打楽器。

©OCVB

太鼓
大小の太鼓がセットになった島太鼓。女性が叩く場合が多い。

ライブ最後はカチャーシー！
喜びを表す沖縄独特の踊りで、演奏の終盤にみんなで踊る。踊り方も教えてもらえる。

なめらかに踊るのがコツ！

よく歌われる島唄を知る
民謡酒場でよく歌われる島唄を知っていると、より楽しくなることうけあい。POPS、民謡から代表的な唄をチョイス。

POPS

涙そうそう
BEGINが作曲、森山良子が作詞を担当。早世した兄をしのぶ歌。

島人ぬ宝
BEGINのシングル。2002年発売で、今や沖縄を代表する島唄。

オジー自慢のオリオンビール
こちらもBEGINの楽曲。盛り上がること請け合いの定番ソング。

民謡

てぃんさぐぬ花
ホウセンカの意味。沖縄本島の民謡で、島言葉で唄われる教訓歌。

安里屋ユンタ
竹富島の民謡。絶世の美女・安里屋クヤマと役人のやりとりを描く。

芭蕉布
沖縄の美しい自然や伝統の文化を、情緒たっぷりに歌い上げる歌。

aruco調査隊が行く!!①

南国の夏に欠かせない！かき氷を徹底調査

ふわふわ系

エスプーマミルク

裏ごしした紅イモのあん

シロップと果液の2種類を使用

エスプーマミルク

大宜味村の「美ら島ベリー」

中には石垣島ミルクの練乳が

自家製黒糖ぜんざい

紅イモの黒糖ぜんざい 1350円 Ⓐ

見た目も美しい紅イモソースの氷ぜんざい。甘さ控えめで大人の味。

アボカドパッションミルク 1000円 Ⓒ

自家製のアボカドとフルーツソースの2種がけ。混ぜて食べてもおいしい。

定番アボカドソース

酸味のあるパッションフルーツシロップ

自家製焦がしキャラモー（キャラメル）1000円 Ⓑ

クリーム系のふわふわかき氷。焦がしキャラメルが絶好のアクセントに。

焦がしキャラメルソース

自家製のなめらかクリーム

ふんわりしたこだわりのかき氷

下には自家製の黒糖ぜんざい

島いちご黒糖ぜんざい 1650円 Ⓐ

ブランドイチゴたっぷり！白玉やぜんざいと一緒に食べるとイチゴ大福のよう。

マンゴー

パイナップル

ドラゴンフルーツ

アイスマウンテン（かき氷）1780円 Ⓓ

氷の上にカットフルーツを豪快にオン！果物本来の味が楽しめると人気。（フルーツの内容は季節、気候変動によって変更）

フルーツもりもり系

Ⓐ 厳選食材のモダンぜんざい
ホシのシズク

那覇のまちぐゎーに2023年9月オープン。伝統的な黒糖ぜんざいに島フルーツのシロップをかけたかき氷の専門店。内装もおしゃれ。

Map P.201-C3 那覇

🏠 那覇市松尾2-24-13 ☎098-917-5560 ⏰11:00～17:30（L.O. 17:00）🈲水 🚃ゆいレール美栄橋駅から徒歩13分 🅿なし

Ⓑ ふわふわ氷がクセになる
氷ヲ刻メ
コオリヲキザメ

格闘技の選手でもあるオーナーのかき氷への情熱が高じてオープンした店。氷のうまい削り方を追求したかき氷は、舌の上でふわっと溶ける。

Map P.186-A1 北谷

🏠北谷町浜川104 S-230 ☎なし ⏰12:00～17:00 🈲水 🚗沖縄南ICから4km 🅿4台

Ⓒ アボカド専門店のカフェ
アボカフェ 沖縄店

屋我地島にあるカフェで、アボカドを使ったオリジナルメニューが評判。自家製アボカド蜜とフルーツ蜜を組み合わせた各種かき氷が味わえる。

Map P.193-A4 名護

🏠名護市饒平名71-1 ☎0980-52-8182 ⏰11:30～18:00（L.O.17:00、かき氷は14:00から提供）🈲要予約 🈲火・水 🚗許田ICから20km 🅿20台

Ⓓ 季節のフルーツ氷がずらり
琉冰 リュウピン

おんなの駅なかゆくい市場内にある屋台のひとつ。マンゴーやパインなど季節のフルーツてんこもりのかき氷めあてに、連日行列するほどの人気。

Map P.188-A2 恩納

🏠恩納村仲泊1656-9（おんなの駅なかゆくい市場内）☎090-5932-4166 ⏰3～10月10:00～19:00（L.O.18:45）、11～2月～18:00（L.O.17:45）🈲なし 🚗石川ICから4km 🅿140台

86 ✉ 「琉冰」でマンゴーのかき氷を食べました！旬の7月だったので、生果実たっぷりで美味でした。（大阪府・ヨッシー）

沖縄では、冷たいスイーツのことを「冷やし物」と呼ぶ。昔ながらのぜんざいからフルーツ系、最新ふわふわ系まで「冷やし物」をチェケラ☆

昔ながら系

大人にも子供にも愛される、定番の氷ぜんざい。練乳なしのバージョンも。

細かく削ったふわふわ氷に練乳がたっぷり

レモンシロップ

メロンシロップ

イチゴシロップ

雪のようなさらさらかき氷

アイスぜんざい 400円 F

50年以上変わらない、伝統のぜんざいがこちら。那覇で食べられる店は貴重！

三色みぞれ 430円 G

写真映えすると話題の三色みぞれ。削りたての氷は、いつでもふわ。

ミルクぜんざい 480円 G

白熊 750円 H

SNSでバズり続ける白熊の氷ぜんざい。今や南部糸満の名物になっているほど。

金時豆を煮た自家製ぜんざい

練乳かけのかき氷

小豆でなく金時豆で作るのが沖縄ぜんざい！

金時豆を煮た特製ぜんざい

マンゴーの収穫時期だけ登場。マンゴーを丸々ひとつ使っている

ソフトクリーム

マンゴーアイス

マンゴーかき氷

マンゴー果肉

マウンテンマンゴーパフェ 2500円 E

7〜8月頃にのみ食べられるボリューミーなセット。マンゴーフリーク必食。

耳はパイン

目は金時豆

ミカンとサクランボで口

かわいい系

下には金時豆ぜんざいと餅

かき氷を徹底調査

E **田中果実店**
タナカカジツテン

ハワイアンシェイブアイス店

恩納村のリゾートエリア至近。ハワイのシェイブアイス店をイメージした行列店。レインボーカラーのかき氷やパフェが種類豊富に揃う。

Map P.190-A1 恩納

🏠恩納村瀬良垣2503 ☎070-5279-7785 🕐11:00〜18:00 (L.O.17:30) 🈹火・水 🚗屋嘉ICから7km 🅿12台

F **千日**
センニチ

昔ながらの伝統的ぜんざいを

那覇で冷やし物といえばここ、という人も多い1954年創業の老舗店。レトロな店内で、当時のレシピを受け継ぐ伝統のぜんざいが味わえる。

Map P.200-B1 那覇

🏠那覇市久米1-7-14 ☎098-868-5387 🕐11:30〜19:00 🈹月 🚃ゆいレール旭橋駅から徒歩10分 🅿なし

G **ひがし食堂**
ヒガシショクドウ

ぜんざいで有名な地元食堂

北部、名護にある有名店。沖縄そばや定食を出す食堂だが、冷やし物が名物に。かき氷は22種類が揃い、常連しか知らない裏メニューもある。

Map P.193-C3 名護

🏠名護市大東2-7-1 ☎0980-53-4084 🕐11:00〜18:30 (L.O.18:00) 🈹なし 🚗許田ICから8km 🅿6台

H **いなみね冷し物専門店・お食事処**
イナミネヒヤシモノセンモンテン・オショクジドコロ

元祖しろくまかき氷

「冷やし物専門」の看板を掲げる名店。顔つきぜんざいの白熊は、この店が元祖。シロップの種類により色が変わり、緑や赤もある。

Map P.184-B2 糸満

🏠糸満市糸満1486-3 ☎098-995-0418 🕐11:00〜18:00 🈹火 🚗豊見城・名嘉ICから7km 🅿10台

ぜんざいといえば、内地では温かいまま餅や白玉を入れて食べるが、沖縄ではかき氷を乗せる。

87

三矢本舗の サーターアンダギー

砂糖を含んだ生地を揚げた、沖縄伝統の揚げドーナツ。島内各地に支店のある三矢本舗では、店内で揚げたてを食べられる。プレーンのほかにくつもの味がある。

1個 120円

ゴマ

チョコ

チーズ

紅イモ

プレーン

黒糖

モカ

カボチャ

花を広げたような形をしており、縁起物として扱われる

昔ながらの手作りアンダギー

三矢本舗 恩納店
ミツヤホンポ オンナテン

Map P.190-A1 恩納

⌂ 恩納村恩納 2572-2　☎098-966-8631　⏰10:00〜18:00
㊡不定休　🚗屋嘉ICから6km
Ｐ4台

伝統菓子から旬の洋菓子まで オキナワスイーツを指名買い！

甘い物フリークのみなさん、お待たせです。スイーツの時間です。うちなーんちゅが普段から食べる素朴系からおしゃれな洋菓子まで、ずらりご紹介！

その場で「の」の字を描きます

ぎぼまんじゅうの 「の」まんじゅう

首里の城下町で100年以上の歴史があるぎぼまんじゅう。名物の「の一まんじゅう」は、どっしりしたあんこが詰まった伝統の味。包みに使う月桃の葉がほんのり香る。

1個 200円

首里城下の愛されスイーツ

ぎぼまんじゅう

Map P.202-A2 那覇

⌂ 那覇市首里久場川町2-109　☎098-884-1764　⏰9:00〜売り切れ次第閉店　㊡日　🚃ゆいレール首里駅から徒歩10分
Ｐあり

山城まんじゅうの 月桃まんじゅう

1個 170円

160年以上の歴史を刻む山城まんじゅうは、あんこを薄皮で包み、月桃の葉に包んで蒸し上げる。素朴で香り高いまんじゅうは、地元の人も御用達だ。

160年以上の歴史がある

山城まんじゅう ヤマグスクマンジュウ

Map P.202-A1 那覇

⌂ 那覇市首里真和志町1-58　☎098-884-2343　⏰10:30〜16:00（売り切れ次第終了）
㊡月・木　🚃ゆいレール首里駅から徒歩18分
Ｐなし

首里と言ったら『ぎぼまんじゅう』！ただしかなりボリューミーなので、食べ過ぎ注意。（愛媛県・まるちゃん）

OKINAWA

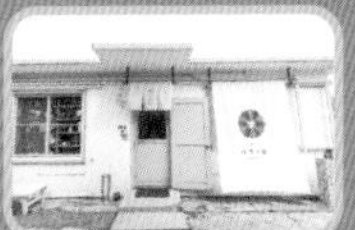

かわいいひと口カヌレ

黒糖カヌレ ほうき星

コクトウカヌレ ホウキボシ

Map P.187-C4 浦添

浦添市港川2-16-2 #25 098-975-7825
11:30～18:00 なし 西原ICから17km
2台

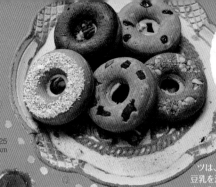

洋菓子

しまドーナッツのおからドーナツ

1個
210円～

名護から今帰仁へと抜ける道の途中にある古民家。店内で揚げるドーナツは、生地に島豆腐の生おからと豆乳を混ぜ込んでいる。人気はじーまーみや紅イモ、ココナッツなど。

おから配合のなつかし系ドーナツ

しまドーナッツ

Map P.193-B4 名護

名護市伊差川270 0980-54-0089 11:00～15:00（売り切れ次第終了） 不定休 許田ICから12km 4台

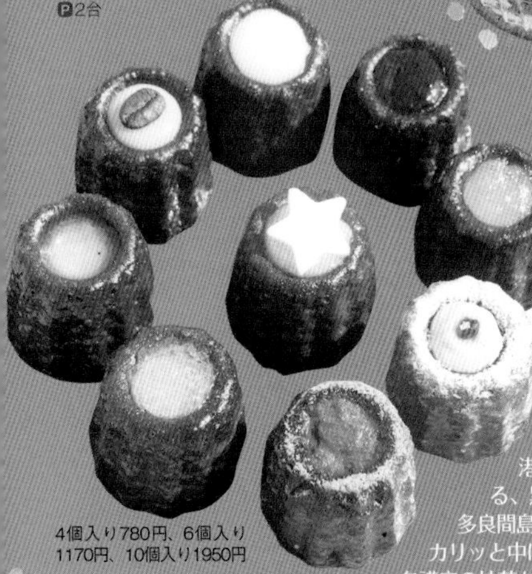

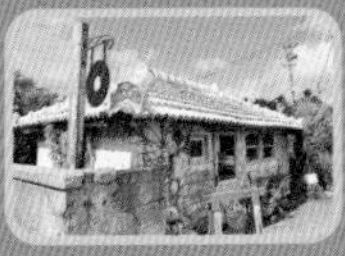

4個入り780円、6個入り1170円、10個入り1950円

洋菓子

ほうき星のカヌレ

沖縄らしいフレーバーが人気です

4個
780円

港川ステイツサイドタウンにある、黒糖を使ったカヌレの専門店。多良間島の黒糖を使った生地で、外はカリッと中はもっちり。石垣島のミルクや名護産の抹茶など種類豊富。

どれも沖縄の食材を使っています。

島フレーバーのカラフルマカロン

りんごカフェ

Map P.192-B2 本部

本部町瀬底279 なし
11:00～16:00 月～水
許田ICから25km 5台

洋菓子

りんごカフェのマカロン

1個
240円

のどかな瀬底島の集落にあるカフェで、名物は島ならではのフレーバーが揃うマカロン。フランスのラデュレで修行したパティシエが手作りするマカロンは本場さながら。

洋菓子

Pippiのコルネ

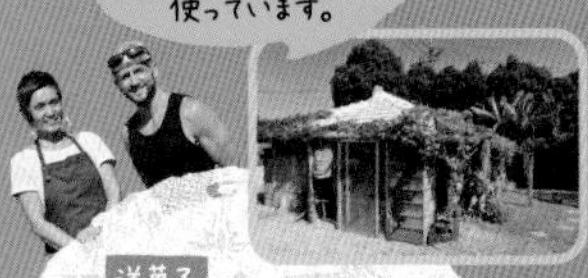

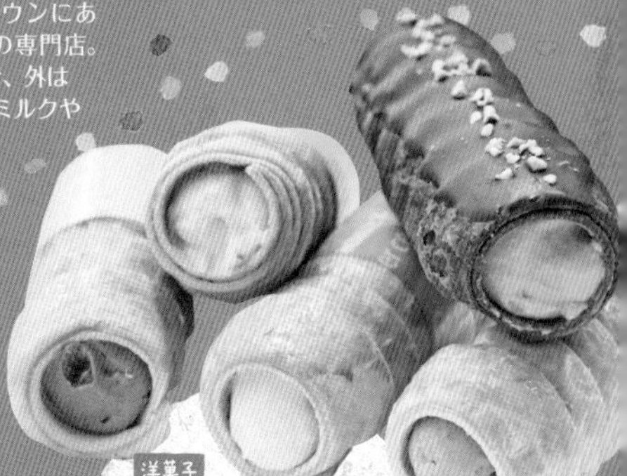

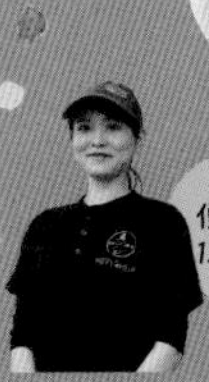

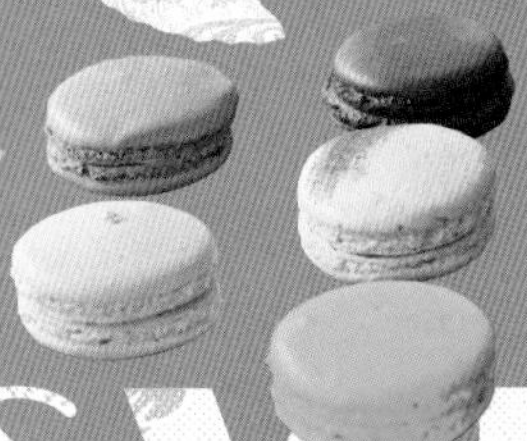

おみやげに便利な5個セット1360円もあります

1個
243円～

沖縄初のコルネ専門店。サクサクのパイ生地にくるまれるのは、島バナナや紅イモ、シークヮーサーレアチーズなど沖縄味の自家製クリーム。ピスタチオなど定番もある。

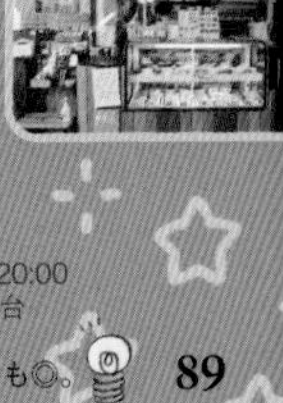

オリジナルクリームがおいしい

コルネとサンドのお店Pippi

コルネトサンドノオミセ ピッピ

Map P.186-C2 宜野湾

宜野湾市宜野湾3-16-25
098-893-2132 10:00～20:00
なし 西原ICから3km 2台

SWEETS

「黒糖カヌレ ほうき星」は那覇空港にも支店がある。最後のおみやげに買うのも◎。

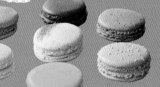

全制覇も夢じゃない？

ブルーシールの全フレーバー大公開！

沖縄のご当地アイスクリーム、ブルーシールのフレーバーを全種類徹底解説！これを参考に、食べたいフレーバーを決めてみて♪

アメリカ生まれ、沖縄育ち

BLUE SEAL

昔の牧港店（現本店）

ブルーシールって？

アメリカに本社を置くフォーモスト社がルーツ。米軍統治時代に沖縄へ進出。1963年には牧港にアイスショップを出店した。以降、県民から愛されるアイスブランドになった。

沖縄フレーバー

人気 NO.1 塩ちんすこう
北谷の塩とバニラアイスを組み合わせた、甘じょっぱさがクセになる！

紅イモ
県産の紅イモを使用。まろやかで素朴ながら、コクがあるフレーバー。

沖縄田芋チーズケーキ
沖縄の伝統料理には欠かせない田芋としっとりチーズケーキのコラボ。

arucoオススメ
暑い日はやっぱりこれ！（編集K）

シークヮーサーシャーベット
さわやかな甘酸っぱさが香る。食後や飲んだあとの〆にぴったり。

ウベ
ウベとはフィリピン語で紅山イモのこと。紅イモよりもったり濃厚。

---

arucoオススメ
素朴な甘さが◎（プロデューサーS）

黒糖
サトウキビから採れた黒糖をアイスに。控えめな甘さで、上品な味わい。

琉球紅茶わらび餅
県産の紅茶アイスに、黒糖わらび餅と香ばしいソースをミックス。

arucoオススメ
南国気分になれる♪（プロデューサーS）

島パインココナッツ
県産のパイン果汁とココナッツの風味が香る、トロピカルなテイスト。

定番フレーバー

バニラ
王道のバニラアイスは、さっぱりとしながらもコクが深い味わい。

チョコレート
上質なチョコレートとミルクの味わいが重なり合う定番フレーバー。

ストロベリー
ストロベリーアイスに甘酸っぱい果肉を散りばめ、さわやかな後味。

人気 NO.3 バニラ＆クッキー
まろやかなバニラアイスに、ほろ苦ブラックココアクッキーをイン！

人気 NO.5 アーモンドピスタチオ
さわやかなグリーンカラーにひとめぼれ！アーモンドの食感もアクセントに。

人気 NO.2 ブルーウェーブ
ラムネ香るソーダアイスに、果肉入りのパイナップルアイスをブレンド。

arucoオススメ
マンゴー感120%！（カメラマン）

マンゴー
とろりとしたマンゴーの風味が感じられる、香り豊かなトロピカルアイス。

アメリカンフレーバー

人気 NO.4 サンフランシスコミントチョコ
サンフランシスコの空のようにさわやかな、ミントとチョコの味わい。

ネオポリタン
バニラ、チョコ、ストロベリーの定番3種の味が一度に楽しめる。

arucoオススメ
贅沢なトリプルコラボ♪（編集K）

マンゴタンゴ
さわやかなマンゴーと、口どけのいいバニラの甘いハーモニー！

ショコラクッキースワール
チョコアイスとクッキー、キャラメルが香る、どこか懐かしいフレーバー。

ストロベリーチーズケーキ
チーズケーキにストロベリーアイスをミックスしたユニークなテイスト。

おもな直営店はコチラ
ブルーシールの2号店
ブルーシール 北谷店
Map P.186-B1　北谷

国道58号線沿いにある。異国情緒あふれる店内は、まるでアメリカンダイナーのような雰囲気。定番のソフトクリームやアイス以外にも、ドーナツやパフェなどを取り扱う♪

🏠北谷町美浜1-5-8　☎098-936-9659　⏰11:00〜22:00　休なし　🚇沖縄南ICから6km　🅿30台

牧港本店 ※
Map P.186-B2
デポアイランド店
Map P.186-B1
沖縄ライカム店
Map P.187-B3

名護店
Map P.193-C3
豊崎店
Map P.184-B1
パレットくもじ店
Map P.200-B1

国際通り店
→P.116

※改装のため休業中。2024年中にリニューアルオープン予定

伝統が作り上げた
島の手仕事

「かわいい！」の 連発にご注意♡ うちなー雑貨をまとめ買い

やちむん、琉球ガラスに織物、染物……
沖縄の手仕事が生み出したグッズは、とびっきりのかわいさ。
どれを買うのか迷ったときは
全部買ってしまうのが上策なのだ。

SHOPPING

やちむん界のレジェンド
山田工房
ヤマダコウボウ **1**

読谷山焼の4人の親方のひとりである山田真萬さんの作品を扱うショップ。作品は4人の親方の読谷山焼共同売店でも購入できるが、品数はこちらのギャラリーのほうが充実している。

Map P.188-B1 読谷

🏠 読谷村座喜味2653-1
☎ 098-894-8797 ⏰ 10:00～17:00
📅 不定休 🅿 スペースあり

手作業で絵付けをした赤絵の七寸皿
2万5000円

沖縄の島々をイメージした鉄丸門カップ＆ソーサー
9900円

赤絵のお茶碗
8800円

海と森がモチーフの5寸皿
3000円

やちむん好きのパラダイス
やちむんの里でとっておきの器さがし

手作りならではの温かみのある沖縄のかわいい器たち。たくさんの工房が集まる陶芸村で、お気に入りのやちむん探しへGo！

すべて登り窯で作陶
横田屋窯
ユクタヤガマ **2**

森の中にある個人窯。すべてを登り窯で作っているため、味わいがあり柄も伝統的なものが多い。陶工の知花實さんは、読谷山焼の大嶺工房で学び現在の窯をオープンした。

Map P.188-B1 読谷

🏠 読谷村座喜味2651-1
☎ 098-958-0851 ⏰ 9:00～18:00 📅 日 🅿 2台

水差しとして使える水滴
2000円

釉が美しく溶け合った角皿
2160円

湯呑みは大きさもさまざま
大**1280円**、小**1160円**

点描の8寸皿
4400円

92 「CLAY Coffee & Gallery」でコーヒーカップを買いました！なんと北窯の親方、松田共司さんの手づくりからの作品でした。（岐阜県・そのぶちゃん）

PRESENT

aruco 沖縄

たくさんのご応募
お待ちしてまーす!!

「aruco 沖縄」の
スタッフが取材で
見つけたすてきなグッズと、
編集部からの
とっておきのアイテムを
14名様 にプレゼント
します！

◀01
シーサー注意の
ステッカー
P.159 掲載

▶02 PORTRIVER MARKET の
オリジナル入浴剤
（泡盛、黒糖、沖縄の塩）P.122 掲載

▶03 食品サンプル山月（P.100）の
三枚肉マグネット

▶04
島バーラー.
浜比嘉島（P.29）
のマース袋
（無病息災お守り）

▶05
玩具ロード
ワークス
（P.101）の
半魚人ワッペン

▲06
首里染織館
suikara（P.96）の
紅型ポチ袋

◀07
嘉数商会（P22）、
看板ネコがモチーフの
ハンドタオル

▼08 glacitta'
（P95）の
一輪挿し

▲09 Doucatty の
イラブチャー手ぬぐい P.108 掲載

▲10 aruco特製
QUOカード 500円分

5名様

※10 を除き、1 名様へのプレゼントです。※返品、交換等はご容赦ください。

応募方法

アンケートウェブサイトにアクセスして
ご希望のプレゼントとあわせて
ご応募ください！

URL https://arukikata.jp/xjxyjd

締め切り：**2025年4月30日**

当選者の発表は賞品の発送をもって代えさせて
いただきます。（2025年5月予定）

Gakken

ヨーロッパ風のティーポット
1万5400円

赤絵のカップ&
ソーサー
5400円

登り窯、ガス窯とも種類豊富
常秀工房 直売店
ギャラリーうつわ家 ③

ツネヒデコウボウ チョクバイテン ギャラリーウツワヤ

やちむんの里で最初に開設された金城次郎窯を共同使用している工房。親方は島袋常秀さんで、壺屋焼の伝統を守りながら、今までにない形や色の作品も制作している。

柄違いで揃えたい小皿
各1650円

手ひらサイズの豆シーサー

1対
1万1000円 \登り窯も見られる!

Map P.188-B1 読谷
🏠読谷村座喜味2748
☎090-1179-8260 ⏰9:00～18:00、10:00～
📅不定休 Ⓟ10台

やちむんの里

やちむんって何?
方言で「焼き物」を意味し、沖縄で制作される陶器全体を指す。工房によりスタイルや作風もさまざま。

宙吹きガラス工房 虹→P.94

読谷山窯

北窯

CLAY Coffee & Gallery

③ Ⓟ
県道12号線方面→
Ⓟ

やちむんの里
MAP

やちむん工房が集まる!
やちむんの里
ヤチムンノサト

Map P.188-B1 読谷
🏠読谷村座喜味
🚗沖縄南ICから14km
Ⓟ共同50台

1970年代、それまで那覇の壺屋に集中していた工房が共同の登り窯を設立したのがはじまり。現在約20の陶器工房が集まり、それぞれ器も販売している。

買い物途中の休憩はこちら!
カップや器はすべて共司さんの作品。ブレンド "CLAY" 600円、ベイクドチーズケーキ590円

松田米司
泡盛を入れるカラカラ
3300円

松田共司
オーソドックスな8寸皿
5016円

ブレンドは3種類。シングルオリジンも4種類ほど揃う

宮城正享
ツートーンカラーの角皿
2640円

4人の親方の共同売店
北窯売店 ④

キタガマバイテン

松田米司、共司兄弟に、与那原正守、宮城正享の4人の親方による共同窯、北窯の売店。場所により作家が異なるので、目当ての作品がある人はスタッフに聞いてみて。

与那原正守
ベルシャブルーの8寸皿
8800円

Map P.188-B1 読谷
🏠読谷村座喜味2653-1
☎098-958-6488
⏰9:30～13:00、14:00～17:30 📅不定休 Ⓟ5台

やちむんで提供されるこだわりコーヒー
CLAY Coffee & Gallery
クレイ コーヒー アンド ギャラリー

北窯の松田共司さんの息子さんがバリスタを務める、スペシャルティコーヒーのカフェ。自家焙煎のこだわりコーヒーやスイーツが味わえるほか、ランチも提供している。

Map P.188-B1 読谷
🏠読谷村座喜味2648-7
☎なし
⏰11:00～17:00 (L.O.16:30)、土・祝9:00～16:00 (L.O.15:00) 📅木・日
Ⓟ20台

松田さんファミリー

多くの店があるやちむんの里。くまなく回ると1日かかるので、共同売店を利用したりお目当ての工房にアテを付けておくのが賢い。

タイプ別に
琉球
お気に入

廃材の再利用からス
おみやげの大定番。泡
タイプ別

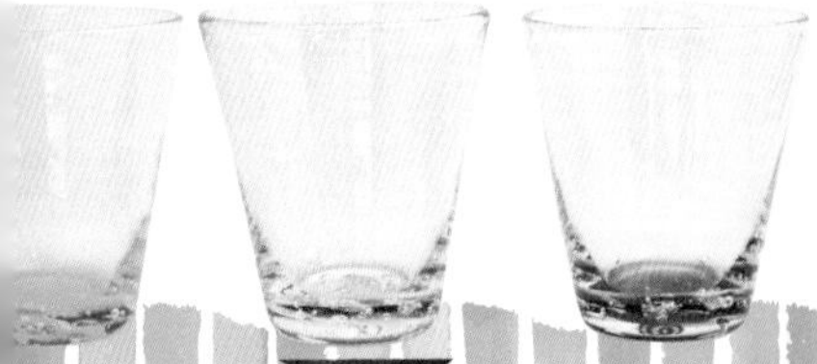

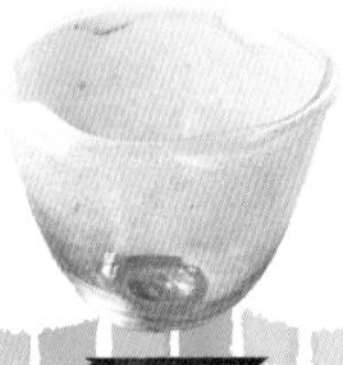

泡ガラス

沖縄の海のような淡いブルーに気泡の入ったガラスは、琉球ガラスの人気No.1！ 泡の入り方はさまざまなのでお気に入りを選ぼう。

コップの底部分に小さな泡の入った なぎさグラス D

各3300円

白泡のロングビーチ グラス E

2700円

「天の川」という意味のてぃんがーらシリーズの小鉢 D

2904円

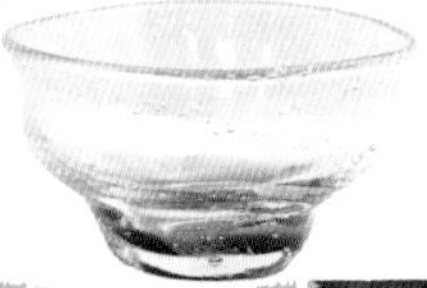

グラスの全面に細かな泡が入ったシリーズ B

2926円

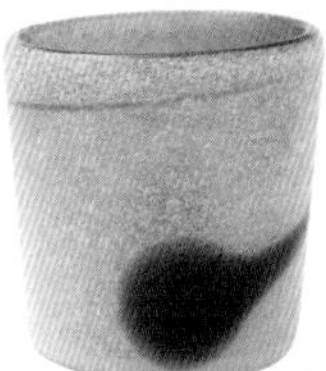

グラデーションが美しい泡ガラスのジョッキ A

8800円

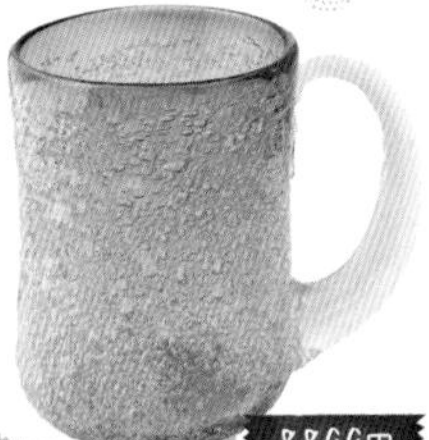

細かな泡が全体に入った泡ガラスシリーズのグラス A

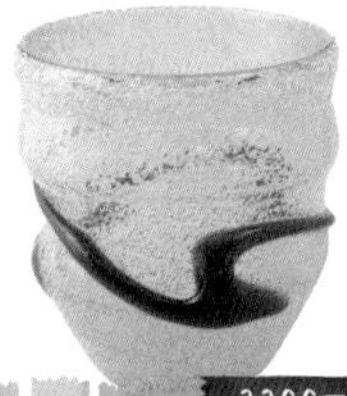

3300円

ひびガラス

急激な温度変化により独特のひび割れを入れたひびガラス。ひび割れているからといって耐久性には問題ないのでご安心を。

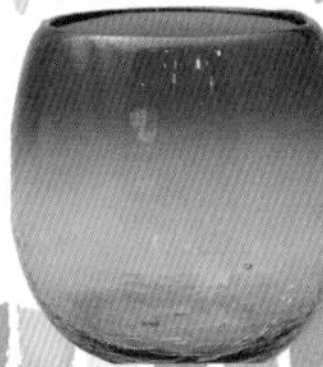

底面の近くがほのかにひび割れしているガラス B

各1870円

細かくひび割れたアイスカットのグラス A

3740円

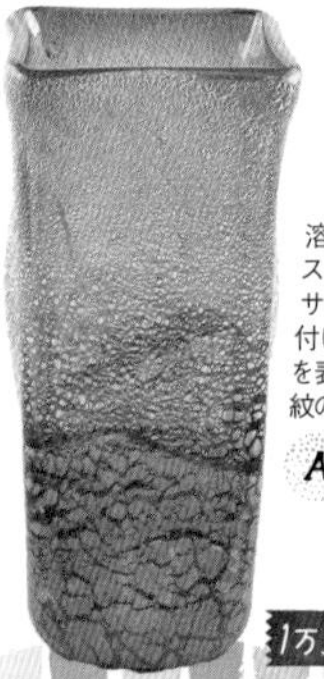

溶けたガラスに読谷のサンゴ土を付けひび割れを表現した土紋の花瓶 A

1万5400円

A

昔ながらの作り方にこだわる

宙吹 ガラス工房 虹

チュウフキガラスコウボウ ニジ

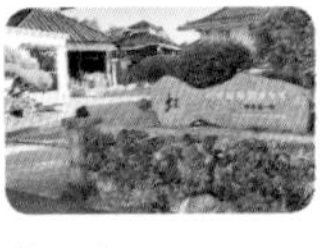

名工・稲嶺盛吉が創業した工房で、現在は2代目の盛一郎さんが代表。再生ガラスと宙吹きによる伝統の製法を守る。米糠や備長炭、カレー粉などの天然素材の泡ガラスが有名。

Map P.188-B1 読谷

読谷村座喜味2748 098-958-6448
9:00〜17:30 休なし（工房は木・日）
沖縄南ICから14km Pやちむんの里共同利用

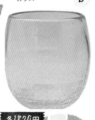

B

奥原硝子の製品を販売

那覇市 伝統工芸館

ナハシデントウコウゲイカン

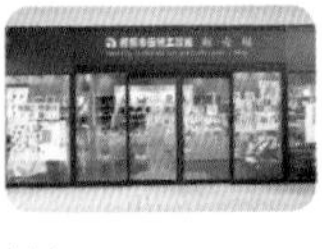

同じ建物内に入る工房の、奥原硝子製造所が作るガラス製品を販売。奥原硝子は廃瓶を使って再生ガラス作りを続ける、県内で最も歴史ある工房。素朴な質感で、どれも日常使いしやすい器ばかり。

Map P.201-B3 那覇

那覇市牧志3-2-10 098-868-7866
10:00〜17:00 休水 ゆいレール牧志駅から徒歩6分 P81台（てんぶす那覇）

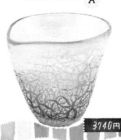

C

買い物のほか体験も可能

琉球 ガラス工房 雫

リュウキュウガラスコウボウ シズク

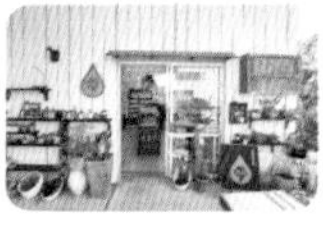

読谷村にあるガラス工房兼ショップ。兼次直樹さん夫婦で営み、伝統にとらわれすぎない彩りのあるガラスを次々と発表している。泡から造形、装飾ガラスまでバリエーション豊富。

Map P.188-A1 読谷

読谷村宇座299 098-989-7643 10:00〜17:00 休日 沖縄南ICから18km Pあり

ガラス体験も人気！

宙吹きによるガラス制作体験を実施している。

詳細は →P.172

「宙吹ガラス工房 虹」で欲しかった泡ガラスをゲット！ 工房でガラス作りも見られて、大満足！（高知県・はちきん）

トした沖縄のガラスは、
び、シンプル、装飾など
レクション！

シンプルガラス

再生ガラスを使い、装飾などはないシンプルなデザイン。生活に密着したガラス製品は、これぞ琉球ガラスの原点だ。

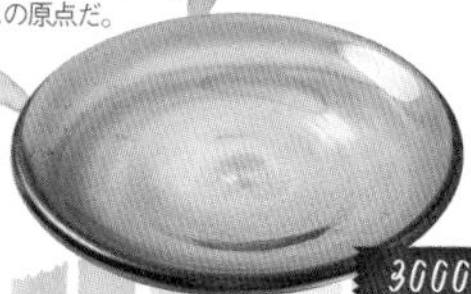

透き通るブルーが美しい。ほどよい厚みの平皿 **B**

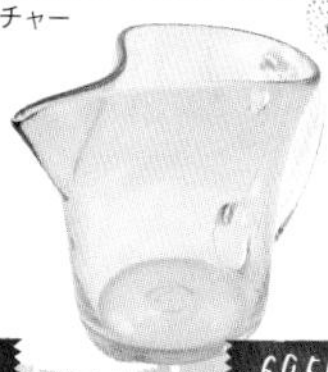

注ぐときに氷がドロップしないようにデザインされた注ぎ口のペリカンピッチャー **B**

丸みを帯びたスズランのような形がかわいらしいワイングラス **B**

琉球ガラス

3000円　6050円　各3520円

てとてと工房のなつめモール。小物入れとして **D**

読谷村に工房を構えるガラス工房清天に別注したグラス **F**

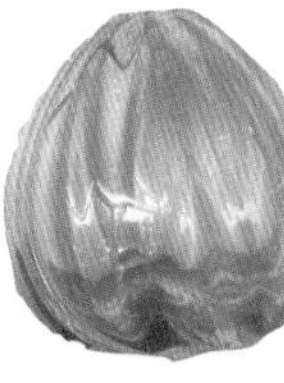

海の渦をイメージした「うず」シリーズの一輪挿し **E**

3960円　各2640円　1700円

装飾ガラス

カラフルなガラスを使い、独自の技術でアートのように仕上げる装飾ガラス。日常生活に彩りをもたらしてくれること間違いなし。

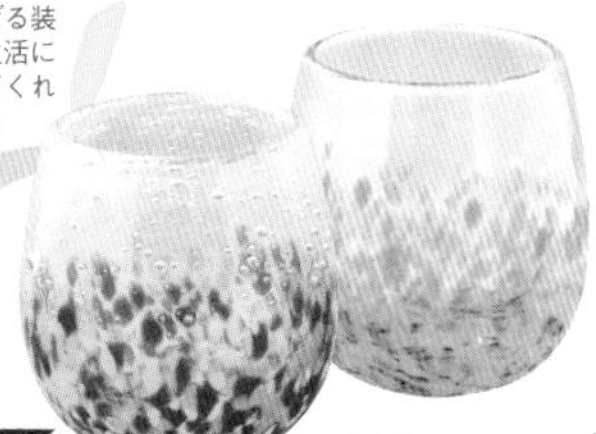

細かな模様が入ったドットシリーズのたるグラス **C**

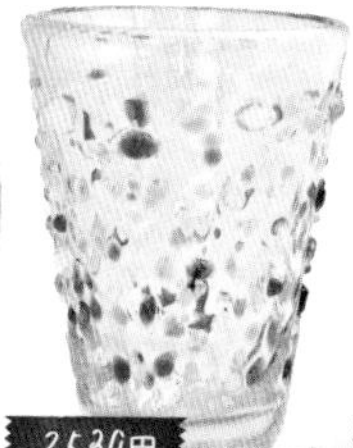

カラフルで細かいガラス片を付けたグラス **D**

渦を巻くような深海シリーズのグラス **C**

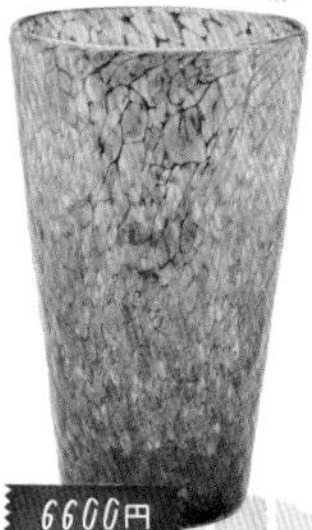

夜空をイメージしたてぃんがーらシリーズのコップグラス **C**

各3300円　2530円　3410円　6600円

D

オリジナルのほかセレクトも

glacitta'
グラチッタ

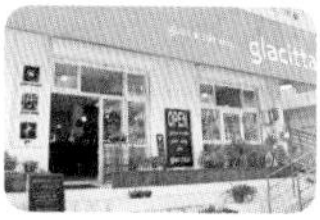

恩納村の国道58号沿いにある工房。廃瓶を溶かして作る唯一無二のガラス製品を販売している。自社工房のほかガラス工房清天、LOBSTO、てとてと工房などの作品も扱う。

Map P.190-A1 恩納

🏠 恩納村恩納6347　☎ 098-966-8240
🕐 11:00〜17:30頃（日により変動）
🗓 不定休　🚗 屋嘉ICから5km　🅿 2台

E

沖縄の自然がモチーフ

琉球ガラス工房
glass32
リュウキュウガラスコウボウ グラスサンジュウニ

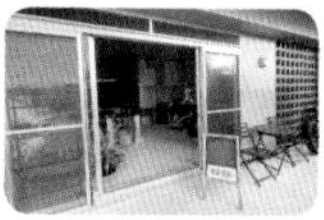

代表を務めるのは具志堅充さん。作品には渦や泡など作家自身が愛してやまない沖縄の自然が投影されている。ぽってりしたフォルムのガラスは、使うたびに手に馴染んでいく。

Map P.193-B3 名護

🏠 名護市宮里7-19-27　☎ 0980-52-7899　🕐 12:00〜17:00
🗓 日〜木　🚗 許田ICから10km
🅿 5台

F

モダンアレンジの工芸品

D&DEPARTMENT OKINAWA
→P.99

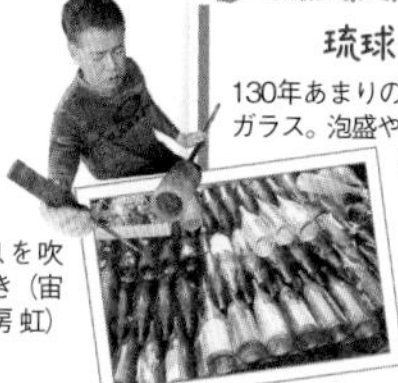

→P.99

ガラスに息を吹き込む宙吹き（宙吹きガラス工房 虹）

琉球ガラスって何？

130年あまりの歴史があるとされる琉球ガラス。泡盛やコーラなどの廃瓶を使い、宙吹きで作るのが伝統的だが現在は工房によりさまざま。物資が少なかった戦後に廃材を使うことが定着した。

琉球王国の伝統が息づく
織・染物にひとめ惚れ♡

琉球時代から続く伝統の織物・染物。沖縄の自然や生き物をモチーフにしたグッズは、特別な人や自分への贈り物にぴったり。

ミンサー模様のマース袋お守り。中に入ったマース（塩）は聖地回りで清められたもの…A

財布 1万560円

立体感のあるロートン織やグーシ花織のアイテム…A

思ったよりも丈夫で長いこと愛用できます！

各1815円

花織という技法で織られたスタンプ帳入れ…A

6600円

ブックカバー 3300円

長財布 1万560円

大口ミニポーチ（左）とショルダーバッグ（右）…A

織 物

沖縄には地方によりさまざまな伝統の織物がある。今も受け継がれる技法で織られた作品は、沖縄らしいとっておきのおみやげ。

花織があしらわれた御朱印帳。ご芳名帳や記念録帳としても使える…B

8503円

4950円

6600円

マチがあって使いやすい首里織台形ポーチ…B

5643円

1万4608円

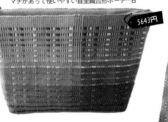

上品なカラーリング。幅広いコーデに合わせられる

片面は首里織、もう片面は紅型がほどこされたオリジナルのがま口ポーチ…B

各2万4200円

1点1点手作りのバレッタ。大きめサイズで髪がまとめやすい…B

各5038円

トートバッグに紅型染めをほどこそう

A4サイズの書類もすっぽり入るまる首里織おさんぽバック（Shuri+）…B

工房併設の織物ショップ

A 機織工房しょん
ハタオリコウボウシヨン

4人の織り手が作る琉球の伝統織物を使った雑貨やファッション小物を販売。7つの技法を駆使した織物はカラフルで、普段使いにもぴったり！琉球古民家を改装した建物も素敵。

ショップ併設の工房では制作風景が見られる

Map P.184-C2 八重瀬

🏠八重瀬町仲座72 ☎098-996-1770 🕘9:00～16:00 🈂火・木 🚗南風原南ICから9km Ｐあり

✉「機織工房しょん」では、職人さんから直接織り方などについて教えてもらえます。（東京都・マナミ）

染め・織りを見て体験して学ぶ

B 首里染織館suikara
シュリソメオリカンスイカラ

首里織と紅型の技術を継承する施設で、2022年4月にオープン。なかには実際に作家たちが作業する工房や、作家たちの作品を販売するショップ、体験施設を併設する。

Map P.202-A2 那覇

🏠那覇市首里当蔵町2-16 ☎098-917-6030 🕘10:30～18:00 🈂火 🚃ゆいレール首里駅から徒歩7分 Ｐあり

体験もできる！

首里織や紅型染めができる。事前予約がなくても空きがあれば参加可能。 →P.17

首里織（しゅりおり）
琉球王国の首都・首里に伝わる織物。貴族や士族など位の高い人が着用した織物で、花織、ロートン織、絣などさまざまな技法を用いて織られる。

読谷花織（よみたんはなおり）
読谷村で織られている花織。織り地に先染めした糸で花のような模様を織り込む。伝統的な織り地の色は琉球藍染めの紺地。紋様により意味がある。

知花花織（ちばなはなおり）
沖縄市の知花地区の伝統的な織物。琉球藍で染められた紺の生地に、格子柄の組み合わせと浮き紋様または絣が代表的。国指定の伝統工芸品。

琉球絣（りゅうきゅうかすり）
天然染料で染め上げた糸を織機でていねいに織り込み絣模様を作り出す。琉球王国時代から続く伝統工芸で、およそ600種類のパターンがある。

芭蕉布（ばしょうふ）
芭蕉（バナナ）の繊維から作る糸で織る芭蕉布は、かつては庶民の普段着に使われていた。草木染めで、素朴な色合い。国指定の重要無形文化財。

紅型（びんがた）
沖縄唯一の染め物。南国の草花をモチーフに、鮮やかに染め上げていく。14〜15世紀頃に生まれ、琉球王国時代には王族や士族の衣装に使用された。

織・染物

ブーゲンビレアがモチーフのミニトート。色違いもある…C

1万1000円

元来壁紙や障子紙に使われる月桃紙を染め上げて作った扇子…C

1万2100円

カラフルな扇子は沖縄の夏に大活躍しそう！

紅型をモノトーンで染め上げたモダントートバッグ…B

2万2152円

紅型の端切れを組み合わせたティーマット…C

3000円

染物

「紅型」と呼ばれる染め物は、南国らしい鮮やかな彩色が特徴。かつては着物として着用されたが、現在ではさまざまなアイテムが展開されている。

紅型工房べにきちの琉球の鳥と魚シリーズの紅型パネル…E

各1万7600円

サルスベリの花をモチーフにした紅型クッション…C

各1万9800円

カジュアルにもフォーマルにも使えそうなびんがたハンドバッグ…D

各2万3100円

マチ付きで見た目よりもずっと大容量です

金細工がモチーフの紅型で作った名刺入れ…C

8800円

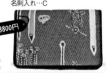

びんがたノート。右は鶴翠桜松流水模様、左はアミフィバナ（野朝顔）…D

各1650円

C 伝統技法をふまえた紅型を制作

KATACHIKI
カタチキ

素材にこだわった紅型の工房兼ショップ。沖縄の景色からインスピレーションを得た作品を、すべて手業で制作している。実際に作業風景を見学することもできる。

Map P.202-B2 那覇

🏠那覇市首里崎山町4-1
☎098-911-8604　🕙10:00〜17:00　🚫水・日　🚃ゆいレール首里駅から徒歩10分　🅿なし

D 琉球王国時代から続く名門

知念紅型研究所
チネンビンガタケンキュウジョ

琉球王国に使えた紅型三宗家のひとつ。当主を務めるのは10代目の知念冬馬さん。工房で手染めされる紅型を使ったアイテムは、品数こそ少ないもののどれも一級品だ。

Map P.198-B2 那覇

🏠那覇市宇栄原1-27-17　☎070-6590-8313　🕙10:30〜12:00、13:00〜16:30（工房見学は5日前までに要予約）　🚫土・日・祝　🚃ゆいレール赤嶺駅から徒歩5分　🅿なし

E →P.99

北部の工芸品セレクトショップ

山原工藝店
ヤンバルコウゲイテン

「首里染織館suikara」の1階では、首里や沖縄の工芸に関する企画展を随時開催している。

97

欲しい！が絶対見つかる 伝統工芸品の セレクトショップへ

進化する沖縄の伝統工芸品をチェック‼ バリエ豊富な工芸品は、独自の センスが光るセレショで 選ぶのが正解。

生活を彩る雑貨が揃います

食品から雑貨まで バリエ豊富 島の装い。STORE
シマノヨソオイ。ストア

沖縄全土の「ものづくり」を伝える ショップで、店内には沖縄で生まれる陶器やガラス、雑貨がずらり。島で作られた食料品やコスメも扱っている。作り手を招いてのイベントも随時開催。

糸満に工房がある ニャン山の糸満張子。各990円〜

石垣島のアロマ ＆スキンケアブ ランド、Sunny timeのアロマミスト。各1650円

島の風景をイメージした工房凪のコ コナッツソイワックス・アロマキャンドル 各1250円。右は天の川のティンガーラ、左は太陽のティーダ

アダンの葉で編んだ島ぞうり（Mサイズ）1万1800円

Map P.184-B1 豊見城
🏠 豊見城市豊崎1-329
☎ 098-987-1593
🕐 10:30〜18:30
🈺 火・水
🚗 豊見城・名嘉地ICから4km
🅿 11台

1. 伊江島に工房のあるカーサ・ビエントのプレート3980円とカップ3780円（ひとつ）
2. 沖縄本島から離島までさまざまなアイテムをセレクト

生活が楽しくなる グッズがずらり♪

オーナーの藤田日菜子さん

店名の「GARB」は国際通りの裏を流れているガーブ川が由来

一段と目をひく紺野乃美子作の皿。"コンノブルー"と呼ばれる独特な色合い

センスのいい器に フォーリンラブ♡ GARB DOMINGO
ガーブ ドミンゴ

沖縄にゆかりのあるアーティストを中心に、オーナーがセレクトした食器や酒器などを販売。ユニークな風合いやテクスチャーで彩られた店内の器は、ひとめ惚れ不可避。

1. nakamurakenoshigoto制作のコーヒードリッパーとマグカップセット 1万7600円 2. 熊谷峻制作のボトル 2万2000円、ぐいのみ1万7600円 3. やちむん作家の金城宙矛によるぐいのみ各2200円 4. 紺野乃美子制作のオーバルボウル5500円

Map P.201-B3 那覇
🏠 那覇市壺屋1-6-3 ☎ 098-988-0244 🕐 9:30〜13:00、14:30〜17:00 🈺 水・木 🚃 ゆいレール牧志駅から徒歩11分 🅿 なし

「島の装い。STORE」には工芸品だけでなく食品もたくさんおいてあります！（北海道・なおちゃん）

D&DEPARTMENT OKINAWA

地域に根ざすロングライフデザイン

ディーアンドデパートメント オキナワ

各地域で長年愛されてきた商品をデザインの視点で見つめ直し、現代に合わせて再構築するD&DEPARTMENTの沖縄店。土地に根ざした商品を多く扱い、作家別注の作品も。

Map P.187-A3 沖縄市

🏠沖縄市久保田3-1-12（プラザハウスショッピングセンター2F）☎098-894-2112 🕐11:00～19:00 休火
🚗沖縄南ICから3km P300台

1. 琉球藍染のワンピース4万2900円　2. 120年以上の歴史がある角萬漆器のカップとボウル。各2万2000円　3. 沖縄県産木を削り出し、漆塗りで仕上げた、たま木工のお弁当箱1万1550円　4. 首里花織の懐紙入1万4100円と名刺入れ7500円。どちらも金良勝代さんの作品　5. 沖縄に伝わる金細工を現代的にアレンジしたcicafu metal worksのアクセも（→P.110）

伝統工芸品のセレクトショップ

アーティスト、神藤修治さんによるブルゾン4万8500円。豊年祭の場面を切り取ったパターン

クバの葉で作られたクバカゴはサイズもさまざま。2530円～

コザ工芸館 ふんどぅ

定番から変わり種まで

コザコウゲイカン フンドゥ

沖縄市の工芸産業協会直営店。商品ラインナップは、沖縄市とその周辺に工房を構える作家たちのアイテムばかり。スタッフに尋ねれば、作家や商品について細かく教えてくれる。

Map P.202-C2 沖縄市

🏠沖縄市中央1-11-2（2024年5月、近くに移転予定）☎098-934-2213 🕐11:00～19:00 休月 🚗沖縄南ICから1km Pなし

北谷竹細工のサギジョーキ（箕）（小）2万円

沖縄唯一の竹細工工房である北谷竹細工と知花花織のコラボバッグ（小）2万円

琉球藍染のストール。下は麻で5800円、上はシルクで7800円

知花花織のコインケース。各2920円

大宜味村の螢窯の「海面鏡カップ＆ソーサー」。1万450円

大宜味村に工房を構える神谷窯のやちむん皿 3810円

山原工藝店

やんばるの作家の作品が集う

ヤンバルコウゲイテン

大宜味、東、国頭のやんばる3村や名護、本部、今帰仁など北部で制作される工芸品を扱う。やんばるの自然をモチーフにしたアイテムを幅広く取り揃える。2022年に移転オープン。

Map P.194-A2 大宜味

🏠大宜味村喜如嘉2083（旧喜如嘉小学校内）☎0980-43-0898 🕐11:00～18:00 休火 🚗許田ICから33km P6台

沖縄のおもな工芸品

草編み民具
アダンやクバ、月桃など沖縄の草木の皮で編む民具。農作業でよく使われた。

琉球漆器
沖縄の木材を使った漆器。堆錦（ついきん）という模様を貼り付ける技法が沖縄伝統。

琉球藍染め
自然栽培した琉球藍を使った天然藍染め。おもに北部のやんばるで作られる。

琉球張子
古くから親しまれてきたおもちゃ。親が子供の成長を願って買ったという縁起物。

木工
沖縄では漆器が木工品として知られるが、最近では皿などの日用品も見かける。

上記の各店には、扱っている作家やアイテム、伝統工芸についての詳しい解説がある。

99

猫好きにはたまらない、にゃんブローチ各 1980円

ヤンバルクイナのブローチ 1980円

たっぷり大容量のがまロニュウドウ カジカ3600円

のーまんじゅうとナマケモノモチーフのにーぶい かーぶい1900円

服やカバンにどうぞ。イカの編み物ブローチ8580円

みんなの視線を釘付けに

すべて手作りの一点もの！

雑貨屋たんたん
ザッカヤタンタン

35名の作家による手作りの商品を、オーナーの谷津田さんがセレクトして販売。編み物や陶芸など、固定概念にとらわれない個性が爆発した作品が並ぶ。

Map P.201-C3 那覇

🏠那覇市壺屋1-1-1 ☎080-7722-3174 ⏰11:00～18:00 📅不定休 🚃ゆいレール牧志駅から徒歩12分 🅿なし

ドロボーねこ・タコ付き4180円（左）Potねこ4180円（右）

オーナーの谷津田さんが制作したスツール1万5000円

まんまるおめめがかわいらしい

高級魚ミーバイとグルクンのマグネット各836円

思わず笑っおもしろ大集

沖縄で発見した、ご紹介。どれもばかりでコレ

ジャンボ沖縄そば 2万350円

ゴーヤーの貯金箱2100円

手の平サイズの福シーサー 2800円

スパムの空き缶を利用した貯金箱1500円

本物と見間違えるほど精巧

食品サンプル山月
ショクヒンサンプルサンゲツ

県内で唯一、食品サンプルを製造する工房兼ショップ。飲食店に飾られるような本格的なサンプル商品のほかに、沖縄のグルメや魚をモチーフにしたキーホルダーなどをショップで販売。

Map P.199-A3 那覇

🏠那覇市真嘉比2-14-11 ☎098-987-6111 ⏰10:00～17:00 📅日 🚃ゆいレール古島駅から徒歩12分 🅿あり

沖縄そば1100円、ゴーヤー385円、紫芋タルト660円、サーターアンダギー550円、ポーク玉子550円（すべてキーホルダー）

「食品サンプル山月」のキーホルダーは、那覇市内のおみやげ店でもゲットできるそうです。（神奈川県・いづき）

おもしろかわいい
琉球張り子

玩具ロードワークス

ガングロードワークス

沖縄伝統のおもちゃ、琉球張り子を中心とした作品を販売。作家の豊永盛人さんは嘉手納出身。イラストレーターとしても活躍しており、その独特な絵柄で人気を博している。

Map P.201-B3 那覇

🏠那覇市牧志3-6-2 ☎098-988-1439
🕐10:00〜17:00 🈡水・日 🚃ゆいレール牧志駅から徒歩10分 🅿️なし

壁につることができる吊りオウム各2200円

人面樹ブローチ2640円

いわゆる起き上がり小法師。ウッチリクブサー
大4950円
中3400円

長〜いコック帽が目印のコックさんブローチ2200円

今、目が合いましたね？

絵と文ともに豊永さんが担当。あいうえおカルタ1980円

ちょこんとフォルムのおにぎりスズメ1980円（左）、鳩パン1980円（右）

おもしろ沖縄雑貨

伝統の玩具の絵を染め上げた玩具図譜手ぬぐい1320円

くすりとちゃう沖縄雑貨、合♪

胸キュン必至の雑貨を趣向を凝らしたものションしたくなる〜！

国際通りでおもしろ雑貨さがし

羊毛ワッペン マンタ1375円

天然記念物、ヤンバルクイナのぬいぐるみ

赤瓦屋根をイメージしたチューリップハット島ぼうし3520円〜

恩納村にある工房ゆしびん作、漆喰シーサー対1650円

仲間になりたそうにこちらを見ている……

遊び心ある紅型ブローチ各1705円

"いいモノ"が集う雑貨店

沖縄の風

オキナワノカゼ

"沖縄のイイものを"をコンセプトにしたアート雑貨を扱う。店内では自社工房で製造された琉球帆布グッズのほか、県内の作家によるフェルトグッズやアクセサリーを販売。

Map P.201-B3 那覇

🏠那覇市牧志2-5-2
☎098-943-0244
🕐11:00〜19:00 🈡ゆいレール牧志駅から徒歩5分 🅿️なし

羊毛ワッペン ミルク神1760円

ヤンバルクイナ

沖縄の鳥がモチーフのバードリョーシカ1万4300円

カンムリワシ　ノグチゲラ　アカショウビン　リュウキュウコノハズク

「玩具ロードワークス」のカルタは、TV番組で使われるほど人気商品。　**101**

おいしい想い出をお持ち帰り！
ローカルスーパーでコレ買いましょ♪

地元スーパーは、ユニーク＆おいしいおみやげの宝庫！ホントは内緒にしておきたいとっておきのスーパーグルメをテーマ別にご紹介。

実は種類豊富な ランチョンミート

北欧ならではのgoodデザインでかわゆ♡

チューリップ
スパムと人気を2分する、デンマーク産のチューリップ。花イラスト入りのロゴがかわいい

TULIP
Bacon Lunch
Net weight: 300g

うす塩味
ベーコンランチ

SPAM
Luncheon Meat
沖縄限定ラベル
Hormel Foods
NET WT. 12 OZ (340g)

スパム
アメリカのホーメル・フーズが出しているもので、ポークランチョンミートの代名詞的存在

セレブリティ
デンマーク産のポークランチョンミート。実はデンマークは、ヨーロッパを代表する酪農国

CELEBRITY
DANISH PORK LUNCHEON MEAT

ランチョンミート
スペイン産の豚肉を使ったランチョンミート。見た目はサラミのようだが味はしっかり

LUNCHEON MEAT

ミッドランド
懐かしCM「赤いときめきミッドランド～♪」でおなじみ。やや塩分控えめで食べやすい

Midland
うす塩味
Pork Luncheon Meat

うちなーポーク

あぐー豚うちなーポーク
沖縄を代表する食品メーカー、オキハムのもの。ブランド豚肉のあぐー豚を使用している

レトルト食品なら オキハム一択！

レトルトパック
オキハム定番のレトルト。牛骨スープのいなむどぅちに、豚の内臓を煮込んだ中味汁、てびち

ぜんざい
金時豆を煮込んで作る沖縄風のぜんざい。かき氷に入れてもよし、そのまま食べてもよし

ぜんざい

くーぶいりちー
昆布を豚肉やニンジンなどと炒めたクーブイリチー。電子レンジで温めるだけでOK

くーぶいりちー

いなむどぅち
てびち
中味汁

てるきなそばのゆで麺
沖縄県民に圧倒的な支持を受ける照喜名製麺のゆで麺。入荷して即売り切れるなんてことも

本場沖縄そば
蒸し
ゆで
そば
照
要冷蔵
内容量600g

うちなーポーク

沖縄名護 そばだし
名護の老舗・三角屋製麺所のそばだし。濃縮タイプで、お湯で割れば本場のスープが完成

アワセそばの乾麺
沖縄市の名店・アワセそば。もちっとした食感で、沖縄そばのほかパスタとして使うのも◎

アワセそば

人気の沖縄そば
絶対おいしいのはここ

赤レンガにオレンジの看板がかわいい！

Jimmy's

看板商品のジャーマンケーキ

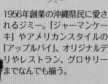

ビュッフェが人気のレストランのアイランドグリル。大山、那覇、美里店にのみ併設

老舗ローカルスーパー Jimmy's
ジミー

1956年創業の沖縄県民に愛されるジミー。「ジャーマンケーキ」やアメリカンスタイルの「アップルパイ」、オリジナルデリやレストラン、グロサリーまでなんでも揃う。

おもな店舗

Jimmy's 大山店 Map P.186-B2 宜野湾
宜野湾市大山2-22-5
☎098-897-3118 ⏰9:00～21:00 🈺なし 🚗西原ICから6km Ｐ58台

Jimmy's 那覇店 Map P.199-A3 那覇
那覇市銘苅3-8-5
☎098-861-1110 ⏰9:00～21:00 🈺なし 🚃ゆいレール古島駅から徒歩18分 Ｐ114台

パンといったら
ぐしけんパン
これ常識

うず巻サンド
沖縄では一般的なうず巻サンド。島や地方によりさまざまなメーカーが出している

スクガラス（上）ワタガラス（左）
ガラスとは塩漬けのこと。スクというアイゴの稚魚を使ったものがスクガラスで、カツオの内臓を漬けたものがワタガラス

甘いけどピリ辛の風味がやみつきに！

ここよりお切り下さい。

油みそ
味噌をラードで固めた、ご飯のお供。豚みそやアンダンスーとも呼ばれカツオ風味も人気

ローカルスーパー

なかよしパン
ココア生地にクリームをサンドした菓子パン。カエルのマークで親しまれている

豆腐よう
島豆腐を麹や泡盛に漬けて熟成させたもの。チーズのような食感で、泡盛にベストマッチ

お酒やご飯のお供に！
珍味を忘れちゃダメ

トマトケチャップ
沖縄県産の島トウガラシが入ったトマトケチャップ。ピリリと辛い大人の味

調味料だってオキナワテイスト

普段の食卓で使ってみてはいかが？

いなむるちみそ
伝統料理、イナムドゥチ用の味噌。薄味の白味噌で、味噌汁に普通に使える

ヨネマース
沖縄の家庭に欠かせない粗塩。800gとたっぷりサイズで100円強とコスパ抜群

旨辛ペースト
泡盛漬け島トウガラシのペースト。少量入れるだけでかなり辛くなり、コクもでる

すみいか
沖縄そばや汁、ジューシーなどに使うイカスミ。パスタソースに使うのもおすすめ

買うならココ！

沖縄の4大ローカルスーパー

サンエー
沖縄県内に約80店舗を展開する、最大手のローカルスーパー。「お客様の冷蔵庫がわり」をモットーに売り場を展開する。

おもな店舗
サンエー 那覇メインプレイス
Map P.199-A3 那覇
🏠那覇市おもろまち4-4-9 ☎098-951-3300 🕐9:00～22:00（食品館は～23:00） 🈺なし 🚃ゆいレールおもろまち駅から徒歩5分 🅿2500台

フレッシュプラザ ユニオン
「ユニオンですから」でおなじみの24時間オープンのスーパー。最近ではTシャツなどオリジナルグッズも展開。

おもな店舗
フレッシュプラザ ユニオン赤嶺店
Map P.198-B2 那覇
🏠那覇市赤嶺2-4-4 ☎098-857-6577 🕐24時間 🈺なし 🚃ゆいレール赤嶺駅から徒歩1分 🅿36台

りうぼう
栄町市場やそばや首里など沖縄本島で12店舗を展開する都市型スーパー。お惣菜のバリエーションも豊富に揃っている。

おもな店舗
栄町りうぼう
Map P.201-A4 那覇
🏠那覇市安里388-6 ☎098-835-5165 🕐24時間 🈺なし 🚃ゆいレール安里駅から徒歩1分 🅿50台

タウンプラザかねひで
県内に約60店舗を展開する。生鮮食品をはじめとし、暮らしに必要な商品を取り扱う。緑地にオレンジの看板がよく目立つ。

おもな店舗
マリンプラザかねひで 東浜市場
Map P.185-A3 与那原
🏠与那原町東浜68-1-2 ☎098-944-5500 🕐7:00～23:00 🈺なし 🚃南風原北ICから4km 🅿712台

沖縄のローソンはサンエー系列。コラボ商品も多数販売している。

おみやげならなんでも揃う地元直売所最強説。

地方発送も可能です☆

曜日によりさまざまなイベントを開催している

ハイサイ！

でーじまーさんよ

あきさみよー

いめんしぇーびり

笑顔になるローカル市場
ハッピーモア市場
トロピカル店
ハッピーモアイチバ トロピカルテン

沖縄本島の小さな農家で栽培する無農薬・減農薬の島野菜やフルーツを中心にさまざまな食料品を扱っている。季節によりさまざまな野菜が並ぶので、いつ行っても楽しい！

Map P.186-B2　宜野湾

🏠 宜野湾市大山7-1350-81
☎ 098-988-9785　🕙 10:00～18:00
🈑なし　🚃西原ICから7km　🅿 180台

元気いっぱいのスタッフさんがお出迎え！

Shopping 1 ここが最強！
新鮮！地元農産物がずらり♪

農家さんの味方でいたい♡

ほとんどの野菜は農家から直送されており、新鮮・安心・安全！観光客はもちろん、地元の人の支持もアツい。

1. ドラゴンフルーツやパイナップル、マンゴーなどのトロピカルフルーツも格安！　2. 季節ごとの島野菜がずらり。あまり見かけない珍しい野菜も

Shopping 2 ここが最強！
特産品コーナーも超☆充実

一角には沖縄各地の特産品を集めたコーナーがある。調味料から油みそなど島伝統の味までさまざま。

1. 北中城村のトマトと島トウガラシを使ったトマトケチャップ1404円　2. 滋養にいい島ニンジンのドレッシング680円。バジル風味　3. 料理にかけるだけの調味料。左から黒糖シナモン378円、七味こがし塩540円、生姜パウダー540円　4. 沖縄のご飯のお供といえば油みそ。こちらはカツオ風味のかつお油みそ194円

沖縄の味が揃っています♡

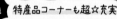

Gourmet 3 ここが最強！
こだわりの総菜＆テイクアウトスイーツ

店内奥には調理場があり、こだわりの総菜やスイーツなどを製造・販売している。人気なので売り切れ御免！

1. 保存料や着色料、肉などを使わない薬膳弁当1204円　2. オリジナルの完熟バナナケーキ324円　3. 生のレモンの皮と県産卵で作るヨーコさんのレモンアンダギー648円（5個入）

毎月8の付く日に行われるハッピーデーにはレモンアンダギーの揚げたてがゲットできます！

最後はスムージーでビタミンチャージ

買い物のラストには、野菜たっぷりの手作り酵素のハッピースムージーをぜひ。野菜のうまみをダイレクトに感じる。

トロピカルな気分を味わえるマンゴーラッシー550円（Mサイズ）と自家製フルーツ酵素と小松菜、パイン、レモン、バナナを使った野菜スムージー450円（Mサイズ）

身体が喜ぶドリンクです♪

ここが最強！

注文してからミキサーで作る

「ハッピーモア市場」の裏は美しい海！スムージーを飲みながらくつろぐのにぴったりですよ。（埼玉県・瞳）

フード系のおみやげをゲットしたいなら、絶対に行きたいのが地元直売所。
野菜や果物から加工品まで、「おいしい」おみやげがよりどりみどり☆

🌺 北部の大人気、道の駅
道の駅「許田」
やんばる物産センター
ミチノエキ「キョダ」
ヤンバルブッサンセンター

許田ICのすぐそばにある

沖縄県第1号の道の駅で、人気も絶大。建物内ではやんばるで採れた旬のフルーツや特産品を販売しているほか、レストランや外にあるテイクアウトグルメも充実している。

Map P.193-C3 名護
🏠 名護市許田17-1
☎ 0980-54-0880 ⏰ 8:30〜19:00（店舗により異なる）
🈳 なし 🚗 許田ICから3km
🅿 270台

春から秋まで季節ごとさまざまな種類のパイナップルが並ぶ

Gourmet
レストランは屋内、テイクアウトフードは屋外。地元の食材を使ったメニューが揃う。

あぐー豚メンチカツバーガー 430円

地元おっぱ乳業のおっぱソフトクリーム（レギュラー）460円

人気のサーターアンダギー専門店、琉球銘菓三矢（→P.88）も入っている

Shopping
農産物にフルーツ、スナック菓子に特産品など何でも揃う。ここにしかない限定品も。

島どうふプリン 紅イモ400円

まるでチーズな島どうふ510円

道の駅「許田」限定の黒糖325円。味は全部で5種類

観光スポットに近くいつでも大にぎわい

🌺 リゾートエリアに至近
おんなの駅 なかゆくい市場
オンナノエキ ナカユクイイチバ

恩納村の海沿いを走る国道58号沿い。村の産直市場で、野菜からおみやげまであらゆるものが手に入る。隣には絶景で話題の図書館、恩納村文化情報センターがある。

Map P.188-A2 恩納
🏠 恩納村仲泊1656-9 ☎ 098-964-1188 ⏰ 10:00〜19:00（店舗により異なる）🈳 なし
🚗 石川ICから4km 🅿 140台

Gourmet
店舗入口外の広場に10店舗ほどがずらり。食事から軽食、スイーツまで味わえる。

近海の海の幸を販売する「浜の駅」のカニ汁 700円

トロピカルフルーツを使ったかき氷が人気の琉冰（→P.86）もここにある

カマボコの中にジューシーが入ったばくだん350円（1個）

Shopping
限定から定番までさまざまな食品がずらり。地元農産物を扱うコーナーもある。

パッションフルーツのリキュール1680円

リリコイバター、マンゴーバター、ローゼルジャム。各850円

天井が高く広々した店内

飲むゼリー（マンゴー＆パッションフルーツ）。各378円

「おんなの駅なかゆくい市場」のそばには観光情報を発信する恩納村文化情報センターや村の歴史や文化が学べる恩納村博物館がある。

地元直売所

南国テイストあふれる島ファッションをCheckして

くつあってもウレシイ！
オキナワンTシャツ

4510円
定番のハイビスカスとブーゲンビレアがモチーフ「南国花丸紋」 **A**

3740円
沖縄といえばジーマーミー（ピーナッツ）豆腐。「じーまーみーじいさん」 **A**

4100円
トロピカルなドラゴンフルーツ柄。ビビッドなカラーリングがgood！ **B**

4200円
島タコの絵を大胆に配したTシャツ。襟元にはワンポイントで刺繍が入る **B**

4100円
一番人気の沖縄そばTシャツ。ゆるっとしたイラストが◎ **B**

1500円
ユニオンの外観を使ったTシャツ。バックプリントでクール **C**

5280円
MIMURIのロゴが大きくあしらわれたロゴTシャツ **D**

3960円
沖縄の動物たちがそれぞれの手みやげを差し出している「てみやげ」 **A**

国際通りでオキナワンTシャツ
国際通りにあるおみやげ屋では、さまざまなTシャツを販売している。友達同士で揃えて着るのがかわいい！

オリオンビールやブルーシールなど沖縄企業のTシャツが人気

4510円
コザのゲート通りのナイトスポットをコラージュで表現 **F**

6490円
胸元ポケットにドラゴンフルーツのテキスタイルをあしらったTシャツ **E**

A マストハブなデザインTシャツ
琉球ぴらす 浮島通り店
リュウキュウピラス ウキシマドオリテン
オリジナルのプリントTシャツを、デザイナーたちとタッグを組んで製作・販売。紅型職人、写真家、陶芸家など多才なクリエイターたちの、彩り豊かなデザインに注目。

Map P.200-B2 那覇
🏠 那覇市松尾2-2-14 ☎098-863-6050
🕚 11:00〜19:30
無休 ゆいレール県庁前駅から徒歩10分
🅿なし

B オリジナルパターンのTシャツが人気
Doucatty → P.108

C 地元スーパーのクールなTシャツ
フレッシュプラザ ユニオン → P.103

D 沖縄の風景が題材
MIMURI → P.109

E 華やかなテキスタイルアート
taion → P.107

F コザモチーフのTシャツ
コザ工芸館 ふんどう → P.99

「琉球ぴらす」にはTシャツ以外にもスウェットやトートバッグがあり、さっそくおみやげで購入しました！（千葉県・るな）

南の島の光に似合ううすてきなウェアをGETして街歩きをしてみよう。リゾート気分が盛り上がること間違いなし！

個性派ショップで見つけた！
リゾートファッション

fabric
ファブリック

北谷の住宅街にたたずむ。オーガニックコットンやリネンなどの天然素材を使い、2階の工房で手作りしている。飽きの来ないデザインで、着たときの絶妙なシルエットの虜になるファン多数。

Map P.186-A1 北谷

🏠北谷町港7-10 ☎098-926-5474
🕐12:00～20:00 休日
🚗沖縄南ICから5.2km Ｐ1台（店舗前）

シンプルなコットンノースリーブ 7700円

リネン素材のボートネックトップス 1万2650円

通気性のいいコットン生地の3タックイージーパンツ。ロールアップして履くのが◎1万5950円

ポシェット9680円はひもと柄の組み合わせが選べる

沖縄の風土に魅せられたデザイン

taion
タイオン

デザイナーの李康光さんが描くテキスタイルを、ワンピースやバッグといったファブリック製品に活用。ハイビスカスやデイゴなどの花のモチーフが中心で、その色使いに鋭いセンスが感じられる。

Map P.200-B2 那覇

🏠那覇市松尾2-3-10 ☎098-917-4331 🕐11:00～18:00 休水
🚋ゆいレール牧志駅から徒歩15分 Ｐなし

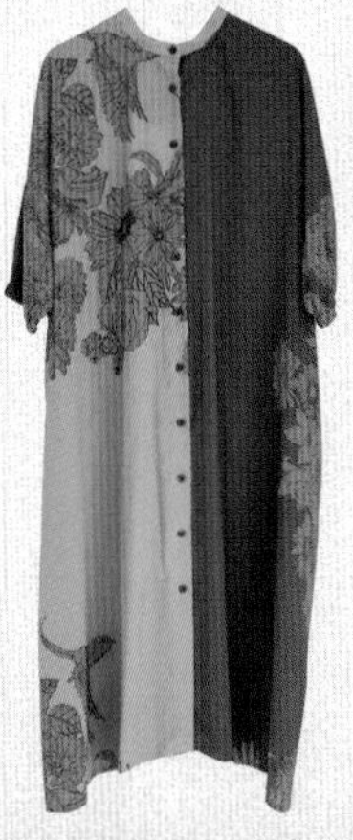

オリジナルのアクセブランド「JEENAR」のブレスは1万3200円

かわいいヤンバルクイナブローチは2530円

ブーゲンビリアのピアス3630円

沖縄ブランドが大集結

APARTMENT OKINAWA パルコシティ店
アパートメント オキナワ パルコシティテン

taionやPicturesなど10種類ほどの沖縄ブランドを取り扱うセレクトショップ。紙でできた新感覚アクセブランドのPaperJewelry（→P.111）も人気。パルコシティ内にある。

Map P.186-C2 浦添

🏠浦添市西洲3-1-1（サンエー浦添西海岸 PARCO CITY 1F） ☎098-987-6557
🕐10:00～22:00 休なし
🚗西原ICから8km Ｐ4000台

リゾートからストリート系までさまざまなスタイルを提案

バルーンスカートで人気のPictures。スカート2万2000円、カットソー1万4300円

ヒスイカズラがモチーフのノースリーブワンピース 5万600円

カラフルな色合いが楽しいチューリップハット6050円

インドから仕入れたストライププリントの生地を使ったシャツワンピース 1万9800円

小物を入れるのに便利なハンドルポーチ5500円

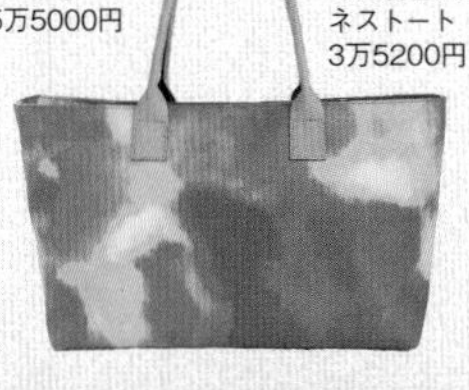

羽織としても使えるシャツワンピース（ブーケターコイズ）5万5000円

umiシリーズの大容量ビジネストート 3万5200円

とろみ感のあるドルマンスリーブシャツワンピース5万5000円

島ファッション

「taion」の店舗の壁に、李さんが描いた花のウォールアートがある。華やかで写真撮影にぴったり。 **107**

ビビッド＆カラフル☆ **OKINAWAカラーの** ファブリック

手ぬぐいは全部で50種類以上。染めの色違いなどもある

クッションカバー1万5000円

自然体でカラフルな絵柄がかわいい！

Doucatty
ドゥカティ

手書きでパターンを描き染めるワンピース8万5000円～

手ぬぐい生地を手貼りした小箱やメモ帳もある

半袖のほかロングTシャツも。写真はロバくん6500円

手ぬぐいは色数やパターンにより値段が変わる。1枚1800円～。右からさんご魚、イラブチャー、月桃の実

南城市の住宅街にたたずむ手捺染工房。イラストを描き、パターンを考えるのは、田原幸浩さんと琴子さん夫妻。モチーフは沖縄の自然や生き物がほとんどで、1枚1枚ていねいに染めていく作業は、まるで布に命を吹き込んでいるかのよう。手ぬぐいやTシャツが定番。

Map P.185-A・B3 南城

🏠南城市佐敷新里740-1
☎098-988-0669
🕘9:00～16:30 🏠日・月 🚗南風原北ICから7km 🅿2台

広々とした木造の工房

店内奥で手捺染をしています

✉ 何枚でもほしい「Doucatty」の手ぬぐい！ 私はイラブチャーやミーバイなど沖縄の魚シリーズがお気に入り♡（千葉県・なーちゃん）

南国ならではのファブリックが超☆かわいい。描かれているのは、鮮やかな沖縄の風土。見ているだけで元気になれちゃう♪

一つひとつ手作りだから柄の出方が異なるにゃん

愛猫家のMIMURIさんならではの作品。ねこチャーン（小）各2860円

OKINAWAカラーのファブリック

デザインからアイテム制作まで完全オリジナルの商品が並ぶ

果物モチーフのミニラミネートバッグ3980円

マチ付きで使いやすい、まちありポーチ海（大）柄2840円

心おどる沖縄の風景を持ち歩く

MIMURI
ミムリ

大容量のふっくらがま口3520円

豚革インソールを使用したマチネコ柄のスリッポン。シューズバッグ付き1万4520円

Map P.201-B3 那覇

石垣島で生まれ育ったデザイナーのMIMURIさんが、身の回りの自然や動物を描いたテキスタイルを製作。デザインには庭・海・野菜・果物・花の5つのシリーズがあり、どれも暮らしのなかで目にする沖縄の風景をMIMURIさんがありのままに描いている。

🏠那覇市松尾2-7-8
☎050-1122-4516
🕙10:00～18:00、金・土～19:00 🈺不定休（SNSで要確認）
🚃ゆいレール牧志駅から徒歩12分 🅿なし

小物入れとして使えるキーケース2350円

浮島通りの一角にある

ヒのデザインも色合いが綺麗！

コースター550円。食卓が華やかに彩られる

「Doucatty」では、実際に染織作業を行っている様子を見ることができる。 **109**

モチーフを
現代的に
アレンジ

房指輪
（ふさゆびわ）
とは何？

婚姻が決まった娘
に親が贈る指輪。
幸せになるように
との願いが込めら
れている。7つのモ
チーフのチャーム
が付くのが伝統的

蝶　　扇　　桃　　鳥

シーサー（吽）　シーサー（阿）　シーサー（吽）　葉

cicafu metal worksではオリジナル、
古典と合計35のチャームがあり、好
きなものを選び組んでもらう。指輪
のほかネックレスとしても使用可能。

チャームは真鍮とシルバーの2種類
の素材があり、真鍮は色も2種類。
値段は素材で変わり、真鍮が3872
円、シルバーが5082円。チャーム
のほかピアスもある

cicafu metal worksの
房指輪チャーム

SHOP
D&DEPARTMENT
OKINAWA →P.99

世界にひとつだけの made in 沖縄アクセが欲しい！

旅の思い出に、沖縄にまつわるアクセをお持ち帰り。身につけるたび、美しい風景が思い浮かんでくるはずです。

churaumiの
サンゴ＆天然石アクセ

宝石サンゴにこだわ
らず、オオイソバナ
サンゴやクロサンゴ
などを活用してアク
セサリーを制作。天
然石やパールを使っ
たものも並ぶ。

ハンドメイドのアクセサリー

churaumi-ukishima accessory lab.-

チュラウミ ウキシマ アクセサリー ラボ

"毎日の暮らしが、ほんの少し楽し
くなる"がコンセプト。作家の清水
さんが現代のライフスタイルにも合
うようなサンゴや天然石のアクセサ
リーを手作りして販売している。

Map P.200-B2　那覇

🏠 那覇市松尾2-3-11　☎098-927-6415
🕐 10:30～18:30　⛔火・木　🚃ゆいレー
ル牧志駅から
徒歩13分
🅿 なし

1. 鮮やかなサンゴを使ったネックレス1万
7050円はプレゼントにも◎　2. テクス
チャーが浮き上がるオオイソバナサンゴの
ピアス1万1000円　3. クロサンゴを使っ
たイヤリング3万8500円。ピアスに付け
替えも可　4. 美ら海をイメージしたターコイ
ズのピアス3万5200円　5. 幸福の青い鳥
をモチーフにしたターコイズのネックレス
1万6500円

「cicafu metal works」のチャームをネックレスにして使ってます！いくつか重ねづけするのもかわいいですよ。（神奈川県・ゆみゆみ）

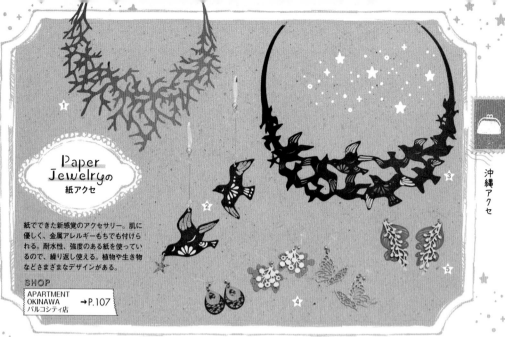

Paper Jewelryの
紙アクセ

紙でできた新感覚のアクセサリー。肌に優しく、金属アレルギーもちでも付けられる。耐水性、強度のある紙を使っているので、繰り返し使える。植物や生き物などさまざまなデザインがある。

SHOP
APARTMENT OKINAWA
パルコシティ店 →P.107

沖縄アクセ

1. 沖縄のサンゴがモチーフのネックレス、Coral 3960円 2. ロングピアスなのに軽やかに付けられる。Kamome 2420円 3. 2023年の新作ネックレス、Kamome 3960円 4. 3つセットのミニピアス。Grace 3960円 5. フック部分が樹脂になっているピアス。Yukari 2420円

HALOINAの
ファブリックピアス

港川の人気店、PORTRIVER MARKETのオリジナルアクセサリーブランド。世界各地の布を使い、素敵なピアスに仕上げている。都度新しいものが並び、琉球藍や地元作家とのコラボなどの商品も。

SHOP
PORTRIVER MARKET →P.122

カラフルなピアスは各2750円〜

夜光貝しずく
ネックレス
K10：3万8500円
K18：4万7300円

KIKI 夜光貝しずくフックピアス
4万1700円

KIKI 夜光貝フープピアス
4万700円

かいのわの
シェルアクセ

夜光貝や高瀬貝など、沖縄の海で育つ貝を削って作るアクセサリー。浜比嘉島の工房で一つひとつ作られるアクセは、余計な装飾などは施さず、貝の美しさをそのままに表現している。

KIKI 夜光貝リング
2万9700円

浜比嘉島のジュエリー工房
海のギャラリー かいのわ
ウミノギャラリー カイノワ

「沖縄の海から生まれた装身具」がテーマのアクセブランド。KIKI、YUYU、RURU、MAMAと切り取り方により異なった模様の入る4つのシリーズがある。

Map P.189-C4 うるま

🏠うるま市勝連浜97
☎098-977-7860 ⏰11:30〜16:30 🈳不定休（SNSで要確認） 🚗沖縄北ICから18km Ｐ5台

「HALOINA」のファブリックピアスは、とにかくパターンが豊富！ほとんどが1点ものなので、気に入ったら即買いを。

潤いを残しながらメイクをオフできちゃう！（編集T.S.）

斎場御嶽石鹸
セージや乳香をブレンドし、神聖な斎場御嶽をイメージした香り **B**

1430円

しっとりした洗いあがりで乾燥肌さんにおすすめ（編集S.Y.）

2640円

月桃がふんわりと香って、気分転換にもなる♪（編集A.w.） **D**

月の葉水 -tsukinohasui-
オーガニックの月桃を水蒸気蒸留した、ピュアなスキンミスト

2436円

&Resort クレンジング
モズクや月桃の葉のエキスを配合した、とろみのあるクレンジング **A**

肌にぐんぐん浸透していく！（編集A.w.）

SKIN CARE

aruco調査隊が行く!! ②

沖縄の素
スキンケア
私のお気に

沖縄で生まれた自然素
アイテムが大集合
楽しくな

リアルコメント付き

Hibiscus Skin Lotion **D**

4598円

ハイビスカススキンローション
ハイビスカスのリーフエキスやヒアルロン酸などを配合し、美肌へ導く化粧水

乾燥が気になる時にシュッとできてラクちん（編集S.Y.）

GREEN CAVIAR **A**

1980円

シンプル素材だから敏感肌でも安心して使える（編集T.S.）

990円

ミストローション 海ぶどう
海ぶどうのエキスやマリンコラーゲンが、肌にしっとり潤いをプラス

MARINE Face Wash **A**

1980円

肌タイプ別おすすめ
沖縄の天然素材

普通肌
ハイビスカスの花エキスは肌への浸透力が高く、保湿効果も◎　ハイビスカス

乾燥肌
モズクに含まれるフコイダン（ぬめり成分）が肌に潤いをプラス　モズク

脂性肌
海底に堆積した泥（クチャ）が、余分な皮脂や角質をすっきりオフ！　クチャ

混合肌
抗炎症、抗菌作用のある月桃は、揺らぎがちな混合肌にぴったり　月桃

990円

1265円

毛穴の詰まりが気になる人におすすめ（編集A.w.）

黒のフェイスウォッシュ マリン
クチャと炭で肌の脂をすっきり落とす洗顔料。ふんわりと泡立つ **A**

海石鹸、もずく石鹸、ハイビスカス石鹸
沖縄の天然素材を使って作った、肌にも環境にも優しい手作り石鹸 **B**

A 豊富なスキンケアシリーズから選べる
Ryu Spa 那覇本店
リュースパ ナハホンテン
沖縄の素材に着目した製品を取り揃える。ボタニカルやエイジングケアなどに着目した5シリーズがあり、すべての商品は久米島沖で採水された海洋深層水をベースに使用。

Map P.201-A4　那覇
⏺ 那覇市安里2-5-23　☎098-861-0305　⏰9:30～18:00　休日、5月5日　🚃ゆいレール安里駅から徒歩1分　🅿4台

B 工房で一つひとつ手作り
Island Aroma OKINAWA
アイランド アロマ オキナワ
アロマテラピーインストラクターの資格を持つオーナーが、香りや素材にこだわった手作り石鹸を販売。肌の状態や気分を相談しながら、自分に合う石鹸を選ぶことができる。

Map P.185-B4　南城
⏺ 南城市知念吉富42　☎098-948-3960　⏰10:00～18:00　休日・祝　🚗南風原北ICから13km　🅿8台

沖縄のコスメは天然素材由来のものが多いから、敏感肌の私でも使いやすくてとてもいい！（東京都・さつき）

海塩で汗ダラダラ！デトックス効果抜群（編集S.Y.）

ドライハーブ入りバスソルト
シトラスハーブ、フラワー
沖縄産海塩のバスソルトに天然精油や華やかな花びらをブレンド

各1380円

1100円

1320円

リラックスバーム
月桃、シークヮーサー、シトロネラ
肌を乾燥から守るオーガニックシアバターに植物オイルを配合

指先や唇、髪など全身の保湿に使えて便利（編集S.Y.）

1320円

1320円

材を使った
ボディケア
入りはコレ

スキンケア＆ボディケア
どれも毎日のお手入れが
ものばかり♪

Botanical
ネイル＆
ハンドクリーム
シークヮーサー
爪やささくれを
保護するクリーム。さっぱりした
シークヮーサーの香り

みずみずしい
テクスチャーで
ベタつかない
（編集S.Y.）

ハイビスカス
ヘアシャンプー
ハイビスカスの
エキスが潤いを
与え、しっとり
とした洗いあが
りに

地肌はさっぱり、
髪はつやつや
サラサラに
（編集A.w.）

1320円

3388円

保湿しながら
洗えるので肌が
つっぱらない
（編集T.S.）

2178円

1320円

Botanical
モイスチャー
ジェル 月桃
全身に使える保
湿ジェル。ベタ
つかず伸びやす
い。月桃の香り

気分癒やされる
ボディオイルで
リフレッシュ
（編集T.S.）

ハイビスカス
黒糖ボディ
ソープ
沖縄県産の純黒
糖とハイビスカ
スのリーフエキ
スを配合したボ
ディソープ

万能保湿ジェル
でスキンケアの
時短にもなる
（編集A.w.）

トリートメントオイル
LOVE POTION
ORIGINAL BODY
HIP&LEGS
入浴後の保湿や、ボディマッサー
ジに使えるプロ仕様のオイル

各3850円

C 肌に優しい製品がずらり
La Cucina Soap Boutique
ラ クッチーナ ソープ ブティック

店名のLa Cucinaとは、イタリア語で
「キッチン」の意味。まるで料理を作
るようにていねいに素材を選び、製品
を生み出している。優れた美容効果を
持つアイテムはプレゼントにも最適。

Map P.200-B2 那覇

🏠那覇市松尾2-5-31 ☎098-988-8413 ⏰12:00〜20:00 休水・日
ゆいレール牧志駅から徒歩13分

D 低刺激のケア製品を製造・販売
YUMEJIN
ユメジン

自社農園で農薬を一切使わずに栽培し
た素材を使う、ボタニカルケア製品を
展開。家族みんなで安心して使える自
然派の商品は、肌にも環境にも優しい
コスメに仕上がっている。

Map P.193-A3 今帰仁

🏠今帰仁村兼次18-2 ☎080-5858-2659 ⏰9:00〜17:00、土10:00〜
許田ICから26km
Ｐあり

沖縄の天然素材として大注目のクチャ。沖縄の海に堆積した泥は、カルシウムやミネラルが豊富に含まれており、美容効果もバツグン。

「私のリアル買いアイテムはコレ!」

取材者Kが買った、とっておきのおみやげを大公開! パッケージがかわいくて、さらにおいしい。そんな優秀アイテムがずらり。

恩MEGUMIのリリコイバター

恩納村のオリジナルブランド、恩MEGUMIが作っているリリコイバターです。リリコイとはパッションフルーツのことで、生の果実をバターとともに煮詰めたもの。口に入れると南国の味が広がります。850円

●おんなの駅 なかゆくい市場（→P.105）

島とうがらしのオリーブオイル

ヘリオス酒造が製造するオリーブオイル。島とうがらしを漬け込んでいり、うま味とぴりりとした辛みがやみつきになります。パスタや炒め物の絶好のアクセントに。サラダのドレッシングとしても使えます。875円

●道の駅「許田」やんばる物産センター（→P.105）

ピリ辛で大活躍☆

クックハルのやんばるピクルス

地元の農業支援などを行う「なごアグリパーク」のレストラン、「Cookhal」が製造しているピクルスです。旬の野菜を使うため、季節により種類が変わります。私はゴーヤーやパパイヤがお気に入り! 756円

●道の駅「許田」やんばる物産センター（→P.105）

浮島ガーデンの島豆腐のおから味噌床

野菜を漬け込んでもよし、味噌汁にしてもよし、な新感覚の味噌床です。漬ける前の塩もみや浸けた後の水洗いも必要なしと、とってもカジュアルに使えます。一晩漬ければおいしい漬物が完成します! 1680円

●島の装い。STORE（→P.98）

タマリンド食堂の島コーラ

石垣島にあるスパイスカレーなどのケータリングを手がけるタマリンド食堂が出している島コーラがおいしすぎる! 自家栽培のスパイスと西表島の黒糖で作るコーラは、飲むとエネルギーが満ちあふれます! 972円

●島の装い。STORE（→P.98）

オリジナルコーラをぜひ

TESIOのシャルキュトリー

豚のうま味はじける、ソーセージをはじめとしたTESIOのシャルキュトリーは沖縄に行ったら必ず買います。詰め合わせBOXはデザインもかわいくて、大切な人への贈り物にも最適ですよ。3980円～

●TESIO（→P.126）

豆ポレポレのブレンドコーヒー

沖縄のコーヒー文化を語る上で欠かせない店、「豆ポレポレ」。コーヒー豆を買って、自宅で淹れるのがお気に入りです。やさしい苦みとしっかりとしたコクのあるじゅまるブレンドがおすすめ。1263円（上）、1377円（下）

●豆ポレポレ（→P.78）

マーサンミッシェルのマカのン

ショップで見つけたときに即買いしてしまった "マカのン"。噛むと中のクリームがじゅわっとあふれ出す! 味はフレーズ、ピスタシュ、オランジェ、ショコラ、ヴァニーユの5種類。5個入りアソート1350円

●わしたショップ 国際通り店（→P.117）

かわいくておいしい!

交通手段も
合わせてチェック☆

おさんぽ＆ドライブ
島を満喫する
とっておきプラン教えます

北から南へ、南北に細長〜い沖縄本島。
車で回るのが定番だけど、実はそれだけではないんです。
おさんぽにぴったりのおすすめスポットと
レンタカーで回りたい絶景ドライブルートを提案。

WALK & DRIVE

国際通り

Kokusaidori

那覇市

沖縄といえばやっぱりこれ！王道のグルメ＆グッズを制覇☆

よんなーよんなーおさんぽしよ〜

約1.6kmの往来に、沖縄を代表するショップが軒を連ねる国際通り。なかでも、マストで行きたい王道のお店をご紹介！

エリア名の由来

国際通りの「国際」は、戦後付近に建てられた「アーニーパイル国際劇場」にちなむ。この劇場は娯楽の少なかった当時、連日にぎわいをみせた映画館で、「国際劇場のある通り」から国際通りという名称が定着した。

TOTAL 5時間

国際通りさんぽ

TIME TABLE

14:00	てんぶす那覇
↓徒歩2分	
14:30	JAM'S PARLOR
↓徒歩2分	
15:00	久高民藝店
↓徒歩6分	
16:00	ブルーシール国際通り店
↓徒歩5分	
16:30	古酒泡盛専門店 古酒家 久茂地店
↓徒歩1分	
17:00	わしたショップ 国際通り店
↓徒歩1分	
17:30	御菓子御殿 国際通り 松尾店
↓徒歩4分	
18:00	なかや食堂

サーターアンダギーアイスサンド700円

サーターアンダギーは単品でも販売しており1個300円

14:00

観光の情報が手に入る

1 情報盛りだくさんの複合施設
てんぶす那覇
テンブスナハ

1階には観光案内所を併設。2階の伝統工芸体験施設では、5種類の工芸品（琉球紅型、首里織、壺屋焼、琉球漆器、琉球ガラス）の制作体験が可能。4階ホールでは芸能公演を開催。

Map P.201-B3 那覇

🏠那覇市牧志3-2-10 ☎098-868-7810 ◎9:00〜22:00、月〜18:00 ⑪第2・4水曜（祝日の場合は翌平日休館）🚃ゆいレール牧志駅から徒歩6分 Ⓟ81台（有料）

14:30

2 ユニークなアイスサンド専門店
JAM'S PARLOR
ジャムズ パーラー

Map P.201-B3 那覇

🏠那覇市牧志2-4-14（カカズ産業国際通りビル1F）☎070-9100-7871 ◎11:00〜15:00、17:00〜22:00 ⑪月・火 🚃ゆいレール牧志駅から徒歩5分 Ⓟなし

手作りのサーターアンダギーでアイスをサンドした、新感覚スイーツの専門店。サーターアンダギーは黒糖、きなこなど5種以上から、アイスはバニラ、キャラメルエスプレッソなど3種から味が選べる。

15:00

手仕事が生み出す工芸品

3 久髙民藝店
クダカミンゲイテン

1. お気に入りの1点を見つけて 2. 北窯（→P.93）の丸皿4400円 3. 種類豊富な紅型模様の扇子4620円

1968年創業の老舗みやげ店。店内には、やちむんや琉球ガラス、漆器、張子など、沖縄伝統の工芸品が並ぶ。実用性を重視してセレクトされているので、普段使いしやすいものが多い。

Map P.201-B3 那覇

🏠那覇市牧志2-3-1 ☎098-861-6690 ◎10:00〜20:00 ⑪なし 🚃ゆいレール牧志駅から徒歩6分 Ⓟなし

16:00

沖縄のアイスといえば！

4 ブルーシール
国際通り店
ブルーシール コクサイドオリテン

詳しいフレーバー紹介はP.90〜！

レギュラーダブル＋ワッフルコーン各700円〜

Map P.200-B2 那覇

🏠那覇市牧志1-2-32 ☎098-867-1450 ◎10:00〜22:30 ⑪なし 🚃ゆいレール県庁前駅から徒歩10分 Ⓟなし

全国に店舗を展開する、沖縄のご当地アイスブランド。国際通り店では、人気のアイスだけでなくクレープやシェイクなども取り扱う。オフィシャルグッズも店内で販売しており大人気。

 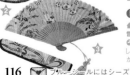 ブルーシールにはシーズン限定のフレーバーもあります。数量限定だから見つけたら必ず食べてます。（岐阜県・りん）

5 泡盛がずらりと並ぶ 16:30
古酒泡盛専門店 古酒家 久茂地店
クースアワモリセンモンテン クースヤ クモジテン

沖縄全島にある47ヵ所の酒造所すべての泡盛を取り扱う。地下には試飲スペースがあり、実際に飲みながら味や好みなどを相談することができるのも専門店ならでは。なかには、貴重なビンテージの古酒もある。

Map P.200-B2 那覇
🏠 那覇市久茂地3-2-19
☎098-867-2773
🕐9:00～22:30
🈳なし
🚃ゆいレール県庁前駅から徒歩4分
🅿なし

1. まるで泡盛のデパート！ 2. 今帰仁酒造「古酒家」10年古酒35度4500円 3. まさひろ「まさひろ酒造」15年古酒30度5500円

6 沖縄みやげはここでゲット 17:00
わしたショップ 国際通り店
ワシタショップ コクサイドオリテン

1. 定番みやげの雪塩ちんすこう小袋183円 2. 元祖オキコラーメン4個入り255円 3. 昔懐かしいオリオンサイダー270円

沖縄県内の物産品が集まるショップ。わしたとは「私たち」の意味。店内には定番のおみやげから地元民御用達の調味料まで、沖縄の商品が満遍なく陳列されている。旅行最後のまとめ買いにも最適。

Map P.200-B2 那覇
🏠 那覇市久茂地3-2-22（JAドリーム1F）
☎098-864-0555
🕐9:00～22:00
🈳なし
🚃ゆいレール県庁前駅から徒歩3分
🅿契約駐車場あり

国際通り

---

7 沖縄スイーツの大本命 17:30
御菓子御殿 国際通り 松尾店
オカシゴテン コクサイドオリ マツオテン

紅いも生タルト～沖縄巻きらり～6個入り1296円

紅いもタルトの元祖、御菓子御殿の直営店。シンプルな原材料のみで製造されたタルトは素朴な味わい。カスタードクリームと2層になったクリーミーな食感の生タルトも人気。

Map P.200-B2 那覇
🏠 那覇市松尾1-2-5 ☎098-862-0334 🕐9:00～22:00 🈳なし 🚃ゆいレール県庁前駅から徒歩5分 🅿なし

うちなーの家庭料理を食べに来てね～

1. グルクンの唐揚げがメインのなかやスペシャル1500円～ 2. ラフテーが付いたうちなーセットC1250円～

8 沖縄料理を提供し30年 18:00
なかや食堂
ナカヤショクドウ

昔ながらの沖縄料理ならここへ。オーナーの仲間テリーさんがていねいに仕込む料理は、どれも繊細な味わい。名物のグルクン唐揚げは17回も揚げ、サクサクの仕上がりに。

Map P.200-B2 那覇
🏠 那覇市久茂地3-7-10
☎098-867-8221 🕐11:00～13:00、18:00～21:00（土・日はディナータイムのみ営業）🈳水 🚃ゆいレール県庁前駅から徒歩6分 🅿なし

テーブルとカウンター席がある

沖縄の都市部を通るゆいレール。那覇空港から浦添市までを片道約37分で結ぶ。

牧志駅前には高さ3.4m、重さ約3tの壺屋焼きのシーサーがある。夜にはライトアップされる。

美栄橋駅
緑ヶ丘公園
久茂地川
牧志駅
国際通り
県庁前駅
那覇市第一牧志公設市場
パレットくもじ

桜坂〜壺屋〜浮島

Sakurasaka〜Tsuboya〜Ukishima

那覇市

国際通りの裏路地で最旬トレンドストリートさんぽ

国際通りから一歩入れば、そこはおしゃれなお店が立ち並ぶトレンディな空間。イマドキながらも、沖縄らしさを感じる逸品を探しちゃおう♪

エリア名の由来

桜坂通りとは平和商店街に隣接する通りで、歓楽街が広がる。壺屋やちむん通りには沖縄伝統のやちむんを扱う店が並び、浮島通りは古着屋やカフェが集うおしゃれな雰囲気。

TOTAL 5.5時間

桜坂通り〜壺屋やちむん通り〜浮島通りさんぽ

TIME TABLE

12:30	桜坂劇場
↓徒歩6分	
13:30	Kamany
↓徒歩5分	
14:00	自然食とおやつmana
↓徒歩2分	
15:00	琉球銘菓 くがにやあ
↓徒歩3分	
15:30	tituti OKINAWAN CRAFT
↓徒歩8分	
16:00	琉球ぴらす 浮島通り店
↓徒歩2分	
16:30	MIMURI
↓徒歩3分	
17:00	浮島ブルーイング

フェルトピンバッジ1100円

1. 沖縄グッズが手に入る　2. 併設のカフェ「さんご座」のパンを楽しむセット900円　3. 書籍や雑誌が並ぶ「ふくら舎」

1. ソーサー＆コーヒーカップ各8250円　2. 細かな溝を彫り、柄を描いた7寸皿4950円

12:30

レトロな映画館からスタート

1 桜坂劇場
サクラザカゲキジョウ

その昔繁華街としてにぎわっていた桜坂通りに面する、レトロな雰囲気ただよう映画館。おもにミニシアター向きの作品を上映しているほか、カフェやショップも併設している。

Map P.201-B3 那覇

🏠 那覇市牧志3-6-10
☎ 098-860-9555
🕐 9:30〜最終上映終了まで
🈳 なし　🚃 ゆいレール牧志駅から徒歩6分　🅿 なし

13:30

モダンなデザインにひとめぼれ

2 Kamany
カマニー

"現代の生活になじむ器"がテーマです

壺屋にある老舗の窯元、育陶園のセカンドライン。職人によって作陶される器は、やちむんの伝統を踏襲しながらも日々の生活に溶け込むデザインで、使いやすいものばかり。

Map P.201-C3 那覇

🏠 那覇市壺屋1-22-33
☎ 098-866-1635
🕐 10:00〜18:00
🈳 なし　🚃 ゆいレール牧志駅から徒歩10分　🅿 なし

1. 動物性食材や化学調味料は一切不使用　2. 産地が明確な素材のみを使う　3. ヘルシーな料理をおしゃれな店内で

14:00

安心安全、手作りごはん

3 自然食とおやつmana
シゼンショクトオヤツマナ

とことん自然素材にこだわるオーガニックカフェ。食事は県産無農薬野菜のベジプレート1400円〜がメインで、内容は日替わり。火曜はおやつと飲み物限定で営業。

Map P.201-B3 那覇

🏠 那覇市壺屋1-6-9
☎ 098-943-1487
🕐 11:00〜L.O.15:00
🈳 日・月　🚃 ゆいレール牧志駅から徒歩10分　🅿 なし

15:00

パッケージにキュンです

4 琉球銘菓
くがにやあ
リュウキュウメイカ クガニヤア

おみやげに喜ばれること間違いなし

製造時に保存料・着色料を使用せず、最高級の素材を使って焼いた「くがにちんすこう」を販売。華やかなパッケージは、オーナーの娘さんで紅型作家の新垣優香さんがデザイン。

伝統の丸型をしている、くがにちんすこう三箱10個入り648円

Map P.201-C3 那覇

🏠 那覇市壺屋1-18-1
☎ 098-868-0234
🕐 11:00〜16:00
🈳 木　🚃 ゆいレール牧志駅から徒歩10分　🅿 1台

「自然食とおやつmana」さんのティラミスが絶品！ぜひ食べてほしいです。（山口県・らぶいー）

暮らしを彩る器が揃っています

5 tituti OKINAWAN CRAFT
ティトゥティ オキナワン クラフト

県内で活躍する作家の作品が集う **15:30**

ティトゥティとは、沖縄の言葉で「手と手」のこと。陶芸や織物、紅型などを制作するつくり手から、実際にそれを使うつかい手をつなげるクラフトショップ。

Map P.201-B3 那覇

🏠 那覇市牧志3-6-37
☎098-862-8184 ⏰9:30〜17:30 🈺火 🚉ゆいレール牧志駅から徒歩10分 🅿なし

1. 個性的な作品が並ぶ　2. マットなマグカップ各6600円　3. 金城有美子さん制作のサンセットボウル4400円〜　4. 金城さん。制作の傍ら店頭に立つときも　5. サンゴブルー3630円〜

16:00

名物Tシャツが揃う

6 琉球ぴらす 浮島通り店
リュウキュウピラス ウキシマドオリテン

個性的なデザインがたくさん

沖縄をモチーフにしたTシャツを取り扱うショップ。県内を中心に活動する紅型職人や写真家など、23組のアーティストとコラボしたTシャツの数々は、唯一無二のデザイン。

Map P.200-B2 那覇

DATA → P.106

1. 100種以上のデザインTシャツが並ぶ　2. 紅型モチーフのビッグシルエットT4510円

16:30

ポップな色づかいに大注目

7 MIMURI
ミムリ

デザイナーのMIMURIさんが制作したテキスタイルを、布物の生活雑貨にあしらい販売。"沖縄を持ち歩く"をテーマに制作されたパターンは華やかで、見ているだけでも心躍る。

色使いがかわいらしいふっくらがま口3520円

Map P.201-B3 那覇

DATA → P.109

17:00

メイドインオキナワのビール

8 浮島ブルーイング
ウキシマブルーイング

沖縄ナイトに乾杯☆

牧志公設市場近くで醸造するクラフトビール「浮島ブルーイング」が飲めるタップルーム。IPAやヴァイツェンなど常時8種類のタップが並ぶ。ビールにぴったりのフードも提供。

Map P.201-B3 那覇

🏠 那覇市牧志3-3-1（水上店舗第二街区3F）
☎098-894-2636 ⏰17:00〜L.O.22:00 🈺水 🚉ゆいレール牧志駅から徒歩10分 🅿なし

1. 古代米のもみがらを使った仲村渠ウィートX730円
2. 飲み比べできるテイスティングセット1260円もある

緑ヶ丘公園
国際通り
ドン・キホーテ
希望ヶ丘公園
第一牧志公設市場
桜坂通り
浮島通り
松尾公園
壺屋やちむん通り
ゆいレール
牧志駅

壺屋やちむん通りは、石畳が続くトラッドな雰囲気。やちむん店やカフェが点在する。

国際通りのドン・キホーテは安藤忠雄の設計。元は別のビルだったが改装され現在の姿に

「MIMURI」の店舗では、看板猫のチャコフが出迎えてくれることも。　**119**

首里
Shuri
那覇市

昔懐かしいエリアよ〜

古きよき歴史を感じる
琉球ノスタルジックウオーク

琉球王国の首都、首里でお散歩。観光＆ショッピング、そしてグルメも楽しめる欲張りプラン。今も残る琉球の伝統を感じてみて。

▶ TOTAL 8時間 ◀

首里さんぽ
TIME TABLE
- 9:00 新垣カミ菓子店
  - ↓ 徒歩17分
- 9:30 首里城公園
  - ↓ 徒歩5分
- 11:00 ぶくぶく茶屋 嘉例
  - ↓ 徒歩8分
- 12:00 玉陵
  - ↓ 徒歩10分
- 13:00 首里金城町石畳道
  - ↓ 徒歩20分
- 13:30 首里そば
  - ↓ 徒歩10分
- 14:30 瑞泉酒造
  - ↓ 徒歩2分
- 15:00 金細工またよし
  - ↓ 徒歩30分
- 16:00 識名園

エリア名の由来
首里が琉球王国の首都となったのは1429年。尚巴志が国内を統一し浦添から首里に遷都、首里城を居城にした。なお、首里という地名の由来はよくわかっていない。

9:00
ちんすこうの原点
1 新垣カミ菓子店
アラカキカミカシテン

花ぼうるは店内で手作りしてます

約200年前、琉球王府で料理を任されていた祖先をルーツに持つ。王家伝統の菓子製法で作られたちんすこうは、昔ながらの優しい味わい。

1. 伝統の琉球菓子、花ぼうるは5包594円
2. ちんすこう10包入り648円

Map P.202-A1 那覇
🏠 那覇市首里儀保町2-13
☎098-886-3081 🕘9:00～17:00 🈲日 🚃ゆいレール儀保駅から徒歩2分
🅿3台

9:30
琉球王府の面影を感じて
2 首里城公園
シュリジョウコウエン

Map P.202-B1 那覇
DATA → P.144

園内は無料エリアと有料エリアに分かれている

琉球王国時代の国王の居城で、その遺構は世界遺産に登録されている。2019年には火災により一部施設が焼失。現在復元工事中だが見学は可能。

11:00
伝統のお茶をいただく
3 ぶくぶく茶屋 嘉例
ブクブクチャヤ カリイ

1. 首里城から近い場所にある 2. ぶくぶく茶1500円は自分で泡立ててみよう

琉球伝統のぶくぶく茶が楽しめる。ぶくぶく茶とは、米で煮出した茶を茶筅（ちゃせん）で泡立てたもの。菓子と一緒にどうぞ。

Map P.202-A1 那覇
🏠 那覇市首里池端町9 ☎098-885-5017 🕘11:00～ L.O.17:30 🈲火・水 🚃ゆいレール儀保駅から徒歩10分
🅿4台

12:00
国王が眠る陵墓
4 玉陵
タマウドゥン

墓室は3つに分かれている

屋根に守護神のシーサーが3頭鎮座する

1501年、尚真王が父・尚円王の遺骨を改葬するために築いた墓。その後は第二尚氏王統の陵墓となった。管理棟の地下1階は資料展示室になっている。

Map P.202-A1 那覇
🏠 那覇市首里金城町1-3 ☎098-885-2861 🕘9:00～18:00 🈲なし 🈷300円 🚃ゆいレール首里駅から徒歩20分 🅿なし

13:00
郷愁かきたてる町並み
5 首里金城町石畳道
シュリキンジョウチョウイシダタミミチ

沿道の石垣には、沖縄独特の相積みという工法が用いられている

首里城から続く、風情ある石畳道。約300mの長さにわたって琉球石灰岩が敷かれ、その両脇に赤瓦の琉球古民家が立ち並ぶ。

Map P.202-B1 那覇
🏠 那覇市首里金城町2,3 ☎098-917-3501（那覇市文化財課）🈺散策自由 🚃ゆいレール首里駅から徒歩20分 🅿なし

 「ぶくぶく茶屋 嘉例」ではお茶の種類が選べます。玄米さんぴん茶から薬草、ハイビスカスなど。個人的推しはゴー〇〇。（東京都・タネ）

13:30

行列必至の人気店

6 首里そば

シュリソバ

沖縄そばの名店「さくら屋」の技術を唯一継承し、その味を求め常に行列ができる名店でもある。早朝から仕込むという麺は、コシが強く、噛みごたえある仕上がり。豚肉、カツオ節、島塩というシンプルな素材でだしをとった透明なスープが、体にじんわりと染み渡る。

> 昔ながらの味を受け継ぐ

Map P.202-B2 那覇

DATA → P.50

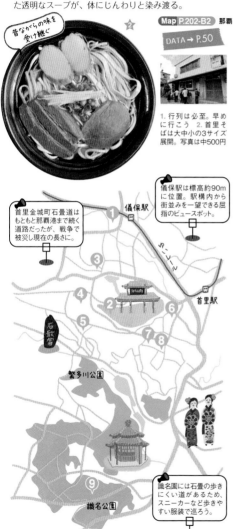

1. 行列は必至。早めに行こう 2. 首里そばは大中小の3サイズ展開。写真は中500円

> 儀保駅は標高約90mに位置。駅構内から街並みを一望できる屈指のビュースポット。

> 首里金城町石畳道はもともと那覇港まで続く道路だったが、戦争で被災し現在の長さに。

繁多川公園

識名公園

> 識名園には石畳の歩きにくい道があるため、スニーカーなど歩きやすい服装で巡ろう。

---

1. 蒸留後の泡盛を熟成するまで貯蔵 2. ショップを併設。瑞泉御酒・うさぎ-新酒30度3025円

14:30

名門の泡盛酒造所を見学

7 瑞泉酒造

ズイセンシュゾウ

1887年創業の老舗酒造。王府の命を受け、泡盛製造を許可された地域「首里三箇(=鳥堀、崎山、赤田)」に今も残る。酒造所見学も実施しており、泡盛についてのDVD鑑賞や、古酒の飲み比べも。

Map P.202-B2 那覇

🏠那覇市首里崎山1-35 ☎098-884-1968 🕘9:00～17:00 🈺土・日・祝 🎫酒造所見学は要予約(見学無料) 🚃ゆいレール首里駅から徒歩10分 🅿6台

首里

15:00

職人の心が宿る金細工

8 金細工またよし

クガニゼークマタヨシ

> 好きな人と結ばれるかも♡

沖縄伝統の装飾品、金細工の工房。中国で金細工を学んだ初代から7代続く又吉家が、伝統技法を守りながら制作を続ける。製品はおもに、指輪やペンダント、ピアスなど。

1. 結び指輪2万円～ 2. 月桃のつぼみや実がモチーフのペンダント1万8000円

Map P.202-B2 那覇

🏠那覇市首里崎山町1-51 ☎098-884-7301 🕘10:00～17:00 🈺日 🚃ゆいレール首里駅から徒歩10分 🅿2台

16:00

世界遺産の庭園

9 識名園

シキナエン

1799年に成立した琉球王家の別荘。国王一家の休養や外国使臣の接待に使われていた。回遊式庭園には中国風の六角堂やアーチ橋が置かれ、琉球特有の雰囲気が漂う。

Map P.199-B3 那覇

🏠那覇市真地421-7 ☎098-855-5936(識名園管理事務所) 🕘9:00～18:00、10～3月～17:30 🈺水(祝日の場合は翌日) 💴400 🚃ゆいレール首里駅から徒歩40分 🅿60台

1. 景色の移り変わりが楽しめる庭園 2. 琉球の建築技法で造られた「御殿」

金細工の結び指輪は、かつて遊女が「愛する人と結ばれるように」との思いで身につけていたもの。縁結びの指輪として人気がある。

港川
ステイツ
サイドタウン
Minatogawa
浦添市

感度の高い女子必見！
外国人住宅街のおしゃれスポット

アメリカンな雰囲気ただよう住宅街が、キュートでパワフルなタウンに進化中。お気に入りのショップを探しにLet'sホッピング！

> メニューは月替わりさ〜

TOTAL 3.5時間

港川ステイツ
サイドタウンさんぽ

TIME TABLE
12:00	rat & sheep	
↓ 徒歩2分		
13:00	黒糖カヌレ ほうき星	
↓ 徒歩1分		
13:30	PORTRIVER MARKET	
↓ 徒歩1分		
14:00	BeansStore	
↓ 徒歩1分		
14:30	Proots	
↓ 徒歩1分		
15:00	オハコルテ 港川本店	

12:00 KANSAS St. #43

カジュアルにヤギ肉を味わう

1 rat & sheep
ラットアンドシープ

ひつじ年生まれの奥さんとねずみ年の旦那さんが営む。県産のヤギ肉を使ったピンザ（宮古島の方言でヤギ）ハンバーグが名物で、特有の臭みはなく食べやすい。ランチのみの営業。

Map P.187-C4 浦添

🏠浦添市港川2-13-9 ☎098-963-6488 ⏰11:30〜16:00 🈺日 🅿7台

1. ピンザハンバーグ140g990円。パンorライス付き 2. ふっくらジューシーな味わい

行き方

港川ステイツサイドタウンへの行き方

車の場合→那覇市内から国道58号を経由して7.4km、20分。那覇空港からも国道58号を経由して10km、25分。
バスの場合→那覇市内からは27、28、52、77番などを利用してバス停港川下車、徒歩5分。那覇空港からは120番を利用。

> 焼きたてカヌレ10個入り1950円

13:00 NEVADA St. #25

キュートなカヌレ専門店

2 黒糖カヌレ ほうき星
コクトウカヌレ ホウキボシ

フランスの伝統菓子、カヌレの専門店。多良間島の黒糖や石垣島産の牛乳を使って作られたカヌレは、カリもちの食感。保存料、合成着色料不使用なのもうれしい。

Map P.187-C4 浦添 DATA→P.89

13:30 NEVADA St. #30

ハイセンスな雑貨をゲット

3 PORTRIVER MARKET
ポートリバーマーケット

> 工房に特注して作ったやちむんのランプシェード

「PORTRIVER」とは地名の港川をもじった造語。店内には、オーナーがセレクトした服飾雑貨ややちむん、琉球ガラス、さらにはオリジナルグッズまで並ぶ。

Map P.187-C4 浦添

🏠浦添市港川2-15-8 ☎098-911-8931 ⏰12:00〜18:00 🈺水・日 🅿2台

1. 沖縄の飲食店でよく見る箸380円 2. オリジナル入浴剤（塩、泡盛、黒糖）各363円 3. おみやげに最適なグッズが並ぶ

黒糖カヌレは見た目もかわいいし、手みやげに喜ばれること間違いなし！（埼玉県・ルル）

タウン内の通りには、アメリカの州や町にちなんだ名前がそれぞれ付けられている。

ARIZONA St.
MICHIGAN St.
KANSAS St.
VIRGINIA St.
NEVADA St.
FLORIDA St.
INDIANA St.
TEXAS St.
GEORGIA St.

学園通り

各店舗にはショップナンバーが付けられている。ナンバーと看板を目印に散策してみよう。

港川ステイツサイドタウンとは？

1960年代、浦添市内の米軍基地に勤める軍人と、その家族向けに外国人住宅街が造られた。1972年に沖縄が本土復帰を果たすと住宅需要が減少。2000年代に住宅街全体が再開発され、現在はショッピング＆グルメタウンとなっている。

窓枠のカラーリングが外国人住宅の特徴

港川ステイツサイドタウン

1杯1杯
ていねいに淹れます

高品質のスペシャルティコーヒー 14:00

4 BeansStore

ビーンズストア

NEVADA St. #28

Map P.187-C4　浦添

🏠 浦添市港川2-15-6
📞 080-6486-4107
🕐 11:00～18:00（ドリンクL.O.17:30）　不定休　🅿 3台

コーヒーの専門会社「沖縄セラードコーヒー」が経営するショップ兼カフェ。店内には、厳選された豆が常時13種類ほど並ぶ。試飲をしながら選ぶこともできる。

1. テイクアウトはアメリカーノ570円など　2. 試飲できるのは専門店ならでは　3. コーヒー豆は200g1450円～　4. 店内で焙煎している

どこに貼ってもかわいいステッカー

1. ダンボールを再利用したステッカー各115円～　2. 紅型のトートバッグ1万9800円　3. 移住者目線でセレクトしたグッズが並ぶ

14:30 FLORIDA St. #20

お気に入りがきっと見つかる

5 Proots

プルーツ

兵庫県から移住してきたというオーナーの萩原さんが営む。沖縄在住の作家が作るアクセサリーや、県産の素材を用いて生産された食品など、ハイセンスな沖縄雑貨が手に入る。

Map P.187-C4　浦添

🏠 浦添市港川2-16-7　📞 098-955-9887
🕐 11:00～18:00　水・土休　🅿 4台

15:00

FLORIDA St. #18

フルーツタルトの宝石箱

6 オハコルテ 港川本店

オハコルテ ミナトガワホンテン

1. 季節のいろいろフルーツタルト748円　2. シークヮーサー果汁使用のヒラミーレモンケーキ270円　3. イートインスペースもあり

新鮮なフルーツをたっぷりのせたタルトが自慢のフルーツタルト専門店。季節ごとにメニューは変わり、春夏には県産フルーツを使ったものも登場。焼き菓子も販売している。

Map P.187-C4　浦添

🏠 浦添市港川2-17-1　📞 098-875-2129　🕐 11:30～19:00
不定休　🅿 6台

北谷

Chatan

北谷町

アメリカンなトレンド発信地で楽しむ♪ サンセットウオーキングでロコ気分

美ら海が目の前に広がるリゾートエリア、北谷。異国の雰囲気感じるこの町で、沈みゆく夕日を眺めながらおさんぽに出かけよう。

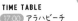

TOTAL 5時間

北谷さんぽ
TIME TABLE
17:00 アラハビーチ
↓ 徒歩4分
17:30 FLEX Bar & Grill
↓ 徒歩17分
19:00 北谷公園サンセットビーチ
↓ 徒歩10分
19:30 ZHYVAGO COFFEE ROASTERY
↓ 徒歩2分
20:00 美浜アメリカンビレッジ
↓ 徒歩7分
21:00 CHATAN HARBOR BREWERY&RESTAURANT

17:00

1 アラハビーチ

まるで絵画の世界

全長約600mの長さにわたって白浜が広がるビーチ。付近に米軍基地があり、くつろぐ外国人の姿が多く見られるなど異国情緒たっぷり。パラセーリングやシュノーケリングなどのマリンアクティビティも楽しめる。

Map P.186-B1 北谷

DATA → P.18

1. 安良波公園内にある　2. 日没時、美しいサンセットが見られることでも有名

北谷への行き方

車の場合→那覇市内から国道58号を経由して16.5km、35分。那覇空港からも国道58号を経由して20km、40分。
バスの場合→那覇市内からは28、29、43番などを利用してバス停美浜アメリカンビレッジ入口下車。那覇空港からは120番を利用。

17:30

ジャマイカンバーでディナー

2 FLEX Bar & Grill

フレックス バーアンドグリル

ジャマイカンテイストに舌鼓

アラハビーチ近くにある本格ジャマイカ料理レストラン。40回以上もジャマイカに通い詰めているというオーナーが、現地のスパイスを使い料理を考案。定番のジャークチキンはマストで食べたい。

1. 華やかなフローズンカクテル各1000円
2. 名物のジャークチキンプレート1320円～　3. スパイシーなジャークチキンカレー2120円

Map P.186-B1 北谷

🏠北谷町北谷2-20-5　☎098-926-0470　🕐12:00～14:00、16:30～22:00（火・木はディナータイムのみ営業）　休水　P16台

19:00

県内屈指の夕日鑑賞スポット

3 北谷公園サンセットビーチ

チャタンコウエンサンセットビーチ

ビーチ沿いはフォトジェニック♪

美浜アメリカンビレッジに隣接するビーチ。その名のとおり、東シナ海に沈む美しい夕日が見られる絶好のスポットとして有名。日没の時間帯には、多くの観光客でにぎわいを見せる。

Map P.186-B1 北谷

🏠北谷町美浜2　☎098-936-8273　遊泳期間 4月上旬～10月頃9:00～17:30（時期により変動）　無料　P400台

北谷町の日没時刻をチェック！

1月	17:50頃	7月	19:25頃
2月	18:10頃	8月	19:15頃
3月	18:30頃	9月	18:50頃
4月	18:45頃	10月	18:15頃
5月	19:00頃	11月	17:50頃
6月	19:20頃	12月	17:35頃

※毎月1日を基準にした時間の目安

スローにコーヒータイムを楽しみましょ

1. ラテ590円、クロワッサン310円
2. 朝一には焼きたてのケーキやパンが並ぶ　3. 選び抜かれた極上の豆のみを使っている

19:30

4 自家焙煎のコーヒーで一服
ZHYVAGO COFFEE ROASTERY
ジバゴ コーヒー ローステリー

❖❖❖❖❖❖❖❖❖❖❖❖❖❖❖❖❖❖❖❖❖❖❖❖❖❖❖❖

美浜アメリカンビレッジ内にあるカフェ。店長の三上さんは、コーヒーの世界大会にたったひとりの日本代表として選出された経験を持つ凄腕バリスタ。店内で焙煎する豆を使ったコーヒーはどれも香り高い。

Map P.186-B1 北谷

🏠北谷町美浜34-1（Iequプレミア棟1F）
☎098-988-7833　⏰7:00～22:00
㊡なし　Ｐ美浜アメリカンビレッジ駐車場利用

北谷公園内の野球場「Agreスタジアム北谷」は、中日ドラゴンズの春季キャンプ地としても使われている。

浜川漁港

AMERICAN VILLAGE

北谷公園

国道58号

北谷町は米軍基地の占める土地の割合が、町の約半分！外国人の姿も多い。

阿良波公園

カラフルな花火が夜空を彩る

毎週土曜には花火も！

美浜アメリカンビレッジでは、一年を通して打ち上げ花火を開催している。日程は、毎週土曜の20:00からで、約3分の間、打ち上げられる。短い間だが、次々と打ち上がる大きな花火は見応え十分。美浜アメリカンビレッジのボードウォークやアラハビーチは、絶好の鑑賞スポットとして多くの人でにぎわう。天候不順で花火が中止となる場合は、当日の14:00にデポアイランドの公式インスタグラム（@depotisland.okinawa）で発表される。

北谷

20:00

5 ロマンティックな夜景が広がる
美浜アメリカンビレッジ
ミハマアメリカンビレッジ

❖❖❖❖❖❖❖❖❖❖❖❖❖❖❖❖❖❖❖❖❖❖❖❖

アメリカンな街並みが広がるアミューズメントタウン。昼間、ショップやレストランを利用する観光客でにぎわう街並みは、夜になると一気にロマンチックな雰囲気に。

1. ゆっくり散歩するだけでも楽しい　2. 冬にはクリスマスイルミネーションも

Map P.186-B1 北谷

DATA → P.158

フードもビールと相性ぴったり

21:00

6 〆はビールで
CHATAN HARBOR BREWERY&RESTAURANT
チャタンハーバーブルワリー＆レストラン

❖❖❖❖❖❖❖❖❖❖❖❖❖❖❖❖❖❖❖❖❖❖❖❖

"沖縄の自然"というコンセプトをもとにビールを醸造。施設内で職人が作ったビールは、沖縄の気候風土に合わせたテイスト。

目の前に醸造樽が置かれている店内

Map P.186-A1 北谷　DATA → P.67

北谷公園内にある「テルメヴィラ ちゅらーゆ」は沖縄初の天然温泉施設。プールや露天風呂、サウナも完備。 **125**

コザ

Koza

沖縄市

多国籍な文化が交差する
レトロかわいいエリアをてくてく

米軍施設に囲まれた町、コザ。多彩な文化が混じり合う"チャンプルー"なこの町で、お気に入りのショップを攻略しちゃおう♪

コザへの行き方

車の場合→那覇市内から沖縄自動車道を利用して最寄りの沖縄南ICまで24km、35分。那覇空港から沖縄南ICまでは27km、40分。
バスの場合→那覇市内からは21、23、27番などを利用してバス停胡屋下車。那覇空港からは113、123番などを利用。

〈TOTAL 8時間〉

コザさんぽ

TIME TABLE

13:00	コザ・ミュージックタウン
↓徒歩1分	
13:30	TESIO
↓徒歩3分	
14:00	THEATER DONUT OKINAWA
↓徒歩2分	
15:00	コザベーカリー 胡屋店
↓徒歩4分	
15:30	沖縄市戦後文化資料展示館ヒストリート
↓徒歩1分	
16:30	Cafe OCEAN
↓徒歩1分	
17:30	タイガーエンブ
↓徒歩5分	
18:00	Bungalow

レコード盤と羽の生えたギターのオブジェが目印

ライブホールでは週末を中心にライブを開催する

13:00

1 音楽関連の施設が集まる
コザ・ミュージックタウン

胡屋交差点にある複合施設。ライブホールや音楽スタジオなどが入るミュージックタウン音市場や、エイサーの歴史が学べるエイサー会館、観光案内所、飲食店などを併設する。

Map P.202-C2 沖縄市
🏠沖縄市上地1-1-1 ☎098-995-9104 ⏰施設により異なる
🅿230台

1. HINETTERYのウィーケンドック800円 2. ドイツの製法にならった自家製ソーセージをみやげに

13:30

2 ドイツ製法のハム&ソーセージ
TESIO
テシオ

自家製ハムとソーセージの専門店で、製造、加工、販売をすべて店内で行っている。店舗入口には、ホットドッグとコーヒーのスタンド「HINETTERY」を併設。

Map P.202-C2 沖縄市
🏠沖縄市中央1-10-3 ☎098-953-1131 ⏰11:00～18:00 休月 🅿なし

1. ドーナツふたつとドリンクのセット700円 2. 映画は1日3回ずつ上映している

Map P.202-C2 沖縄市
🏠沖縄市中央1-3-17 ☎070-5401-1072 ⏰10:30～最終上映 休なし 🅿なし

14:00

3 ミニシアター×ドーナツ
THEATER DONUT OKINAWA
シアター ドーナツ オキナワ

手作りのドーナツカフェを併設する映画館。1階エントランスはカフェスペース、1階と2階にシアタールームがあり、ドーナツを食べながら映画鑑賞ができる。

どれにしようか悩む～

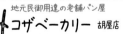

15:00

4 地元民御用達の老舗パン屋
コザベーカリー 胡屋店
コザベーカリー ゴヤテン

創業50年。ジャーマンケーキやスコーンも買える

Map P.202-C2 沖縄市
🏠沖縄市中央1-14-12 ☎098-937-7293 ⏰9:30～19:00 休木・日 🅿なし

昔ながらのベーカリー。店内にはリーズナブルなパンが常時50種類以上並ぶ。一番人気はモチモチ食感のたまごパン50円。これを求めに県外から来る人も多い。

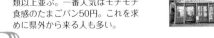

15:30

1. 米軍公認のAサインバーを再現 2. 1970年代の街並みを再現したジオラマ

統治時代の文化を学ぶ

5 沖縄市戦後文化資料展示館ヒストリート

オキナワシセンゴブンカシリョウテンジカンヒストリート

アメリカ統治時代の面影が強く残るコザならではの資料館。戦後から沖縄返還までの道のりを、写真や生活道具などの貴重な資料とともに展示、解説する。

Map P.202-C1 沖縄市

🏠沖縄市中央2-2-1（タサトビル1・2F）
☎098-929-2922
🕙10:00～18:00 🈺月・祝 💴無料
🅿共同14台

コザ

16:30

創業50年以上のカフェバー

6 cafe OCEAN

カフェ オーシャン

1967年創業の老舗カフェ＆バー。先代から受け継がれたレシピのタコスが看板メニュー。バリバリのトルティーヤと香味野菜、ミートが調和して、香ばしさがあふれ出す。

Map P.202-C1 沖縄市

DATA → P.34

1. トルティーヤは一枚ずつていねいに焼いていく 2. 歴史を感じさせるクラシックな外観

17:30

1. オリジナルデザインのオーダーが楽しい
2. バゲッジタグのオーダーは1430円～

高品質の刺繍ワッペン

7 タイガーエンブ

米軍やNASA、一般企業などのワッペンを製造する刺繍店。ミリタリーワッペン以外に、日常使いしやすいデザインのものもあり1枚から購入可能。バゲッジタグのオリジナルオーダーが人気。

Map P.202-B2 沖縄市

🏠沖縄市中央4-10-3
☎098-937-8234 🕘9:00～18:00 🈺日
🅿なし

かっこいいワッペンがいっぱい

18:00

これぞ本場のフィリピン料理

8 Bungalow

ブンガロ

エスニック料理好きにはたまらない、本格フィリピン料理レストラン。異国情緒漂う店内で、フィリピンの伝統料理を味わえる。肉料理は肉の種類が選べる。

Map P.202-C2 沖縄市

🏠沖縄市中央1-28-7
☎098-937-2022 🕚11:00～21:00 🈺月 🅿なし

1. 肉や野菜を煮込んだ家庭料理アドボ1100円 2. かき氷に似たハロハロ750円

夜も活気あふれるコザの町。名物ナイトスポットにはマストで行きたい。詳しくは→P.34

コザー番街は、1975年沖縄で初めてアーケード化した商店街として知られる。

嘉手納基地から続くコザゲート通り。飲食店やライブハウスが連なり、その外観も相まってまるでアメリカの町にワープしたかのよう。

127

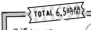

名護
Nago
名護市

北部観光の拠点・名護で ザ・オキナワンカルチャーに触れる

漁師町ならではの活気があふれるエネルギッシュな町、名護。潮風を感じながら、地元民に愛される名所やローカルグルメをチェック！

名護への行き方

車の場合→那覇市内から沖縄自動車道を利用して最寄りの許田ICで降り、国道58号経由で70km、1時間15分。那覇空港からは73km、1時間20分。バスの場合→那覇市内、那覇空港からはともに高速バスの111、117番が利用できるほか、やんばる急行バスも利用可能。バス停名護市役所前下車。

県産のマグロ使用☆

1. 地場のマグロをボリューム満点の丼に。1300円 2. 天ぷらは1個100円〜

11:00

漁港直送の食堂
1 名護漁港水産物直販所
ナゴギョコウスイサンブツチョクハンジョ

名護漁港で水揚げされた魚を味わえる食堂。セリから買い付けたばかりの魚介はどれも新鮮。隣接の天ぷら屋も人気で、イカ天やエビ天、モズク天などがテイクアウトできる。

Map P.193-C3 名護

🏠 名護市城3-5-16 ☎0980-43-0175 🕐11:00〜15:30 休月1回不定休 Pあり

さくら食堂のみそ汁定食880円

12:00

地元民の台所
2 名護市営市場
ナゴシエイイチバ

建物のなかに約30店舗が入る市民の台所。青果、鮮魚、精肉、衣料品などが手に入るほか飲食店も併設。地域の人たちの交流の場にもなっている。

野菜・魚・肉すべてが揃います

Map P.193-C3 名護

🏠 名護市城1-4-11 ☎0980-43-0478 🕐8:00〜24:00（店舗により異なる）休なし Pあり

1. ビールができるまでの工程が見られる 2. ビールの材料についても展示 3. 広々としたエントランス 4. 最後は試飲スペースへ。できたてのビールは格別！

13:00

あのビールの工場を見学
3 オリオンハッピーパーク

オリオンビールの製造の様子を、ガイドの解説とともに見学できる。仕込みや缶詰めの工程を見たあとには、できたてビールの試飲も可能（ひとり2杯まで）。

Map P.193-C3 名護

🏠 名護市東江2-2-1 ☎0570-00-4103 🕐10:00〜11:00、13:00〜16:00の30分ごとにスタート 休水・木 料500円 Pあり

樹木の精霊、キジムナーが宿っているとされる

地元住民を見守る巨木 「ひんぷんガジュマル」

市内の大通りの中央に生える、ガジュマルの木。高さは約19m、推定樹齢は約300年。国の天然記念物に指定されている。名前の由来は、樹下にある石碑が「屏風（ひんぷん）」に見えることから。

Map P.193-C3 名護

🏠 名護市大東1-1 ☎0980-53-7755（名護市観光協会）見学自由

🎤「オリオンハッピーパーク」。私はお酒が飲めないのですが、試飲の際ソフトドリンクがあって助かりました。（大分県・Y）

1. ミルクぜんざい 480円 2. イチゴ・レモン・メロンのシロップを使った三色みぞれ430円

下には金時豆が

15:00

4 ひがし食堂
ヒガシショクドウ

沖縄名物のぜんざいはコチラ

Map P.193-C3 名護

DATA → P.87

1973年創業の老舗食堂。看板メニューはかき氷で、細かく削られた氷はふわふわの口溶け。ゴーヤーチャンプルーなど定食のメニューも充実している。

16:30

名護

5 名護市役所
ナゴシヤクショ

日本建築学会賞受賞の市役所

1. 海風が入るように設計されている 2. ピンク色の壁の市庁舎正面入り口

1981年竣工。沖縄の地域特性を生かすことを条件に公募され、応募のなかから選ばれたTeam ZOO（象設計集団＋アトリエ・モビル）が設計を担当した。コンクリートブロックの外観が特徴。

Map P.193-C3 名護

🏠 名護市港1-1-1
☎0980-53-1212
🕐8:30～17:15 🈲土・日（敷地内は入場可）
Ⓟ142台

17:00

6 21世紀の森ビーチ
21セイキノモリビーチ

白浜が美しい

ブルーの色合いが綺麗～♡

21世紀の森公園内にあるビーチ。周囲は公園になっており、ビーチ前の緑地に設置された東屋でゆったり景色を眺めるのもおすすめ。ハブクラゲ防止ネットの出る5～9月は遊泳も可能。

1. 木陰でゆっくり休憩できる 2. 21世紀の森公園は緑も多い

Map P.193-C3 名護

🏠 名護市宮里2-1
☎0980-52-3183 🕐9:00～22:00 🈲なし
🉐無料 Ⓟ12台

名護の郊外テーマパーク

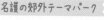

ナゴパイナップルパーク

日本で唯一、パイナップルをテーマにした観光スポット。パイナップルの生態や特徴について学べる。

Map P.193-B3 名護

🏠 名護市為又1195
☎0980-53-3659 🕐10:00～18:00（最終入園17:30）
🈲なし 🉐1200円 Ⓟあり

OKINAWAフルーツらんど

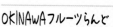

南国ムードあふれるトロピカルテーマパーク。散策のあとはフルーツカフェでビタミンチャージ♪

Map P.193-B3 名護

🏠 名護市為又1220-71
☎0980-52-1568 🕐10:00～18:00 🉐1200円
Ⓟあり

ビールの町として知られる名護。夏にはビールまつりも開催されている。

21世紀の森公園内にあるタピックスタジアム名護は、北海道日本ハムファイターズの春季キャンプ地になっている。

国道58号

県道71号

国道58号

中央通り

⑥ 21世紀の森公園

OKINAWAフルーツらんどのバードゾーンでは、ゴシキセイガイインコやサンショクキムネオオハシなどと触れ合いができる。

備瀬

Bise

本部町

フクギ並木を通って海岸線へ
原風景広がるスポットでしたいコト

幸せを呼ぶ木といわれるフクギが続く並木道。木漏れ日のトンネルをゆったりおさんぽしてみれば、なにかいいことが起きるかも？

順路 ➡

<TOTAL 2.5時間>

備瀬さんぽ
TIME TABLE
- 11:00 フクギ並木水牛車
  ↓徒歩1分
- 11:10 琉果
  ↓徒歩1分
- 12:00 備瀬のフクギ並木
  ↓徒歩2分
- 12:30 べにいも屋
  ↓徒歩4分
- 12:50 Cafe Bisestyle
  ↓徒歩7分
- 13:15 備瀬崎

11:00

1. のんびりとマイペースに進む　2. 道中、地元のガイドさんの解説がある

1 フクギ並木水牛車

水牛車でのんびりさんぽ

フクギナミキスイギュウシャ

水牛車に乗ってフクギ並木の散策ができる。往復2kmの道のりで所要は約20分。天候や水牛の体調によって休みの日があるので要事前確認。

Map P.192-A2　本部

🏠 本部町備瀬384　☎090-1941-9291　⏰11:00〜15:30　🗓月〜金　💴2000円　🅿なし

水牛のふくちゃんです

スパイスが香る絶品カレー

備瀬への行き方

車の場合→那覇市内から沖縄自動車道を利用して最寄りの許田ICで降り、国道58号、449号経由で91km、1時間40分。那覇空港からは94km、1時間45分。バスの場合→那覇市内、那覇空港からともに高速バスの117番またはやんばる急行バスを利用し、バス停ホテルオリオンモトブリゾート＆スパ下車、徒歩3分。

11:10

2 琉果

オープンカフェでひとやすみ

リュウカ

フクギ並木入口近くのオープンカフェ。テラス席からは目の前に広がる海と伊江島を望む。契約農家のフルーツを使ったドリンクや、フードメニューも充実。

Map P.192-A2　本部

🏠 本部町備瀬401　☎0980-43-5211　⏰10:30〜16:30　🗓木　🅿なし

1. ガーリックシュリンプカレー1800円　2. 新鮮な素材を使った完熟あまおう＆島バナナシェイク800円　3. 2階のデッキ席もおすすめ　4. フクギ並木入口の駐車場から海側へ徒歩2分ほど

12:00

3 備瀬のフクギ並木

緑のトンネルを通る

ビセノフクギナミキ

1. フクギは「福を呼ぶ木」ともいわれる　2. 沖縄の原風景が残る備瀬集落　3. 並木道を進んでいくと備瀬崎が見えてくる

備瀬集落から備瀬崎まで続く約1kmの道に、防風林として植えられたフクギが約2万本連なる。木漏れ日が降り注ぐ並木道と、集落のスローな雰囲気を味わいたい。

Map P.192-A2　本部

🏠 本部町備瀬389　☎なし　🚶散策自由　🅿50台

✉ フクギ並木には猫がいました。くつろいでいる姿がとてもかわいかったです。（神奈川県・ゆみ）

こうんとかわいい
紅いもタルト

フクギ並木を散策するにはレンタサイクルを借りるという手段も。電動キックボードを貸し出しているショップもある。

フクギ並木にある夫婦フクギ。2本のフクギが寄り添っているように見えることから、幸せを呼ぶスポットとして知られる。

備瀬

12:30

4 べにいも屋
べにいもや

1. テイクアウト専門店。ムーチーやドリンクなども販売
2. 左紅いもタルト、右マンゴータルト各200円

Map P.192-A2 本部

🏠本部町備瀬450
☎090-1084-2562
🕚11:00～売り切れ次第終了　休火～木　Pなし

フクギ並木の途中にある紅イモスイーツショップ。自家製の紅イモを使ったタルトやスイートポテト、大福などを販売。どれもちょこっとサイズで、食べ歩きのお供としても◎。

夫婦フクギ
無料
駐車場

↓沖縄美ら海水族館

小腹がすいたときにもぴったり

1. シュリンプサンド880円　2. 紅いものラテ715円　3. 名物のふわふわティラミス660円

12:50

5 cafe Bisestyle
カフェ ビセスタイル

Map P.192-A2 本部

🏠本部町備瀬543
☎0980-43-6140
🕚11:00～18:00　休火
Pあり

緑に囲まれたカフェ

フクギ並木の景色を眺めながら、カフェタイムが楽しめる。メニューが充実しており、ランチ利用もできる。屋外にはウッドデッキのテラス席があり、地域の猫が休んでいることも。

駐車場について

並木入口に無料の駐車場があるが、ハイシーズンにはすぐ満車に。有料駐車場は水牛車の発着場横、また備瀬崎手前にある。

13:15

6 備瀬崎
ビセザキ

熱帯魚がすぐそこに

恰好のシュノーケリングスポットでもある

Map P.192-A2 本部

DATA → P.19

フクギ並木を抜けた先にある、本部半島の先端。干潮時には幅約80m、奥行き30mほどの潮だまりができ、魚を間近に観察できる。足元が悪いのでマリンシューズは必須。

泳ぐなら干潮時がベスト！

フクギ並木周辺には、夏場、蚊がよく発生するので、虫除けスプレーは必ず持っていこう。

糸満～南城

Itoman～Nanjo

糸満市～南城市

うみんちゅ集まる南部を巡る テッパンの見どころドライブ

糸満市から南城市までをぐるっと回るコース。沖縄に来たなら絶対行きたい、テッパン観光名所を目指してドライブへGO！

TOTAL 7時間

糸満～南城ドライブ

TIME TABLE

11:30	糸満漁民食堂
↓ 車3分	
12:30	美々ビーチ
↓ 車12分	
13:15	琉球ガラス村
↓ 車3分	
13:45	ひめゆりの塔・ひめゆり平和祈念資料館
↓ 車6分	
15:00	平和祈念公園
↓ 車15分	
15:30	奥武島
↓ 車6分	
16:15	浜辺の茶屋
↓ 車12分	
17:30	ニライ橋・カナイ橋

ドライブinfo

沖縄の南部を西から東へぐるっと回るコースで、おもに国道331号を経由する。見どころのほとんどがこの国道沿いにあるので日帰りドライブにおすすめ。

エメラルドグリーンの綺麗な海！

1. 白砂のビーチが広がる　2. 遊歩道が整備されており、海を眺めながら散歩ができる

その日取れたイマイユを使用

11:30

イマイユを使った海人料理

1 糸満漁民食堂
イトマンギョミンショクドウ

1. 濃厚魚汁そば1000円　2. 本日のイマイユバター焼き定食1780円～

Map P.184-B1 糸満

糸満市出身で、実家が魚の仲買人だという玉城さんがオーナー。新鮮な島魚（イマイユ）を使った料理を、中華料理のエッセンスが加えられた調理法で提供する。

🏠糸満市西崎町4-17-7　☎098-992-7277　⏰11:30～14:30、18:00～21:00（最終月曜はランチのみ営業）　🚫火　🚗豊見城・名嘉地ICから7km　🅿15台

12:30

その名のごとく美しさが際立つ

2 美々ビーチ
ビビビーチ

Map P.184-B1 糸満

DATA → P.19

那覇空港から好アクセスとあって、多くの人でにぎわうビーチ。バナナボートやシーカヤックなど、マリンアクティビティを豊富に開催。人気のBBQは一年中楽しめる。

映えスポットも！

1. 優れた職人が多数所属している　2. ショップも併設。日常生活で使いやすい製品が並ぶ　3. ガラスのオブジェがあるガーデンやエントランス

13:15

琉球ガラスを作ってみよう

3 琉球ガラス村
リュウキュウガラスムラ

Map P.184-C2 糸満

琉球ガラスを手作りしている、県内最大の工房。職人が琉球ガラスを作っている様子を見学できるほか、ガラス作りを体験できる教室も開催。ガラスについて学べるコーナーもある。

🏠糸満市福地169　☎098-997-4784　⏰9:30～17:30（ウェブサイトを参照）　🚫なし　💰グラス作り体験3850円～（所要約10分）　🚗豊見城ICから10km　🅿100台

ひめゆりの塔は多くの犠牲者を出したガマの上に建つ

13:45

ひめゆり学徒隊の戦争体験を伝える

4 ひめゆりの塔・ひめゆり平和祈念資料館
ヒメユリノトウ・ヒメユリヘイワキネンシリョウカン

Map P.184-C2 糸満

ひめゆりの塔は、1945年の沖縄戦で亡くなったひめゆり学徒隊や教師のための慰霊碑。資料館では遺品や遺影などを通して戦場の様子を伝えている。

🏠糸満市伊原671-1　☎098-997-2100　⏰9:00～17:25（最終入館17:00）　🚫なし　💰450円　🚗豊見城ICから10km　🅿あり

 琉球ガラス村で作った琉球ガラスのコップ、今も愛用してます。（鹿児島県・ラフテー大好き）

5 平和祈念公園

戦没者に祈りを捧げる場　14:30

ヘイワキネンコウエン

1. 中央の広場には平和の火がともされている　2. 戦没者の名前が刻まれた平和の礎

第2次世界大戦の戦没者を追悼する公園。4つのエリアがあり、特に多くの人が足を運ぶ平和ゾーンには、沖縄戦で亡くなられた24万人あまりの氏名が刻まれた「平和の礎（いしじ）」がある。

Map P.184-C2　糸満

🏠 糸満市摩文仁444　☎098-997-2765
🕐8:00～22:00　🈳なし　💴無料（一部施設は有料）　🚗南風原南ICから11km
🅿531台

6 奥武島

周囲約1.7kmのスモールアイランド　15:30

オウジマ

1. のんびりとした時間が流れる　2. 中本鮮魚てんぷら店の天ぷら

周囲約1.7km、人口約850名の小さな島。島の名物は衣の厚い天ぷら100円～。マストで食べよう。新鮮な魚が並ぶいまいゆ市場や奥武観音堂なども巡りながらドライブしたい。

Map P.185-B3　南城

🏠 南城市　🚗南風原南ICから11km　🅿スペースあり
[中本鮮魚天ぷら店]
🏠 南城市玉城奥武9
☎098-948-3583
🕐10:30～18:00　🈳木（祝日の場合は前日）
🅿8台

糸満～南城

7 浜辺の茶屋

海を望む窓辺　16:15

ハマベノチャヤ

窓辺の席でリラックス♥

浜辺が目の前に広がるおしゃれなカフェ。席は店内や屋上、浜辺など4タイプから選べる。開け放たれた大窓からの海風を感じながら、ゆったりとカフェタイムを楽しみたい。

Map P.185-B3　南城

DATA → P.75

移り変わる海の表情を眺めよう

8 ニライ橋・カナイ橋

定番のドライブスポット　17:30

ニライバシ・カナイバシ

県道86号から国道331号への下り道に架かる、ニライ橋とカナイ橋が連なるスポット。「ニライカナイ」とは沖縄や奄美群島に伝わる、海のかなたにある理想郷のこと。

1. 橋の頂上付近にあるトンネル上に展望台が
2. テレビにもしばしば映る名所

Map P.185-B4　南城

🏠 南城市知念　☎098-948-4660（南城市観光協会）
🕐散策自由　🚗南風原北ICから13km　🅿なし

ちょっと寄り道

道の駅いとまん

農産物の直売所や漁協の直営店、おみやげを扱う物産センターなどからなる、複合型の道の駅。海鮮料理が味わえる飲食店も併設。

Map P.184-B1　糸満

🏠 糸満市西崎町4-20-4
☎098-987-1277
🕐9:00～18:00（店舗により異なる）　🈳なし
🚗豊見城・名嘉地ICから6km　🅿131台

海の幸やおみやげが所狭しと並べられている

豊見城市

南城市

八重瀬町

① ②

糸満港

糸満市

国道331号

③ ④ ⑤ ⑥ ⑦ ⑧

糸満の市街地を抜けると、サトウキビ畑が広がるのどかな景色が続く。

那覇空港から近いこともあり、このエリアはハイシーズン中混むことも。時間に余裕をもって出発して。

うるま
Uruma
うるま市

小さな島々を駆け抜ける
アイランドホッピングへGO！

本島から足を伸ばして3つの離島へ！ すべて橋で
つながっているからアクセスも簡単。グルメに
聖地巡りに、目いっぱい欲張っちゃおう。

景勝地としても
名をはせる

ドライブinfo
まずは本島中部、東海岸から大西洋に突き出た勝連半島
からスタート。半島から平安座島までを結ぶ海中道路を通っ
て、そのまま浜比嘉島、伊計島へ。すべての島に橋が架かっ
ているので、気軽に離島巡りができる。

TOTAL 7時間

うるまドライブ
TIME TABLE
9:00	勝連城跡
↓ 車7分	
11:00	丸一食品 本店
↓ 車10分	
11:30	海の駅あやはし館
↓ 車7分	
12:30	アマミチューの墓
↓ 車5分	
13:00	シルミチュー
↓ 車8分	
13:30	丸吉食品
↓ 車1分	
14:00	てぃーらぶい
↓ 車13分	
15:00	果報バンタ
↓ 車10分	
15:30	伊計ビーチ

9:00 勝連半島
丘の上の城跡
1 勝連城跡
カツレンジョウアト

Map P.187-A4 うるま

DATA → P.146

有力な按司（あじ）、阿麻和利の住んでいた城。
築城は12～13世紀と伝わり、曲線を描く美しい
城壁が今も残っている。麓には、勝連城の歴史や
文化を学べる「あまわりパーク」がある。

1. 沖縄の世界遺産のなかで最古のグスク
2. あまわりパークでは休日にライブを開催

11:00 勝連半島
沖縄のB級グルメ
2 丸一食品 本店
マルイチショクヒン ホンテン

骨なしチキン1個150～200
円と、いなりずし1個100円

Map P.189-C3 うるま

いなりずしと骨なしチキンがセットの、いわゆる「い
なりチキン」専門店。沖縄県民にとって、いなりチ
キンはソウルフード。爆買いしていく客も多い。

🏠うるま市勝連平敷屋336-1
☎098-978-3257 🕘9:00
～売り切れ次第終了 🈺日曜
🚗沖縄北ICから14km 🅿4台

絶景の
休憩スポット

11:30 海中道路
海中道路の真ん中にあるSA
3 海の駅あやはし館
ウミノエキアヤハシカン

勝連半島と離島を結ぶ、海中道路の中央に位
置する。ショップや、飲食店、2階には海洋
の歴史を学べる「海の文化資料館」もある。
施設脇にはビーチもあり、夏季は泳ぐことも。

1. みやげをゲット
2. 資料館に展示さ
れている、うるま市
無形民俗文化財の
マーラン船（木造船）

Map P.189-C4 うるま

🏠うるま市与那城屋平4 ☎098-978-8830 🕘9:00～
17:30 🈺なし 🚗沖縄北ICから14km 🅿300台

1. 自然の岩石を利用した墓
2. 浜比嘉島には数々の神話が残る
3. 墓がある岩礁にはユニークな形
の岩が寄り添う

12:30 浜比嘉島
琉球を創った神様の墓
4 アマミチューの墓
アマミチューノハカ

琉球開闢神話に登場する琉球創造の
神、アマミキヨ、シネリキヨ（浜比嘉
島ではアマミチュー、シルミチュー）
の墓。アマンジという岩礁にあり、石
の橋を渡って左に回りこむ。

Map P.189-C4 うるま

🏠うるま市勝連比嘉105 ☎098-978-7373
（あまわりパーク内観光案内所）🈺散策自由
🚗沖縄北ICから20km 🅿なし

13:00 浜比嘉島

5 シルミチュー
静かな祈りの場

神話によると、アマミキヨと配偶者のシネリキヨがこの洞窟にすみ、子供を産んだという。内部の鍾乳石は子宝を授かる霊石として知られ、子授けの信仰が伝わる。

1. 鳥居をくぐって階段を登りシルミチューへ　2. 洞窟内は鍾乳洞に覆われている

Map P.189-C4 うるま

🏠うるま市勝連比嘉1606-9、1617　☎098-978-7373（あまわりパーク内観光案内所）
⏲散策自由　🚗沖縄北ICから20km　Ｐなし

1. 注文が入ってから揚げるのでサクサク
2. 1個450円。テイクアウトも可

13:30 浜比嘉島

6 丸吉食品
マルヨシショクヒン
サクサク食感がクセになる

ビッグサイズのカニもずく天ぷら

浜比嘉島の漁港前にある食堂。もずくをふんだんに使った料理が自慢で、特にカニもずく天ぷらはそのインパクトあるビジュアルも相まって大人気。

Map P.189-C4 うるま

🏠うるま市勝連浜72-2　☎098-977-7905　⏲8:00〜18:00　🈺なし　Ｐスペースあり

浜比嘉島には、琉球開闢神話にまつわる場所が点在。パワースポットとしても注目されている。

海中道路は全長約5km。本島と離島を結ぶ堤防の上に作られた道で、海面の下を走るわけではない。

宮城島は戦前、現在の那覇や与那原などとやんばる地域を結ぶ交易の拠点として栄えてきた。

伊計島　宮城島　平安座島　県道10号　海中道路　浜比嘉島　勝連半島

名物の塩ソフト550円

14:00 浜比嘉島

7 てぃーらぶい
うるまの家庭料理をいただく

看板メニューの沖縄そば膳1430円

築90年以上の古民家で、昔ながらの料理がいただける食堂。古民家の趣を感じながら食べるあたたかい料理は、まるでおばぁの家に帰ってきたかのよう。

Map P.189-C4 うるま

DATA → P.59

15:00 宮城島

8 果報バンタ
カフウバンタ
断崖から大海原を望む

ぬちまーす観光製塩ファクトリーの敷地内にある岬。果報とは方言で「幸せ」のことで、幸せ岬という愛称でも親しまれている。眼下の「ぬちの浜」にはウミガメが産卵に訪れることも。

眼下に青い海を見下ろす

Map P.189-B4 うるま

🏠うるま市与那城宮城2768　☎098-923-0390　⏲9:00〜17:30　🈺なし　🚗沖縄北ICから23km　Ｐ42台

15:30 伊計島

9 伊計ビーチ
イケイビーチ
透明度バツグンの観光ビーチ

白浜と青い海のコントラストが美しいビーチで透明度も高い。サンゴ礁に囲まれていることから、遊泳エリアでも熱帯魚が観察できる。

天然の岩に囲まれ、潮の干満の影響を受けにくい

Map P.189-B4 うるま

DATA → P.19

アマミチューの墓やシルミチューは神聖な祈りの場所。マナーをわきまえて訪れよう。

うるま

恩納〜読谷

Onna〜Yomitan

恩納村〜読谷村

心も潤うパワーチャージ旅へ
リゾートエリアでシーサイドドライブ

西海岸沿いをドライブしながら、女子ゴコロをくすぐるスポットへご案内♪ かわいいがつまったお店が盛りだくさん！

シェイブアイス
734円

TOTAL 7時間

読谷〜恩納ドライブ

TIME TABLE

10:30	万座毛	
	↓車3分	
11:00	田中果実店	
	↓車15分	
12:00	シーサイドドライブイン	
	↓車7分	
13:00	琉球村	
	↓車4分	
15:30	真栄田岬	
	↓車13分	
16:30	HIZUKI	
	↓車5分	
17:00	残波岬	

ドライブinfo

絶景スポットとして有名な万座毛から、東シナ海に突き出た残波岬までドライブ。メインの道路となる国道58号は、海沿いに整備された道。海を横目に爽快ドライブを楽しんで。

10:30

断崖から東シナ海を望む

1 万座毛
マンザモウ

琉球石灰岩でできた高さ20mの断崖から、東シナ海を一望できるスポット。1726年、この地を訪れた尚敬王が「万人が座するに足る毛(野原)」と称えたことからこの名称に。

1. ゾウの鼻に似た奇岩　2. 万座毛のモニュメント　3. ショップやフードコートが入る万座毛周辺活性化施設がある

Map P.190-A1 恩納

🏠恩納村恩納2767　☎098-966-8080　🕐8:00〜日没(万座毛周辺活性化施設8:00〜20:00、11〜2月〜19:00)　📅なし　🅿屋嘉ICから7km　🅿315台

11:00

シェイブアイスで南国気分

2 田中果実店
タナカカジツテン

Map P.190-A1 恩納

DATA → P.87

沖縄の果物を使ったパフェやかき氷を提供。シェイブアイスは、13種類ほどのフレーバーから好きなものを3種類選べる。味の組み合わせを考えるのも楽しい。

13:00 ☆

琉球王国時代の暮らしを体験

4 琉球村
リュウキュウムラ

1. 琉装を身にまとう体験は2000円
2. エイサーショーは毎日開催

古きよき琉球王国時代の沖縄を再現したテーマパーク。敷地内には、各地から移設してきた古民家が立ち並び、のどかな景色が広がる。体験教室も豊富に開催。

Map P.188-A2 恩納

🏠恩納村山田1130　☎098-965-1234　🕐9:30〜17:00(最終受付16:00)　📅なし　入園料2000円　🅿石川ICから6km　🅿400台

レトロかわいいランチ♪

名物スープ300円!

1. 昔懐かしいビーフカレー900円とスープ300円　2. テイクアウトコーナーは24時間営業　3. 外観もアメリカン

12:00

アメリカンダイナーで休憩

3 シーサイドドライブイン ☆

1967年創業。当時米軍基地に出入りしていた創業者が、基地内のレストランを気に入り、同じ味を沖縄の人にも提供したいとの思いでオープンした。

Map P.188-A2 恩納

🏠恩納村仲泊885　☎098-964-2272　🕐8:00〜21:00(テイクアウトは24時間)　📅水　🅿石川ICから4km　🅿40台

 深夜に飲んだ「シーサイドドライブイン」のスープ。心が温まりました。(沖縄県・ふぅちゃん)

5 青の洞窟がある岬 15:30
真栄田岬
マエダミサキ

東シナ海を一望できるスポットで、岬にある「青の洞窟」は、ダイビングやシュノーケリングの人気ポイント。海へと続く階段があり、すぐ近くで熱帯魚やサンゴ礁が観察できる。

透明度の高い海が広がる

Map P.188-A2 恩納

⌂恩納村真栄田469-1 ☎098-982-5339（施設管理まえだ）⏰7:00〜19:00 休なし 料無料 交石川ICから7km Ｐ180台（有料）

1. 階段の下がシュノーケリングやダイビングのスタート地点になっている　2. 青の洞窟に行くにはツアーに参加しよう

真栄田岬のフォトスポット

真栄田岬から歩いて5分ほどの場所にある「ザネー浜」はSNSで大人気の写真スポット。四角い穴が空いた岩に座り、海を背景に写真撮影することができる。

⌂恩納村真栄田712-2 ☎098-982-5339（施設管理まえだ）

プライベート感満載の小さなビーチ

青い海をバックにバシャリ！

恩納〜読谷

16:30
ガラス作品が集うギャラリー
6 HIZUKI
ヒヅキ

Map P.188-A1 読谷

⌂読谷村渡慶次273 ☎098-958-1334 ⏰10:00〜19:00 休日 交石川ICから13km Ｐ5台

ガラス作家として活躍する、おおやぶみよさんの作品が集まるギャラリー。そのほか"たたずまいの美しき器やもの"をコンセプトに、おおやぶさん自身がセレクトした食器や花器を販売する。

1. 鮮やかなブルーのオブジェ　2. ブルーの透き通る色が美しいスピカプレート5390円　3. ガラスの湾曲によって光の表情が変わるグラス各7490円

万座毛や残波岬などの海岸沿いは、沖縄海岸国定公園に指定されている。

1. 西向きなので、日没の時刻には夕日が見られる　2. 高さ31mの残波岬灯台

17:00
荒々しい波が美しい
7 残波岬
ザンパミサキ

断崖絶壁が約2kmにわたって続く景勝地。荒波が崖に当たり白波を上げる様子は迫力抜群。そばの残波岬灯台は、全国で16しかない上れる灯台のひとつ。

Map P.188-A1 読谷

⌂読谷村宇座1861 休なし 散策自由 交沖縄南ICから20km Ｐ270台 [残波岬灯台] ☎098-958-3041（燈光会）⏰9:30〜16:30、3〜9月の土・日・祝は〜17:30 休荒天時 料300円

残波岬公園内に置かれた巨大シーサー・残波大獅子。高さは8.5mで、ビルの3階に相当する。

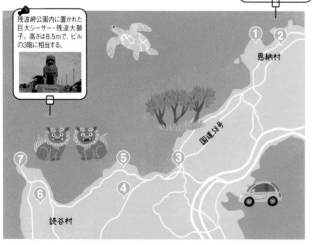

恩納村

国道58号

読谷村

①②③④⑤⑥⑦

古宇利島

Kouri jima

今帰仁村

"恋の島"に誘われて……♡
橋で渡れる離島をぐるり

恋愛の聖地・古宇利島で、気分もおなかもHappyになる日帰りドライブ。恋にまつわる名所を巡って、恋愛運アップを狙お♡

ドライブinfo

沖縄北部の今帰仁村にある小さな離島、古宇利島。本島からは、古宇利大橋を渡ればたどり着くのでアクセスは楽。ノンストップなら車で20分あれば一周できるので、日帰りでも十分エンジョイできる。

┤ TOTAL 6時間 ├

古宇利島ドライブ

TIME TABLE

11:00 古宇利大橋
　↓ 車3分
11:15 チグヌ浜
　↓ 車2分
11:30 古宇利ビーチ
　↓ 車1分
12:00 古宇利島の駅 ソラハシ
　↓ 車1分
13:00 KOURI SHRIMP
　↓
14:00 古宇利オーシャンタワー
　↓ 車3分
15:00 古宇利島CAFE フクルビ
　↓
16:00 ティーヌ浜

11:00

島と島を結ぶ長い橋

1 古宇利大橋
コウリオオハシ

屋我地島と古宇利島を結ぶ、全長約1960mの橋。オキナワンブルーに輝く海が360度、全方向に広がり、人気のドライブスポットとなっている。通行料は無料。

Map P.193-A4 今帰仁
🏠今帰仁村古宇利　☎なし
🚗許田ICから23km　Ｐなし

沖縄本島のなかでもひときわ美しい海

11:15

「始まりの洞窟」がある

2 チグヌ浜
チグヌハマ

こぢんまりとした天然ビーチ。琉球神話の沖縄版「アダムとイブ」の伝説にまつわる地でもある。近くの「始まりの洞窟」は、男女の1組がこの洞穴で生活していたところと伝わる。

Map P.193-A4 今帰仁
🏠今帰仁村古宇利　☎なし
🚗散策自由　🚗許田ICから24km　Ｐスペースあり

1. 地元の人に大切にされている場所　2. 岩場が多いので、海水浴には向いていない

県内屈指のパワースポット！

古宇利大橋がすぐ目の前に

レンタル用品や施設も充実している

11:30

橋との景色がベストマッチ

3 古宇利ビーチ
コウリビーチ

Map P.193-A4 今帰仁

古宇利大橋を目の前に望むビーチ。透き通る美しいエメラルドグリーンの海は「古宇利ブルー」とも称されている。周辺にはひと休みできるおしゃれなカフェもある。

🏠今帰仁村古宇利　☎なし
🚗遊泳期間4月下旬～10月中旬の9:00～18:00　💰無料　🚗許田ICから24km　Ｐスペースあり

古宇利島といえばウニ！

長年、シラヒゲウニというウニが獲れることで有名だった古宇利島。現在は乱獲などの影響により禁漁が続いているが、それでも島内ではいまだにウニ丼が名物。しらさ食堂では、チリ産のウニと沖縄の海ブドウがたっぷり乗った定食を提供している。

うにと海ぶどう定食3500円

しらさ食堂
シラサショクドウ

Map P.193-A4 今帰仁
🏠今帰仁村古宇利176　☎0980-51-5252　🕐11:00～17:00　🚫なし　🚗許田ICから25km　Ｐあり

📩 島内には今も古民家やサトウキビ畑が広がっていて、のどかな雰囲気でした。（京都府・きょん）

4 古宇利島の駅 ソラハシ

ショップやフードコートが充実

12:00

コウリジマノエキ ソラハシ

古宇利ビーチに面する道の駅。新鮮な果物や人気の海ブドウなどを取り扱うほか、フードコートも併設する。週末には、フリーマーケットや音楽ライブが行われることも。

Map P.193-A4 今帰仁

- 🏠 今帰仁村古宇利323-1
- ☎ 0980-56-2128 🕘 9:00〜19:00 🈺 なし 🚗 許田ICから25km 🅿 105台

1. 沖縄食堂空橋の青いカレー1280円
2. フルーツパーラーや物産店、レンタル自転車あり　3. 県産の新鮮フルーツが人気

13:00

5 KOURI SHRIMP

ガーリックシュリンプ専門店

コウリ シュリンプ

1. オリジナルガーリックシュリンプ1300円
2. 海を見渡す屋上テラス

ハワイグルメ、ガーリックシュリンプの専門店。1階にある系列店のベニーズではアサイーボウルも注文できる。屋上テラスで海を眺めながら、ゆっくりランチタイムを楽しもう！

Map P.193-A4 今帰仁

- 🏠 今帰仁村古宇利314
- ☎ 0980-56-1242 🕘 11:00〜18:00 🈺 なし 🚗 許田ICから25km 🅿 あり

スイーツは別腹よね♪

7 古宇利島CAFE フクルビ

15:00

癒やしカフェで絶品スイーツを

コウリジマカフェ フクルビ

1. 古宇利島プレミアムアイスダブル630
2. クリームソーダ、古宇利ブルー690円　3. 黒みつフレンチトースト780円
4. 目の前に海が広がる絶好のロケーション

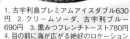

高台に位置するオーシャンビューのカフェ＆レストラン。沖縄のフルーツをふんだんに使ったフローズンドリンクが名物で、タコライスやピザなどフードメニューも豊富。

Map P.193-A4 今帰仁

- 🏠 今帰仁村古宇利2516
- ☎ 090-1436-9659 🕘 12:00〜17:00 🈺 不定休（ウェブサイトを要確認）🚗 許田ICから25km 🅿 あり

14:00

6 古宇利オーシャンタワー

展望塔からの絶景ビュー

コウリオーシャンタワー

海抜82mからの眺望が楽しめる展望塔。1階には資料館、2階と3階に屋内展望、屋上にデッキがある。レストランや貝を集めたシェルミュージアムも併設。

Map P.193-A4 今帰仁

- 🏠 今帰仁村古宇利538
- ☎ 0980-56-1616 🕘 10:00〜18:00（最終入場17:30）🈺 なし 🚗 1000円 🚗 許田ICから25km 🅿 200台

カートに乗ってタワー入口まで向かう

島名は、「恋島（こいじま）」の音がくずれて「古宇利島」になったという説が濃厚。

16:00

8 ティーヌ浜

恋愛運UP間違いなし!?

ティーヌハマ

島の北部にある浜辺。波の侵食によってできたハート型の岩があり、縁結びのスポットとして人気がある。波が穏やかで、夕方には美しい夕日が見られる。

Map P.193-A4 今帰仁

- 🏠 今帰仁村古宇利 🈺 なし
- 🚶 散策自由 🚗 許田ICから26km 🅿 スペースあり

テレビCMのロケ地になったこともある

古宇利島

古宇利島

↓屋我地島

やんばる
Yambaru
大宜味村〜国頭村

ダイナミックな景色が広がる
ネイチャーロードを爽快ドライブ

2021年、地域の一部が世界自然遺産に登録されたやんばる。神秘の森に覆われた道を行き、ワイルドな名所を巡りながら爽快ドライブ☆

TOTAL 7時間

やんばるドライブ
TIME TABLE
- 10:00 比地大滝
  - ↓ 車6分
- 11:30 国頭港食堂
  - ↓ 車23分
- 12:45 茅打バンタ
  - ↓ 車4分
- 13:15 大石林山
  - ↓ 車5分
- 13:50 辺戸岬
  - ↓ 車4分
- 14:00 ヤンバルクイナ展望台
  - ↓ 車12分
- 14:45 奥共同店
  - ↓ 車25分
- 15:30 安田協同店
  - ↓ 車10分
- 16:00 ヤンバルクイナ生態展示学習施設 クイナの森

ドライブinfo
やんばるの道路は狭く、カーブも多い。またヤンバルクイナやケナガネズミといった絶滅危惧種の生物が飛び出してくることも。ロードキルを起こさないよう、慎重に運転して。

比地川中間にある

1. 渓流沿いをのんびり歩こう
2. 森の案内人と呼ばれるホントウアカヒゲに出会えるかも

1 やんばるの森をトレッキング
比地大滝 10:00
ヒジオオタキ

本島で最大の25.7mの落差を誇る滝で、周辺に遊歩道が整備されている。滝までの所要時間は片道約40分。入場には隣接するキャンプ場で入場料の支払いが必要。

Map P.195-A3 国頭
- 🏠 国頭村比地
- ☎ 0980-41-3636
- 🕘 9:00〜16:00、11〜3月〜15:00
- 🌧 悪天候時
- 💰 500円
- Ⓟ 120台

刺身三点盛と地魚のフライセット1400円

2 やんばる食材のランチ 11:30
国頭港食堂
クニガミミナトショクドウ

国頭村浜漁港内にある地魚料理が食べられる食堂。新鮮な魚を、刺身やフライ、バター焼き、煮付けなど、その魚に合った調理法でいただける。テラス席があり目の前に海を望む。

Map P.196-C2 国頭
- 🏠 国頭村浜477-1
- ☎ 0980-50-1660
- 🕘 11:30〜14:00、17:30〜20:00、日・祝 11:00〜14:00
- 🌙 月
- 🚗 許田ICから34km
- Ⓟ あり

---

3 高さ約80mの断崖 12:45
茅打バンタ
カヤウチバンタ

東シナ海に向かって切り立つ、高さ約80mの断崖。バンタとは沖縄の方言で「崖」のこと。束ねた茅を上から落とすと、強風で吹かれバラバラになることから。

Map P.197-A3 国頭
- 🏠 国頭村宜名真
- ☎ 0980-41-2622
- 🚶 散策自由
- 🚗 許田ICから53km
- Ⓟ 20台

眼下に青い海が広がる

晴れた日には伊平屋島などが見えることも

神秘的な風景からパワーをもらう

1. 熱帯カルスト地形が広がる
2. 巨大なガジュマルの木がある

4 奇岩が切り立つトレッキングフィールド 13:15
大石林山
ダイセキリンザン

約2億5000万年前に形成された石灰岩が雨風に侵食され、独特な地形をなすフィールド。トレッキングコースが設けられており、奇岩を眺めながら歩くことができる。

Map P.197-A3 国頭

DATA → P.152

大石林山のトレッキングコース中にある奇岩・守り猫。ずんぐりとした猫の後ろ姿がうちの猫そっくりでした。(東京都・R)

13:50

5 辺戸岬
ここが島の最北端
ヘドミサキ

1

沖縄本島最北端の地。天気がいい日には、鹿児島県の与論島や沖永良部島を望むことができる。岬の中心には日本祖国復帰闘争碑が建てられている。

Map P.197-A3 国頭
🏠 国頭村辺戸　☎0980-43-0977
🕐 散策自由　🚗 許田ICから75km
🅿 70台

1. 崖に柵はないので気をつけて　2. 日本復帰を願う人々が、国境の与論島に向けてのろしを上げていた

2

巨大ヤンバルクイナに登ってみよう

14:00

6 ヤンバルクイナ展望台
ヤンバルクイナモチーフの展望台
ヤンバルクイナテンボウダイ

1. 展望窓へは階段を登って向かう　2. 首元の展望窓からの眺め

宇佐浜海岸の山の上に建つ、ヤンバルクイナをモチーフにした展望台。高さは約11.5mでビッグサイズ。ヤンバルクイナの首元と胴体部分が展望窓になっている。

Map P.197-A3 国頭
🏠 国頭村辺戸
☎0980-43-0977
🕐 見学自由　🚗 許田ICから57km　🅿 5台

やんばる

14:45

7 奥共同店
共同店第1号
オクキョウドウテン

地域のコミュニティの場としても愛されている

共同店とは、集落の家庭が共同で出資して運営をする、沖縄独自の形態の商店のこと。奥共同店は1906年から営業を続ける、共同店第1号の老舗。

Map P.197-A3 国頭
🏠 国頭村奥113
☎0980-41-8101
🕐7:00～18:00　🈺月
🚗 許田ICから63km　🅿 あり

1. やんばる名産のお茶も販売している　2. 竹と月桃縄でできた手作りのカゴ6500円

地元の製品を中心に販売している

2

1. 地域の生活の架け橋になっている　2. 名物はコーヒー。ドリップバック800円も販売

Map P.197-C4 国頭
🏠 国頭村安田858-3
☎0980-41-7355
🕐7:30～20:00、10～3月～19:00　🈺火
🚗 許田ICから57km
🅿 スペースあり

15:30

8 安田協同店
オリジナルグッズが豊富
アダキョウドウテン

人口約130人の小さな集落にある共同店。名物は自家焙煎の売店コーヒー1杯200円。食品や生活雑貨のほかに、オリジナルのエコバッグやTシャツも販売している。

やんばるの森には、日本の両生類、爬虫類の約60%が生息しているとされる。

⑤
④⑥
③
⑦

やんばるとは漢字で「山原」と書く。山々が連なり、森が広がっていることから。

県道10号

国道58号

やんばる国立公園

①
②
⑨
⑧

国頭村

1. 好奇心旺盛なクー太が出迎えてくれる　2. 安田くいなふれあい公園内にある施設

2

16:00

9 クイナの森
ヤンバルクイナに出会える施設
ヤンバルクイナ生態展示学習施設
ヤンバルクイナセイタイテンジガクシュウシセツ クイナノモリ

国指定の天然記念物、ヤンバルクイナの生態について学べる施設。保護されたヤンバルクイナを観察できるブースも。

Map P.197-C3 国頭
🏠 国頭村安田1477-35
☎0980-41-7788（安田くいなふれあい公園）
🕐9:00～17:00　🈺水
🈴700円　🚗 許田ICから56km　🅿 40台（安田くいなふれあい公園駐車場利用）

沖縄で"サ道"を極める

大自然を生かした、沖縄ならではのサウナをご紹介。たくさん汗をかいて、体の内側からキレイになろう

ととのいすぎるジャングルサウナ

"野生に還る"ととのいを体験できます!

野性味あふれるサ活を
亜熱帯サウナ アネッタイサウナ

熱波師
徐々にととのう
カズキ

広大な亜熱帯の森を開拓して作られたサウナスポット。サウナ小屋はふたつあり、それぞれ最大15人ほどが入れる。水着の着用がマスト(貸切も可)。水着、タオル、サンダルは持参していこう。

Map P.193-B3 本部

◆本部町伊豆味2599 ☎050-8885-0691 ◷11:00〜20:30 ◷木、悪天候時 ◷2時間2750円〜、貸切1室2時間2万7500円〜 ◷要予約 ◷許田ICから18km ◷15台

実際にととのってみた!

レンタルポンチョあり!

チェックイン
まずはチェックイン。受付を終えたら更衣室で水着に着替える。

じょわわっ

木造のサウナ小屋へ
ストーブはフィンランド製の薪式。セルフロウリュもできる。

水風呂にイン!
熱を浴びたあとは、屋外にある水風呂へ。体の芯からととのいを!

ぽかわーん

ぱああああ

シャキーン!

ジャングルのなかでチルタイム♪

外気浴タイム
施設内のいたるところにある外気浴スペース。お気に入りの場所を見つけて、癒やしのひとときを過ごしてみて。

ととのい終了!
着替えて終了。敷地内のカフェ「EVERYDAY COFFEE」で休憩も◎

キャラメルラテ650円

まだまだととのえる! 沖縄のサウナ

やんばるの絶景サウナ
サウナ 森の巣箱 サウナ モリノスバコ

ツリーハウスホテル森の巣箱に併設する貸切専用サウナ。サウナを愛してやまないという支配人がこだわったのが13℃というキンキンの水風呂。ととのったあとは、カフェ体験もできる。

水着の着用がマスト

カフェ → P.76
ホテル → P.176

外気浴スペースからやんばるの絶景を望む

Map P.193-A3 今帰仁

◆今帰仁村湧川699 ☎0980-56-1570 ◷12:00〜19:00 ◷不定休 ◷3時間貸切1万2000円 ◷要予約 ◷許田ICから20km ◷あり

五感で感じるととのい体験
BUNA SAUNA ブナ サウナ

廃校を利用した複合施設、旧喜如嘉小学校に入る最新サウナ。サウナ室は65℃〜80℃に低温設定。やんばるに自生するハーブの香りがふんわりただよい、上質な蒸気浴が楽しめる。

季節の移り変わりを楽しめる水風呂

水着は持参。ポンチョのレンタルもできる。

Map P.194-A2 大宜味

◆大宜味村喜如嘉2083 ◷なし ◷10:00〜15:00、全〜16:00、土〜18:00 ◷月・水・木・日 ◷2時間1人6800円 ◷要予約 ◷許田ICから33km ◷あり

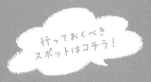

行っておくべき
スポットはコチラ！

絶対外せない！
沖縄の超☆定番スポットを
まるっとご案内

首里城、美ら水、アメビレは、今も昔も沖縄旅行の大本命！
新しくなった牧志公設市場も徹底解剖。
慶良間や伊江島など日帰りで行けちゃう離島旅まで
沖縄定番観光のすべてがここに！

SIGHTSEEING

正殿復元工事もフルスピード！
琉球王国の首都・首里城ウオーク

2019年、火災により建物の一部が焼失した首里城。復元工事中の様子を見学しながら、かつての琉球王国に思いをはせてみよう。

3時間

守礼之邦（＝琉球は礼節を重んずる国）と記された扁額

10:00 無料
1 2000円札にも描かれている
守礼門
シュレイモン

首里城を代表する門で、中国の牌楼（パイロウ）という建築様式で建てられている。別名「首里門」とも呼ばれる。

「守礼」とは「礼節を守る」ということ

10:30 無料
3 城内につながる門
歓会門
カンカイモン

首里城の城郭内に入るための、最初の正門。石で造られたアーチ状の門の上に木造の櫓がのっている。

10:15 無料
2 石造りの神聖な礼拝所
園比屋武御嶽石門
ソノヒャンウタキイシモン

国王が外出する際、安全を祈願した礼拝所。中央の門は人が通るための門ではなく、神への礼拝の門を意味する。

1519年築造。ユネスコ世界遺産に登録されている

1. 中国からの使者を歓迎する意味からこの名称に
2. 門の両側に魔除けのシーサーが鎮座している

10:45 無料
4 今も水が流れ続ける
龍樋、冊封七碑
リュウヒ、サッポウシチヒ

龍樋は、王宮の飲料水だった湧き水。冊封七碑は、龍樋の周りにある7つの石碑で、中国の使者たちによる詩や字が刻まれている。

1. 龍の彫刻は1523年に中国から伝わったもの 2. 使者たちは龍樋の水の清らかさを讃え詠った

11:00 無料
5 復興のシンボル
大龍柱補修展示室
ダイリュウチュウホシュウテンジシツ

かつて正殿の正面にあった柱で、火災で損傷を受けた。補修が行われたのち、作業場で生まれ変わった姿を公開している。

補修作業の過程の映像もモニターで見られる

おみやげ

1. ミュージアムショップ球陽で販売している御城印帳2750円 2. 御城印500円 3. 国王と王妃のキーホルダー。セットで880円

世界遺産 県内最大規模の城址
無料＆有料エリアあり
首里城公園 シュリジョウコウエン

琉球王国時代の王の居城で、14世紀ごろには創建されていたと伝わる。2019年には正殿を含め9つの施設が焼失したが、現在復元工事が行われていて見学も可能。場内は無料エリアと有料エリアに分かれており、御庭へ続く奉神門がその境になっている。

Map P.202-B1 那覇
🏠那覇市首里金城町1-2
☎098-886-2020 ⓞ無料区域4～6月と10～11月8:00～19:30（7～9月～20:30、12～3月～18:30）、有料区域4～6月と10～11月8:30～19:00（7～9月～20:00、12～3月～18:00） ⓗ7月の第1水曜日とその翌日 ⓔ有料エリア400円 ⓔゆいレール首里駅から徒歩15分 Ⓟ320台 ※2024年1月現在、首里城正殿は再建中。2026年に完成予定。

中央の門は身分の高い人のみ通行が許された

ゆいレール♪
首里駅

9 8 7
4 6
3 5
2
1

首里城
MAP

グルメスポット

レストラン 首里杜
レストランスイムイ

城内で琉球料理を提供するレストラン。名物は12種類の伝統料理を小鉢で味わえる首里杜御膳1800円。（1週間前までに要予約）

☎098-886-2020
⏰10:00〜16:30
🈺首里城公園の休園日に準ずる

首里城

ここから有料！

11:30 有料
現在は改札所として活用
6 奉神門
ホウシンモン

首里城正殿にある御庭（ウナー）に入るための最後の門。毎日8時25分から、開門を告げる儀式「御開門式」が見られる。

御開門式では門番との記念撮影も

場内でいちばん高いところにある

13:00 有料
街並みを見下ろす物見台
9 東のアザナ
アガリノアザナ

城郭の東側に築かれた物見台。標高約140mの高さに位置し、晴れていれば久高島まで一望できる。

1. "見せる復興"がテーマ 2. ガラス越しに復元工事の様子が観察できる

現在はスクリーンで首里城に関する映像を上映

12:00 有料
首里城の中核を担う宮殿
7 復元工事エリア
フクゲンコウジエリア

政治や儀式を行うための場所だった正殿は、2019年に焼失。現在は、併設された見学エリアから復元工事の様子を見ることができる。

正殿の復興
焼失してしまった正殿だが、2022年から復元工事が始まった。2026年には完成する見込み。

12:30 有料
国王や王族の私的な空間
8 世誇殿
ヨホコリデン

琉球王国時代、未婚の皇女の居室として使われていた。また国王の、王位継承の儀式を行うスペースでもあった。

隣接の展示室では火災の残存物を展示している

2026年
完成見込

焼失前の正殿

主郭には火の神を祀るほこらがある

かつての"城"へ

世界遺産 世界遺産の琉球グスクをコンプリート！

城内は1時間ほどで巡ることができる

北部地域を守った城塞
今帰仁城跡
ナキジンジョウアト

城壁が約1.5kmにわたって続く、首里城とほぼ同じ大きさの城跡。13世紀ごろの築城で、やんばるを守る要の城だった。1422年以降は監守の居城として使われ、監守が去ったのちも拝所として信仰を集める。

Map P.193-A3 今帰仁

🏠 今帰仁村今泊5101 ☎0980-56-4400 ⏰8:00～18:00（最終入場17:30）、5～8月～19:00（最終入場18:30）🈺なし 🈯600円（今帰仁村歴史文化センターと共通）🚗許田ICから27km 🅿320台

面積‥‥‥約8ha
眺望‥‥‥★★★★☆

こちらもCHECK！
共通チケットなので隣接の今帰仁村歴史文化センターも見学できる

ここに注目！
地形を生かした名城
丘陵地に建つ5つの曲輪（くるわ）は20mの高低差を利用した造りで、防衛力の高さがうかがえる。

難攻不落のグスク
勝連城跡
カツレンジョウアト

12～13世紀ごろに築城されたと伝わる。勝連に繁栄をもたらした按司・阿麻和利の居城としても有名。園内には御嶽や井戸が残るほか、麓には、展示とライブシアターが融合した「あまわりパーク」も併設している。

Map P.187-A4 うるま

🏠 うるま市勝連南風原3807-2 ☎098-978-2033 ⏰9:00～18:00（最終入場17:30）🈺なし 🈯600円（あまわりパークと共通）🚗沖縄北ICから10km 🅿120台

面積‥‥‥約13ha
眺望‥‥‥★★★★☆

こちらもCHECK！
あまわりパークでは出土品や歴史や文化に関しての展示を行う

ほとんど加工せずに積み上げられた古期石灰岩の城壁

ここに注目！
古期石灰岩
城壁には、この地域に分布する古期石灰岩を使用。固く加工が難しいので、野面積みという古い技法で積まれている。

琉球石灰岩の切石を使った城壁

あまわりパークでは土・日・祝日の11:00～、13:00～、15:00～、ライブステージが行われる。阿麻和利が按司になるまでの物語を、パフォーマーたちが現代版組踊で表現。

カンヒザクラの名所としても有名

琉球王国
QUICK NAVI

1429～1879年の450年にわたり沖縄を支配してきた琉球王国。王国成立前のグスク時代から沖縄県の誕生による琉球藩廃止まで、激動の歴史をスピーディ＆カンタンに振り返る！

琉球王国の首都であった首里城正殿（現在は復元中）

1100年～1404年頃
グスク時代

むかしむかし、琉球の島々は豊かな海を生かした漁業で生活をしていた。しかし12世紀頃に農業が広まると各地に按司（あじ）という有力者が出現しグスク時代へと突入する。按司たちは自らの拠点にグスク（城）を建造、勢力の拡大を続け小国家へと発展した。

1429年～
三山時代～琉球王国の成立

14世紀には3つの按司が王として名乗りをあげる三山時代に突入。今帰仁を拠点に沖縄本島北部を支配した「北山」、浦添城から中部を支配した「中山」、島尻大里城から南部を支配した「南山」。15世紀になると中山の尚巴志（しょうはし）王が全土を統一、琉球王国が誕生した。

統一
北 中 南

📧「あまわりパーク」のライブステージでパフォーマンスしているのは、地元の中高生だそう。(広島県・ナナ)

かつて、各地で力を持った按司たちが居城としたグスク。首里城跡のほか、世界遺産に登録されている4つを巡って、その違いを比較してみよう！

城内にある御嶽

グスクとは何？

いわゆる城郭のこと。グスク時代、按司と呼ばれる有力者により築造され、その拠点として使われていた。特徴としては「攻守ともに優れた高台に位置している」「加工しやすい琉球石灰岩を城壁に使っているため城全体が曲線を描いている」「城内に信仰の対象となる御嶽や拝所がある」など。軍事や政治の本拠地だっただけでなく、信仰を集める場所だったとされる。

琉球グスク

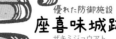

優れた防御施設
座喜味城跡
ザキミジョウアト

面積……約4.4ha
眺望……★★★★☆

15世紀初頭に護佐丸（ごさまる）によって築城された。城郭の外周は365mと当時の城郭としては中規模だが、袋路や石垣のせり出しなど、敵に対抗するための仕掛けが見られる。二の郭には現存する県内最古のアーチ門がある。

Map P.188-B1 読谷

🏠読谷村座喜味708-6　☎098-958-3141
⏰散策自由　🚗石川ICから12km　🅿52台

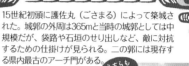
二の郭のアーチ門。上部にクサビ石がはめられているのが特徴

こちらもCHECK!
資料館と美術館の統合施設「ユンタンザミュージアム」が隣接
⏰9:00～18:00　🈺水、臨時休館日　💴500円

ここに注目！
3種の石積みを観察
増改築を重ねているので、時代ごとに変遷してきた石積み（野面積み、布積み、相方積み）が見られる。

6つの郭からなる山城
中城城跡
ナカグスクジョウアト

面積……約12ha
眺望……★★★★★

太平洋戦争中の被害が少なく、当時の遺構がほぼ原形のまま残されている貴重な城跡。14世紀後半に築城されたと伝わる。勢力を持っていた勝連地域を牽制するため、国王の命で派遣された護佐丸の居城としても有名。

Map P.187-B3 中城

🏠中城村泊1258　☎098-935-5719　⏰8:30～18:00、10～4月～17:00　🈺なし　💴400円　🚗北中城ICから3km　🅿50台

こちらもCHECK!
一の郭、二の郭の布積み。大きな石を積み、強固な仕上がりに

城壁の上は歩くことができる

ここに注目！
攻守兼備の築城技術
敵を有利に倒す工夫が施された城郭は、築城の名手・護佐丸ならでは。城を攻略する気持ちで見学してみよう。

1. 正殿があった一の郭　2. 北東に向かって建てられたアーチの裏門　3. 二方を崖に囲まれた強固な要害

標高120mの高台に建つ

1470年～
第二尚氏王統の発足
琉球王国の成立後も地方の按司は依然強力で、中央に対したびたび反乱を起こした。そんななか、7代目尚徳王が死去すると伊是名島出身の金丸がクーデターにより即位、尚円（しょうえん）王と名乗る。ここから第二次尚氏王統が始まる。同じ尚氏のためわかりにくいが、家筋はまったく違う。

1609年
黄金時代～薩摩藩侵攻
第二次尚氏王統により国政は安定、黄金時代へと突入する。中国や東南アジア諸国との交易も盛んだったが、16世紀後半になると急激に衰え、やがて廃止される。これにともない琉球王国の勢力も衰え、1609年には薩摩藩の侵攻を受け敗北。支配下に置かれることとなる。

1879年
琉球処分。沖縄県が誕生
1871年に廃藩置県が実施され、鹿児島県統治の琉球藩が設置される。しかし琉球を属国であると主張する清の反発を受ける。そこで日本政府は軍隊を派遣し、1879年に琉球藩を廃止、沖縄県を設置する。これにより正式に日本政府の統治下となり、琉球王国は消滅した。

沖縄県誕生

レアなブラックマンタも飼育している

みんな大好き♡
沖縄美ら海水族館で沖縄の海を大冒険

北部の最大の見どころ、沖縄美ら海水族館で海の生き物をウオッチング！
ユニークな展示がめじろ押しで、まるで海のなかにいるかのような感覚に！

ジンベエザメやナンヨウマンタなど、約70種が飼育されている巨大水槽「黒潮の海」

国内最大級の大きさを誇る

沖縄美ら海水族館
オキナワチュラウミスイゾクカン

国営沖縄記念公園（海洋博公園）内にある水族館。約710種、1万2000点もの生き物を飼育している。屋外にあるイルカラグーンやウミガメ館、マナティー館などは無料で見学可能。

Map P.192-A2 本部

☎名護市字○○○1424 ☎0980-48-3748
🕐8:30～18:30（最終入館17:30） ※繁忙期についてはウェブサイトを参照 ❻なし ウェブサイトを参照 ¥2180円 ❸許田ICから28km ❿1900台（海洋博公園駐車場利用）

※情報は2024年2月時点の情報

🐟 120%楽しむために！知っておくべきコト 🐟

アプリを活用しよう

海洋博公園×沖縄美ら海水族館公式アプリが配信中。生き物や施設の情報をゲットできるほか、音声ガイド機能も搭載。詳細はQRコードから。

給餌タイムは要チェック

1～2F「黒潮の海」では9:30、15:00、17:00から、3F「熱帯魚の海」では13:00、15:30から給餌を毎日実施。迫力あるごはんタイムを見てみよう。

有料ツアーに参加！

水族館の裏側を巡るツアーを開催。人気のため開館直後に全部の回が売り切れることもしばしば。詳しくは公式ウェブサイトを要確認。

すいている時間を狙って

混み合う10:00～16:00以外を狙おう。特に開館直後が比較的すいており、1～2F「黒潮の海」では澄んだ水のなかを泳ぐ魚たちが見られる。

館内MAP 沖縄美ら海水族館は4階建て。ジンベエザメのモニュメントのあるのが4階で、入館は3階から。そして2階、1階と下に下りながら鑑賞していく構造になっている。

4F 大海への誘い

3F サンゴ礁への旅

2F 黒潮への旅

1F 深海への旅

エレベーター

5
2 3 1 入口
4
8 9 6 7

屋外施設は→P.150

① イノーの生き物たち
② サンゴの海
③ 熱帯魚の海
④ 黒潮の海
⑤ 黒潮探検（水上観覧コース）
⑥ アクアルーム
⑦ カフェ「オーシャンブルー」
⑧ 海のプラネタリウム
⑨ 深層の海

  館内は広いので、先に荷物を預けておくのがおすすめ。水族館入口にコインロッカーがありました。（京都府・ama）

おみやげを Check!

ジンベエザメのアイスボックス
クッキー　12個入り600円

シリコンがま
（ジンベエザメ）1257円

リアルマナティー
（Mサイズ）2530円

トートバッグ　一緒に
泳ごう（小）1815円

ちゅらうみ
サイダー150円

※価格は
変更の場
合あり

4F　大海への誘い

外にジンベエザメのモニュメントがあるエント
ランスからスタート。その先の海人門（ウミン
チュゲート）からエスカレーターを降りると、
3Fにある水族館入口が見えてくる。

3F　サンゴ礁への旅

サンゴにフォーカスした展示を行
う。沖縄近海のサンゴ礁を再現した
水槽や、約80種を大規模飼育する
水槽、さらにサンゴ礁にすむ生き物
たちを個水槽で展示している。

3 熱帯魚の海

浅い岩場から砂地、洞
窟まで、特徴ある沖縄
の海を再現。サンゴ礁
とともに生きる、鮮や
かな熱帯魚約180種類
が飼育されている。

2 サンゴの海
屋根を付けず、あえて
自然光を取り込む構造
の水槽を採用。また目
の前の海の海水を取り
込み、サンゴの大規模
飼育を行っている。

1 イノーの生き物たち
イノーとは沖縄の方言
で「サンゴ礁に囲まれ
た浅い海」のこと。こ
こではイノーに住むヒ
トデやナマコなどを間
近に観察できる。

沖縄美ら海水族館

2F　黒潮への旅

サメやエイといった回遊魚を中心
に展示。水族館一の人気者、ジン
ベエザメがすむ巨大水槽「黒潮の
海」や、下から水槽を見上げる「アクアルーム」など
目玉スポットがたくさん。

7 カフェ「オーシャンブルー」
「黒潮の海」の横にあ
るカフェ。悠々と泳ぐ
生き物たちを眺めなが
ら休憩ができる。水槽
側の席は有料指定席（40
分500円で利用可能）。

6 アクアルーム
半ドーム状になってい
るスペースで、「黒潮の
海」の水槽を真下から
観察できる。まるで海
底にいるかのような気
分になれるスポット。

ちゅらティー
550円

5 黒潮探検

「黒潮の海」を水槽上
部から見られるコー
ス。※観覧不可時間
あり

4 黒潮の海

国内最大サイズの水槽
に、世界最長飼育記録を
更新し続けるジンベエ
ザメ、複数飼育に世界
で初めて成功したナン
ヨウマンタなどを展示。

1F　深海への旅

日本近海などの
沿岸～深海の砂
泥部に生息する
ノコギリザメ

水深200-400m
にすむ大型のハ
コエビ。食用と
しても美味

8 海のプラネタリウム

発光バクテリアを共生させ
ている魚や、青色光を吸収
して蛍光する魚などを観察
できる。

いまだに多くの謎に包まれている、
深海の世界。このフロアでは、近海
の200m以深から採取された貴重な
深海生物を飼育するほか、深海生物
の標本や映像を展示している。

9 深層の海　個水槽
実はなかなか難しい深海生物の飼
育。この個水槽では、水温や光
圧力などを調整し、生物に適応し
た環境を作って飼育している。

沖縄美ら海水族館が世界初の飼育・展示に成功したオニキホウボウ

沖縄美ら海水族館は、39種の動物で繁殖賞を受賞するほど、優れた研究機関でもある。

aruco注目エリアの海洋博公園へ

人気のレジャースポットが集まる海洋博公園。なかでもaruco編集部が注目する、マストで行きたいエリアを全力ナビゲート！

9:00

園内を効率よく巡るコツ！

園内の移動には電気遊覧車を活用して。水族館を往復するコース、水族館と熱帯ドリームセンターを周回するコース、園内をくまなく巡る周遊コースの3ルートを運行している。

- 10:00〜17:00
- 1回乗車券300円、1日フリー乗車券500円

エメラルドビーチ
総合休憩所（美ら海プラザ） P9
マナティー館
ウミガメ館
イルカラグーン
オキちゃん劇場
ちびっこつりで P7 P6
沖縄美ら海水族館
総合案内所（ハイサイプラザ） P5
海岸遊歩道
おきなわ郷土村 P3
海洋文化館
P4（バス専用）
P2
熱帯ドリームセンター P8
夕陽の広場
熱帯・亜熱帯都市緑化植物園 P1

まずはやっぱり「美ら水」

まずは沖縄美ら海水族館（→P.148）へ。沖縄近海の水深700mまでの海を再現した水槽、75槽を展示している。悠々と泳ぐジンベエザメやナンヨウマンタたちに会いに行こう。

比較的空いている朝の時間帯に行くのがおすすめ

世界に8種いるうちの、5種のウミガメを飼育する

マナティー館ではタイミングがあえば給餌の様子が見られる

11:00

水族館の屋外ゾーンへ

水族館周辺には、沖縄周辺に暮らすウミガメを展示する「ウミガメ館」、人魚伝説のモデルになったアメリカマナティーを展示する「マナティー館」がある。両施設は無料で見学可能。

11:30

イルカショーに感動！

オキゴンドウやバンドウイルカによるイルカショーを開催。無料で観覧できる。

※当面の間、オキちゃん劇場は施設修繕のため、ショーはイルカラグーンで開催。

大きなオキゴンドウのダイナミックなショーに注目！

イルカに魚をプレゼント

エサやり体験も

1日5回、イルカラグーンのデッキ上からイルカに餌やりができる体験を実施。
- 毎日 10:00〜10:30、11:00〜11:30、12:00〜12:30、13:30〜14:30、15:30〜16:00（各回終了10分前に受付終了）

イルカの生態や能力についての解説も聞ける

イルカショーのスケジュール

毎日	10:30〜
	11:30〜
	13:00〜
	15:00〜
	17:00〜
	（各回約15分）

園内ではイルカの給餌体験のほかに、ウミガメへの給餌体験（500円）もやっていました！（岐阜県・めい）

12:00 海洋文化館で学習タイム

沖縄を含む太平洋地域における、海洋民族の歴史や文化を紹介している。漁に使うカヌーや民族衣装など約750点もの資料を展示。プラネタリウムホールも併設する。

資料を元に復元されたタヒチ島のダブルカヌー

海洋文化館
カイヨウブンカカン

☎0980-48-2741（海洋博公園管理センター）●8:30〜19:00（最終入館18:30）、10〜2月〜17:30（最終入館17:00）㉿ウェブサイトを参照
￥190円

広大な敷地に観光スポットが集まる

国営沖縄記念公園
（海洋博公園）

コクエイオキナワキネンコウエン（カイヨウハクコウエン）

"太陽と花と海"がテーマの国営公園で、1975年に開催された沖縄国際海洋博覧会を記念して翌年にオープンした。沖縄美ら海水族館をはじめとした、文化や自然が学べる施設を有する。

Map P.192-A2 本部

🏠本部町石川424 ☎0980-48-2741（海洋博公園管理センター）
●8:30〜19:30、10〜2月〜18:00 ㉿ウェブサイトを参照
￥無料 🚗許田ICから28km Ｐ1900台

中央ゲートそばの総合案内所で情報が手に入る

海洋博公園

家のつくりから当時の人々の暮らしがうかがえる

13:00
おきなわ郷土村で
昔の琉球にタイムトリップ！

17〜19世紀頃の、琉球王国時代の村落を再現したフィールド。敷地内には沖縄最古の歌謡集『おもろさうし』で詠われた、在来種の植物が集まる「おもろ植物園」もある。

植物園では全22種の植物を植栽展示している

おきなわ郷土村
オキナワキョウドムラ

☎0980-48-2741（海洋博公園管理センター）
●8:30〜19:30、10〜2月〜18:00 ㉿ウェブサイトを参照 ￥無料

穴屋型式の民家。母屋と台所の2棟からなる

さらに+30分足をのばして

植物を見ながら学ぶ

約9haの広大な敷地に、400種以上の植物を植栽。街路樹やヤシ類、ハーブなどを集めて植物展示する見本区や、芝生が広がるバンコの森ひろばなどがあり、散策にぴったり。

熱帯・亜熱帯都市緑化植物園
ネッタイ・アネッタイトシリョクカショクブツエン

☎0980-48-3782 ●8:30〜19:30、10〜2月〜18:00 ㉿ウェブサイトを参照 ￥無料

14:00
ドリームセンターで
熱帯の草花に癒やされる〜♪

5つの温室があり、熱帯・亜熱帯の植物が一年中観賞できる。最大の見どころは、常時2000株以上が咲き誇るラン。また高さ36mの遠見台もあり、晴れていれば瀬底島が望める。

熱帯ドリームセンター
ネッタイドリームセンター

☎0980-48-3624 ●8:30〜19:00（最終入館18:30）、10〜2月〜17:30（最終入館17:00）㉿ウェブサイトを参照 ￥760円

毎日2回、無料のガイドツアーを実施

中庭はフォトジェニックなスポット

満ちあふれる生命力に感動！南国の自然感じる

日本最大級の屋外植物園
東南植物楽園
トウナン ショクブツラクエン

鳥やカピバラなどと触れ合える広場もある

1300種ほどの熱帯・亜熱帯植物が観察できる植物園。エリアは大きく水上楽園、植物園のふたつに分かれており、約50種類の動物たちと触れ合えるコーナーもある。

Map P.188-B2 沖縄市

🏠 沖縄市知花2146
☎ 098-939-2555
🕘 9:30〜18:00（最終受付17:30、時期により変動あり）🈑なし 💴 1540円〜 🚗 沖縄北ICから1km 🅿 340台

水上楽園エリアは写真撮影にもぴったり

冬季はライトアップも！

ヒスイカズラやハイビスカスなど、沖縄らしいモチーフのイルミネーションが園内を彩る。入園には夜の部入園または1日入園券が必要。

🕘 10月下旬〜5月下旬の17:00〜22:00（最終受付21:30）💴 2150円〜

カラフルでロマンチックな世界が広がる

Try! List
- 日本一のユスラヤシ並木をおさんぽ
- 池に広がるハスを観賞（見頃は6月）
- 動物たちと触れ合ってみよう

高さ25mにもなるユスラヤシの並木道

巨石が林立するパワースポット
大石林山
ダイセキリンザン

2億5000万年前に形成された石灰岩層が、隆起してできあがった熱帯カルスト地形。琉球王国時代には聖地として信仰されていた。トレッキングコースがあり、ガイドツアーも実施。

Map P.197-A3 国頭

🏠 国頭村宜名真1241
☎ 0980-41-8117
🕘 9:30〜16:30 🈑なし 💴 入山料金1200円 🚗 許田ICから57km 🅿 130台

Try! List
- トレッキングコースでお手軽ハイク
- 石林の壁で御利益をもらう♡
- やんばるの固有の生物をウォッチ

トレッキングコースは全4種類ある

1. 沖縄の文化博物館を併設
2. 太陽の光が岩壁に当たり、パワーが集まるといわれる石林の壁

ガイドツアーに参加

専門ガイドと行くネイチャーガイドツアー、スピリチュアルガイドツアーを開催。スピリチュアルガイドツアーでは園内の拝所などを巡る。

🕘 ネイチャーガイドツアー10:00〜、スピリチュアルガイドツアー13:00〜（ともに要事前予約）💴 ネイチャーガイドツアー3500円、スピリチュアルガイドツアー4500円

解説を聞きながらトレッキングに挑戦しよう

✉ 「大石林山」のスピリチュアルガイドツアーでは、山中にある拝所や伝説の残るスポットなどに行きました。（埼玉県・Y）

ネイチャースポットへGO！

植物や動物たちと触れ合えるスポットへご招待！大自然からエネルギーをいただきましょ。

ネイチャースポット

園内には一年中ランの花が咲く

穏やかな湖上を進む

"ランの花と亜熱帯"がコンセプト
ビオスの丘
ビオスノオカ

濃厚な亜熱帯の森が広がる園内でアクティビティが楽しめる。特に湖水観賞舟は間近で湖畔の動植物が観察できるとあって人気が高い。ほかにカヌーや水牛車体験なども開催。

Try! List
- ☑ 湖水観賞舟に乗ってジャングルクルーズ
- ☑ カヌーでゆんたくタイム
- ☑ 世界中のランの花を観察してみよう

Map P.188-A2 うるま
🏠うるま市石川嘉手苅961-30 ☎098-965-3400 ⏰9:00〜17:30（最終入園16:15、時期により変動）休不定休 💴2200円（湖水観賞舟付き、ほかアクティビティは別途体験料あり。ゆんたくカヌーは45分3960円）🚗石川ICから7km Ⓟ130台

珍しい向かい合わせのゆんたくカヌー

周囲約1kmの湖を約25分間で周遊する湖水観賞舟

Try! List
- ☑ 亜熱帯の森を散策する
- ☑ 大主ガジュマルからパワーをもらう
- ☑ 港川人発見場所を望む

静かなコースを進んでいく

高さ20mにもなる大主（ウフシュ）ガジュマル

太古のロマンを感じる谷
ガンガラーの谷
ガンガラーノタニ

数十万年前の鍾乳洞が崩壊してできあがった谷。ガイドツアーでのみ入場可能で、専門ガイドとともに約1時間20分、亜熱帯の森や古代人の痕跡が残る洞窟などを巡る。

Map P.185-B3 南城
🏠南城市玉城前川202 ☎098-948-4192 ⏰9:00〜16:00（イベント時臨時休業あり）休なし 💴ガイドツアー2500円（要予約）🚗南風原南ICから6km Ⓟ30台

1. テラスから港川人発見場所を望む 2. 出発地点にカフェがある（ツアー参加者のみ利用可能）

日本最大のフライングゲージを保有
ネオパークオキナワ

約100種類もの動物たちと触れ合える体験型動物園。東京ドーム約5個分の広大な敷地を活用し、それぞれの動物たちに適した環境を造り、より自然に近い形で飼育している。

Map P.193-B3 名護
🏠名護市名護4607-41 ☎0980-52-6348 ⏰9:30〜17:30 休なし 💴1300円 🚗許田ICから11km Ⓟ533台

1. 大正時代に沖縄を通っていた機関車を再現 2. のびのびと過ごす動物たちに出会える

Try! List
- ☑ ゼロ距離で動物たちと触れ合おう
- ☑ 軽便鉄道に乗って園内を1周
- ☑ レッサーパンダを見ながら休憩タイム♪

レッサーパンダカフェでは餌やり体験も実施

放し飼いの動物たちと触れ合えるトートの湖

「ネオパークオキナワ」の園内にある種保存研究センターでは、アオコブホウカンチョウなど世界的に希少な動物に出会える。

おきなわワールド 7TO

"沖縄らしさ"がギュと詰まっ
体験系のOKINAWA
7つのやりたいトピ

topics 01 幻想的に輝く 玉泉洞（ぎょくせんどう）に感動☆

沖縄県最大級の鍾乳洞、玉泉洞。全長約5kmのうち890mを観光用に開放している。天井からびっしりと垂れ下がる鍾乳石や美しくライトアップされた「青の泉」など見どころ満載！

洞窟内には川が流れ、貴重な生物が生息している

玉泉洞の成り立ち
地殻変動で隆起したサンゴ礁（石灰岩）が雨水や地下水により溶食されて形成された。亜熱帯の気候の影響で鍾乳石の成長は早く、3年で1ミリ成長するという。

約2万本ものつらら石が見られる「槍天井」

topics 02 熱帯のフルーツを見て味わう

玉泉洞の出口を出た所にある「熱帯フルーツ園」。約50種、450本もの熱帯の果樹を栽培している。果樹園を抜けたら、フルーツを使ったドリンクを扱うパーラーでひと休みしよう。

スイカフローズン 700円

こんなフルーツが見られます！

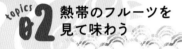

ドラゴンフルーツ
果実…5〜9月
花…6〜11月

マンゴー
果実…7月
花…2〜3月

パイナップル
果実…7〜9月
花…2〜4月

スターフルーツ
果実…9〜10月
花…2〜4月

バナナ
実も花も時期はまちまち

1. 一番人気の琉球ガラス体験
2. 自分で染められる紅型体験

体験 Menu

● 琉球ガラス体験
5分〜 ￥2200円〜

● 紅型体験
10分〜 ￥1500円〜

● 機織体験
5分〜 ￥1000円〜

● 陶芸体験
10分〜 ￥2200円〜

topics 03 うちなー体験にチャレンジ♪

琉球王国の町並みを再現した「琉球王国城下町」には伝統工芸の体験ができる施設が点在。気軽にトライしてみて。

topics 04 スーパーエイサーショーに大興奮！

おきなわワールドのハイライトのひとつが、沖縄の旧盆に欠かせない伝統芸能のエイサーをアレンジした「スーパーエイサーショー」。ダイナミックな演舞と演奏に心震えること間違いなし！

催行 10:30、12:30、14:30の1日3回 所要約30分

三線の音に合わせて太鼓衆が踊る

獅子舞も見られます

石垣の伝統、アンガマも登場♪

こちらもCheck！

ハブとマングースのショー
スーパーエイサーショーと同じ会場で行われるのが、ハブとマングースのショー。かつては対決だったが今は競争やハブの生態を解説する楽しいショーとなっている。
開催 11:30、13:30、15:30の1日3回、所要約20分

  玉泉洞に行きました！内部は思ったよりも広くて、45分くらい歩きます。履き慣れたスニーカーを用意しましょう。（京都府・あさみ）

時代にトリップ♪でできるPICS

たおきなわワールドは、テーマパーク！ックスを紹介！

topics 05 琉球王国の城下町をお散歩♪

赤瓦に平屋の木造家屋が美しい沖縄の古民家。おきなわワールドでは築100年を超える古民家を移築した「琉球王国城下町」エリアがある。聖地の神アシャギなどもあり、散策が楽しい。

屋根の上には個性的なシーサーたちが鎮座！

エリア内を琉装を来て歩くこともできる（囲1000円～）

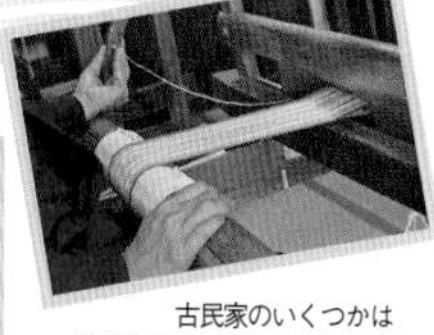

古民家のいくつかは伝統工芸の工房となっている

topics 06 沖縄の毒ヘビ、ハブについて学ぶ

本物のハブやマングースなどを飼育

沖縄に生息する毒蛇、ハブに関する研究施設から派生した「ハブ博物公園」。ハブに関する各種資料が見られるほか、実際のハブが飼育されたコーナーも！

ハブの身体の仕組みを写真や剝製で紹介

幸せを呼ぶという白ヘビとの記念撮影も！（囲1000円）

おきなわワールド

topics 07 地下水を使ったクラフトビールをグビリ☆

玉泉洞の地下に流れる水を使い、園内で醸造されるサンゴビール。工場併設の「地ビール喫茶 SANGO」では、できたてのビールをドラフトで味わえる。

1. クラフトビールと一緒にあぐー豚や石垣牛の串焼きをぜひ 2. 店舗のすぐ近くに醸造タンクがある

詳細は → P.67

ビールは全部で3種類

園内 3 hours モデルルート

午前中がオススメ！

園内をスムーズに楽しめるモデルルートをご案内！見どころがたくさんあるので時間に余裕をもっていくのがおすすめ。

Start!

9:00	9:45	10:00	10:30	11:00	11:30
入園、玉泉洞へ	熱帯フルーツ園	うちなー工芸体験	スーパーエイサーショー	城下町さんぽ	地ビールランチ
topics 01	topics 02	topics 03	topics 04	topics 05	topics 07

Finnish!

おきなわワールド

沖縄の自然・文化・歴史が詰まったテーマパーク

Photoスポットもたくさん！

県内最大規模のテーマパーク。最大の見どころは、日本でも有数の大きさを誇る鍾乳洞の「玉泉洞」。ほか熱帯フルーツ園やスーパーエイサーショー、琉球城下町散策に伝統工芸体験まであらゆる楽しみがぎっしり！

Map P.185-B3 南城

🏠 南城市玉城前川1336
☎ 098-949-7421 🕘 9:00～17:30（最終入園16:00）🈺 なし 2000円 � 南風原南ICから6km 🅿 400台

城下町エリアの古民家は、県内各地から移築したもの。建物により様式が違うので、見比べてみるのも楽しい。

2023年に生まれ変わった！
ニュー☆牧志公設市場を攻略

かつてウフマチ（大市場）と呼ばれ親しまれた那覇のまちぐゎー。牧志公設市場は、その中心。精肉・鮮魚・惣菜、食堂がひしめくワンダーランドを探検だ！

生鮮食品から加工品、おみやげなどあらゆる店がひしめく

テビチ（豚の足）はいかが？

フォトジェニックな沖縄の魚介類

那覇市第一牧志公設市場
Makishi Public Market

売り切れ必至のサーターアンダギー

沖縄の食材が一堂に！
那覇市第一牧志公設市場

ナハシダイイチマキシコウセツイチバ

那覇市民の台所として親しまれている公設市場。戦後に開かれた闇市がルーツで、その後1950年に市が整備し開設された。老朽化のため2019年に閉鎖、仮設店舗での営業を経て2023年に2階建ての新市場が完成。建物は新しくなったが、ローカルな雰囲気は昔のまま！

Map P.201-B3 那覇

- 那覇市松尾2-10-1 ☎098-867-6560
- 8:00～22:00（店舗により異なる）、食堂は～L.O.20:00 第4日（12月は除く） ゆいレール牧志駅から徒歩9分 なし

2F エレベーター＆階段で上った2階には、沖縄料理や海鮮料理が自慢の食堂が並ぶ。注目は1階で購入した食材を食堂に持ち込み調理してもらえる「持ち上げ」システム。売り切れ必至の「歩サーターアンダギー」にも寄ってみて。

食堂は10軒ほどある

10分もあればぐるり回れる

1F 建物の1階は市場。チラガー（豚の顔の皮）やテビチ（豚足）など「鳴き声以外は食べる」という豚肉のユニークな部位やカラフルな熱帯魚まで思わずワクワクする風景がいっぱい！ おみやげにぴったりな加工品も要チェック♪

威勢のいい声が響き渡る

持ち上げシステム

買った食材をその場で調理！

市場に行ったらチャレンジしたい「持ち上げ」。鮮魚の場合は刺身やマース（塩）煮、バター焼きなどから選べる。調理代は3品までひとり550円。

STEP 1 1階の鮮魚店で鮮魚や肉類を選ぶ。基本はグラム売りで、重さを量ったら料金を教えてくれる。

STEP 2 好きな食材を購入したあとは2階へ。食材運びや店選びは購入した店におまかせしちゃおう。

STEP 3 調理をお願いした食堂に着席して、料理を待つ。追加で料理やドリンクをオーダーしてもOK。

STEP 4 料理が完成！ 今回は2人で2品をお願いしたので、食材代にプラス1100円。

あぐー豚ロースを黒コショウで！

オクサン（赤魚）の焼き魚も

リニューアル後の牧志公設市場。前よりもキレイになって、歩きやすくなりました！（茨城県・ゆうゆ）

1階市場内のおすすめ店をCheck！

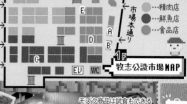

牧志公設市場

A 伝統のジーマーミ豆腐が自慢
ジーマーミ豆腐専門店 はま

ジーマーミトウフセンモンテン ハマ

首里にて創業50年、今も地釜炊きによる伝統製法で作るジーマーミ豆腐を製造・販売している。ピーナッツそのものの味が濃い豆腐は、舌触りもつるりと滑らか。

🈳なし ⏰9:00〜売り切れまで 🈺水・第4日

その場で食べることもできる！

ジーマーミ豆腐
3つセット
500円

3代目の大浜用輝さんが直接手売りしている

作りたてのみを販売

モズク商品は試食もできる

もずキム
1パック
1480円
(350g)

肉厚な生モズク〜

ご飯にもぴったりなもずキム

B 最高級の海藻をぜひ
沖縄海藻専門店 もずキム

オキナワカイソウセンモンテン モズキム

モズクや海ブドウなどの海藻をおもに扱う。看板商品は、県産の太モズクと自家製のキムチを合わせたもずキム。生モズクやワサビと合わせたもずワサも人気。

☎098-988-4935 ⏰9:00〜17:00 🈺第4日

パック
1個800円
(200g)

厳選食材の
海ブドウもぜひ♡

C 沖縄の鮮魚ならここへGo！
与那嶺鮮魚

ヨナミネセンギョ

店頭には、色とりどりの沖縄の鮮魚や貝類がずらり。旬の魚介の情報や普段見慣れない魚のおすすめ調理方法なども教えてくれる。食材の「持ち上げ」だってOK！

☎098-867-4241 ⏰8:00〜19:30

刺身盛り合わせのテイクアウト販売もしている

☎098-866-6421
⏰8:00〜18:00
🈺第4日

漬物ならなんでもおまかせ！

内地ではお目に欠かれない魚介が

D 味わい深い手作りお漬物
みのる漬物店

ミノル ツケモノテン

地元のおじぃとおばぁで営む漬物屋。ゴーヤーの浅漬けは、さっぱりとした味でおみやげにも最適。島らっきょうは浅漬けからカツオ、キムチ、ひじきなど種類豊富。

E 地元あんまー御用達
山城こんぶ屋

ヤマシロコンブヤ

創業70年、闇市から営業。沖縄の旧正月に欠かせないイリチー（炒め物）に使う切り昆布や大根、かんぴょう、スンシー（メンマ）などを扱い、地元支持も厚い。

☎090-9780-9043 ⏰9:00〜18:00 🈺第4日

商品はすべてグラム売り

3代目の粟国智光さん。昔ながらの相対売りを貫く

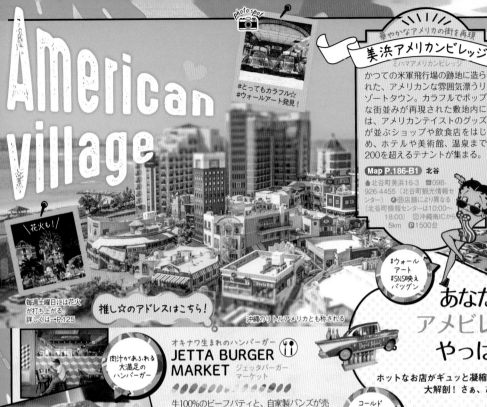

American village

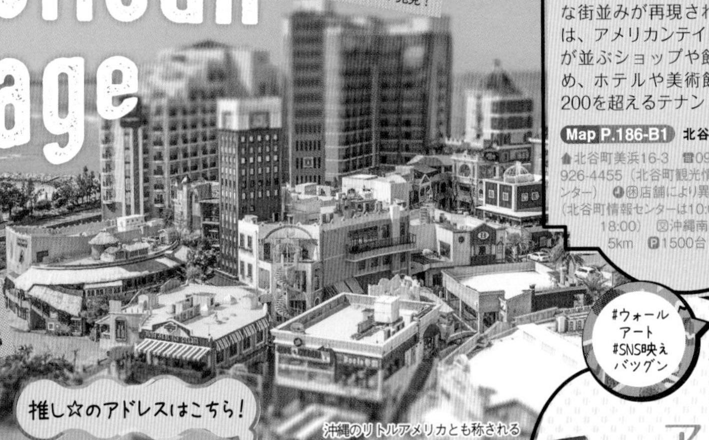

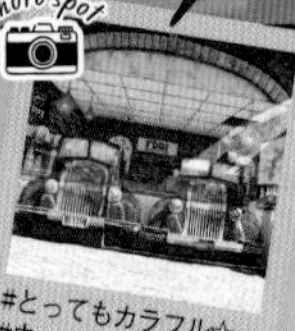

#とってもカラフル☆
#ウォールアート発見！

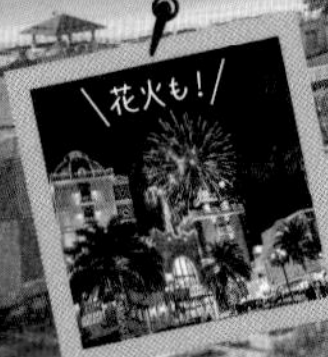

毎週土曜日には花火が打ち上がる。
詳しくは→P.125

推し☆のアドレスはこちら！

沖縄のリトルアメリカとも称される

華やかなアメリカの街を再現

美浜アメリカンビレッジ

ミハマアメリカンビレッジ

かつての米軍飛行場の跡地に造られた、アメリカンな雰囲気漂うリゾートタウン。カラフルでポップな街並みが再現された敷地内には、アメリカンテイストのグッズが並ぶショップや飲食店をはじめ、ホテルや美術館、温泉まで200を超えるテナントが集まる。

Map P.186-B1 北谷

北谷町美浜16-3 098-926-4455（北谷町観光情報センター） 店舗により異なる（北谷町情報センターは10:00～18:00） 沖縄南ICから5km 1500台

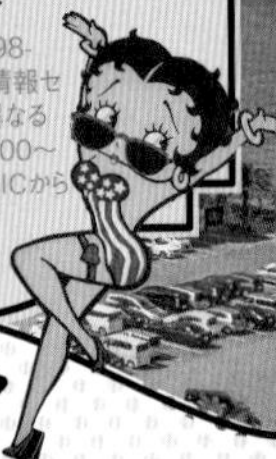

#ウォールアート
#SNS映え
バツグン

あなたに
アメビレと
やっぱり

ホットなお店がギュッと凝縮された
大解剖！ さぁ、あなた

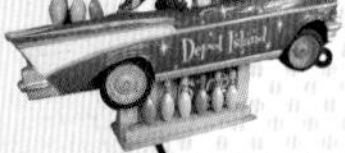

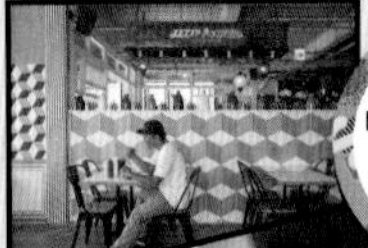

肉汁があふれる
大満足の
ハンバーガー

オキナワ生まれのハンバーガー

JETTA BURGER MARKET

ジェッタバーガーマーケット

牛100%のビーフパティと、自家製バンズが売りのハンバーガーショップ。さらにソースやベーコンもオリジナルというこだわりぶり。ボリュームが多いので満足感も◎。

ディストーションファッションビル 2F 098-989-5123 11:00～L.O.21:30 なし

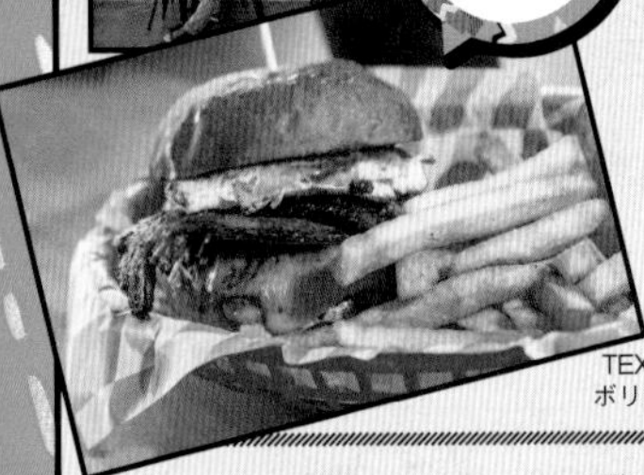

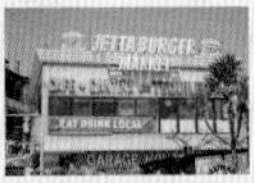

TEXAS EX BURGER1210円は味もボリュームも◎

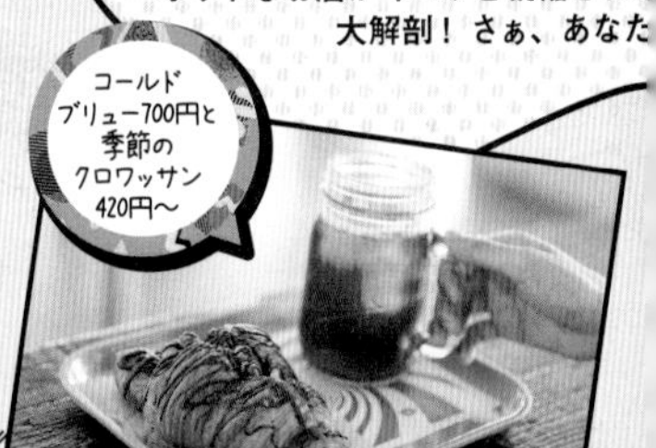

コールドブリュー700円と季節のクロワッサン420円～

ユーズドファッションが並ぶ

american depot

アメリカン デポ

1階にはアメリカンテイストな雑貨や小物が所狭しと並ぶ。2階にはアメリカやヨーロッパ直輸入のウェアを扱う沖縄最大の古着コーナーがあり、ヴィンテージ好きにはたまらない。

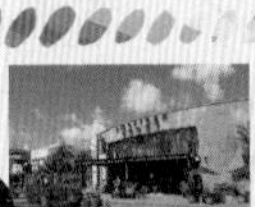

american depot ビルA 098-926-0888 10:00～21:00 なし

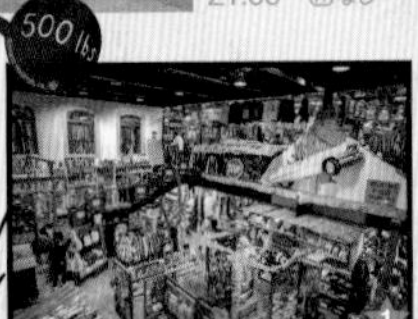

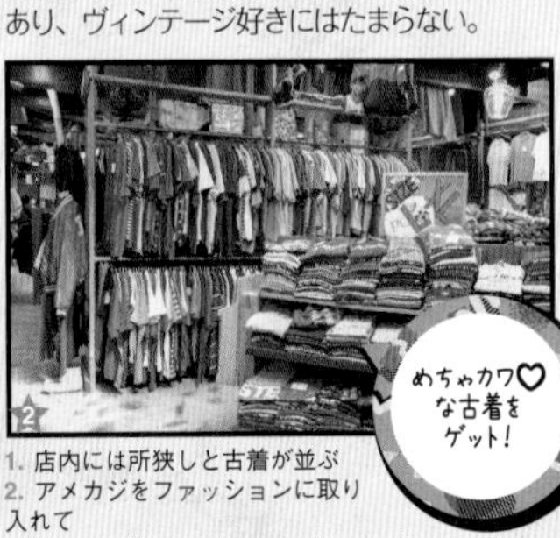

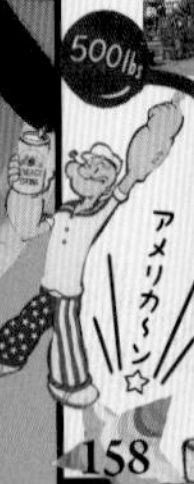

アメリカ～ン☆

めちゃカワ♡な古着をゲット！

1. 店内には所狭しと古着が並ぶ 2. アメカジをファッションに取り入れて

1. テーブル席やテラス席など150席がある 2. シングルオリジンの豆を店舗で焙煎している

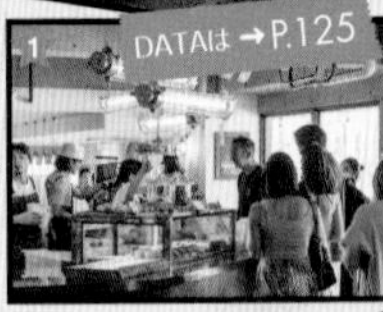

DATAは→P.125

おしゃれなカフェでひといき

ZHYVAGO COFFEE ROASTERY

ジバゴ コーヒー ロースタリー

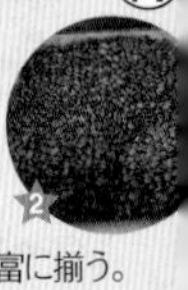

アメリカの西海岸を彷彿とさせるおしゃれな店内で、自家焙煎のスペシャルティコーヒーがいただける。ドーナツやアイスクリームなどスイーツも豊富に揃う。

「american depot」にはアメリカのスポーツチームの雑貨も売っていました。（千葉県・saho）

タコライスcafe きじむなぁ ウミカジテラス店

奇跡の組み合わせにほっぺが落ちそう

タコライス専門店でランチ♪

タコライスカフェ キジムナァ

タコライスの上に卵が乗った「オムタコ」が名物。ミートは、カレーやチリビーンズなど5種の味からチョイス可能。

🏠 豊見城市瀬長174-6 ☎098-851-3023 ⏰11:00〜 L.O.20:30 休なし

1. ふわとろ卵が乗ったオムタコ990円 2. 店内の席と目の前に広がるテラス席から選べる

シーサー注意

推しシーサーを見つけて

シーサーチュウイ

沖縄の守り神、シーサーのグッズが集まるセレクトショップ。伝統的なやちむんのシーサーから、シルバークラフトや木工のシーサーまで、見ているだけでも楽しい作品が並ぶ。

やちむんのシーサー 800円〜

おきなわっぽい

シーサー注意のステッカー450円

レジンシーサー 8900円〜

🏠 豊見城市瀬長174-6 ☎080-1542-2138 ⏰10:00〜20:00 休なし

おみやげ探しにぴったり

どっち推し？ ウミカジがおもしろい

沖縄の二大ショッピングスポットの推しはどちら？

SuiSavon -首里石鹸-

天然素材のスキンケア

スイサボン シュリセッケン

沖縄発のスキンケアブランド。香りや色、配合する原料にとことん沖縄らしさを追求した商品を展開する。石鹸のほか、フェイス、ボディ、ヘアケアアイテムも揃う。

🏠 豊見城市瀬長174-6 ☎0800-000-3777 ⏰10:00〜20:00 休なし

1. ボタニカルハンドメイドCUBE石鹸3つセット 1650円 2. 琉球のホワイトマリンクレイ洗顔石鹸 各2728円〜

アメビレとウミカジ

沖縄の海底泥（クチャ）配合の洗顔石鹸

photo spot

SuiSavon

#女子力UPなお店も #かわいい看板！

空港から直通！

#空港に近い #飛行機がすぐそこに

推し☆のアドレスはこちら！

Umikaji

瀬長島ウミカジテラス

空港至近のショッピングモール

セナガジマウミカジテラス

那覇空港の南部に浮かぶ、周囲約1.8kmの瀬長島を丸ごと使ったリゾート施設。傾斜地に地中海を思わせる白亜の建物が軒を連ね、47軒のショップやレストランが入る。目の前にはクリスタルブルーの海が広がり、絶好の夕日スポットとしても人気が高い。

Map P.198-C1 豊見城

🏠 豊見城市瀬長174-6 ☎098-851-7446 ⏰店舗により異なる 休なし（荒天による臨時休業あり）那覇・名嘉地ICから3km P600台

瀬長島は本島と道路でつながっているので簡単にアクセス可能。空港からはリムジンバスも運行している

「SuiSavon -首里石鹸-」では実際に店頭で商品を試すことができるので、自分に合ったアイテムが見つかりやすい。

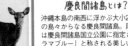

まさかや〜

日帰りで行ける！
本島周辺離島へのプチTrip♪

沖縄の離島へ、日帰りで行けるって知ってました？ おすすめのデスティネーションは6島。とびきり美しい海とのどかな景色が待っている！

慶良間諸島とは？

沖縄本島の南西に浮かぶ大小20余りの島々からなる慶良間諸島。周辺の海は慶良間諸島国立公園に指定され「ケラマブルー」と称される美しい海が広がる。のどかな島々の雰囲気も魅力。

From 那覇 Naha

那覇から離島への玄関口となるのは泊港。渡嘉敷、座間味、阿嘉島の慶良間諸島は人気のショートトリップ先。金曜なら伝統的建造物群保存地区である渡名喜島へも行ける。

MAX滞在 7時間50分

カンタン島NAVI
面積……………15.31km²
人口…………約674人
歩き方
メインビーチは阿波連ビーチ。渡嘉敷港からはバスもあるが、島内を周遊するならレンタカーまたはバイクがおすすめ。レンタカー会社は港周辺にある。

1. 阿波連園地の展望台　2. たくさんの海水浴客でにぎわう阿波連ビーチ　3. 花々に囲まれたCafe島むん＋

Trip 01 慶良間諸島最大の島 渡嘉敷島 トカシキジマ

慶良間諸島にある5つの有人島のひとつで、沖縄本島に最も近い。観光客たちのお目当ては、ケラマブルーの海でのシュノーケリング。島に上陸せずにシュノーケリングやダイビングを楽しむツアーもあるが、せっかくなら上陸して離島ならではの風情を感じてみて。

Map P.203-B・C4 慶良間諸島

☎098-987-2333（渡嘉敷村観光産業課）泊港から船で40分〜1時間10分

渡嘉敷島1日モデルコース

渡嘉敷島に着いたよ〜♪

9:40 渡嘉敷港到着
泊港から始発（9:00）の高速艇で渡嘉敷港に到着。今回は島内を周遊するのでレンタカーを利用。阿波連ビーチだけ楽しむならとかしき観光バス利用も◎。

レンタカーやバイクで回ろう

レンタカーについて
渡嘉敷港の周辺にレンタカー会社がある。夏休みやGWは混み合うので早めの予約を。
アロハレンタ企画
かりゆしレンタサービス

車 約8分

10:15 渡嘉志久ビーチで絶景に感動！
港から県道186号〜阿波連線をドライブすると、海を見下ろす展望スポットへ出る。さらに坂道を下ると渡嘉志久ビーチに到着。バスが通っておらず人が少ない。

渡嘉志久ビーチ トカシクビーチ
遊泳自由　Pあり

車 約6分

11:00 阿波連ビーチでシュノーケルタイム
阿波連線に戻り、さらに南下すると、メインビーチである阿波連ビーチに到着。美しく湾曲した約800mの砂浜の沖ではサンゴ礁や熱帯魚が見られる。周辺にはマリンアクティビティを扱うショップが点在。

阿波連ビーチ アハレンビーチ
遊泳自由　Pあり

1. ビーチシュノーケルで水中観察☆　2. ビーチパラソルなどのレンタルも（有料）　3. ビーチの横には展望台も

徒歩 約2分

13:00 島のカフェでまったりランチ
阿波連ビーチそばの集落にあるカフェでランチタイム。島の食材を使ったイタリアンや創作料理はどれも絶品。南国の花々に囲まれた外観もすてき。

Cafe 島むん＋ カフェシマムンプラス
嘉敷村阿波連152　☎080-6497-1392　12:00〜15:00、18:00〜22:00　不定休　Pあり

人気のイカスミ
チャーハン
900円

14:30 島一番のビュースポットへ！
阿波連ビーチからさらに南へ進み、島の先端部分にあるのが阿波連園地。ふたつの展望台があり、駐車場からは10分ほど歩くことになる。

阿波連園地 アハレンエンチ
散策自由　Pあり

車 約15分

15:30 港周辺の集落をおさんぽ
フェリーで帰る前に、渡嘉敷港周辺の集落をぶらつく。集落の外れにある根元家の石垣を見学したり、共同売店やスーパーでおみやげ探しはいかが？

根元家の石垣 ネモトケノイシガキ
☎098-987-2320（渡嘉敷村教育委員会）　散策自由　Pあり

車 約25分

徒歩 約5分

フェリーで那覇へ戻る

 渡嘉敷島の海がきれいすぎて感動。民宿もたくさんあるので、今度は宿泊してみようと思います。（兵庫県・はるな）

集落内で見つけたかわいいシーサー

1. 古座間味ビーチでアクティビティにチャレンジ！ 2. 港そばにあるビジターセンター、青ゆくる館。観光案内窓口やカフェを併設している 3. 島一番の展望スポットである高月山展望台 4. グンバイヒルガオに覆われた阿真ビーチ

ウミガメの遭遇率が高いのは阿真浜！

カンタン島NAVI
面積 ……… 6.7km²
人口 ……… 約595人

歩き方
日帰りで利用するのは港そばの古座間味集落。古座間味ビーチへは徒歩で20分、自転車で10分ほど。道は起伏が激しい。路線バスを利用するのも手。

\ 冬はホエールウォッチング！/

慶良間諸島の海には、冬になるとザトウクジラの群れが繁殖のためやってくる。この時期限定の人気アクティビティが、ホエールウォッチング。ツアーは座間味村ホエールウォッチング協会が催行。小型のボートで沖に出てクジラを探す

座間味村ホエールウォッチング協会
☎080-8370-1084 ◎1月上旬〜3月下旬、1日2回（詳細はウェブサイトで要確認） ◉6600円 [URL]zwwa.okinawa

Trip
02
MAX滞在
6時間30分

慶良間諸島の中心地
座間味島
ザマミジマ

慶良間諸島を代表するリゾートアイランド。泊港からのフェリーが就航している3つの島のうちで最もにぎやかで飲食店や宿も多いため離島ビギナーにうってつけ。メインビーチの古座間味ビーチやウミガメと泳げると話題の阿真ビーチは日帰りでも十分に行ける。

座間味島 でしたいコト
☐ 古座間味ビーチで海水浴
☐ 高月山展望台から絶景ビュー
☐ 阿真ビーチでウミガメと泳ぐ

Map P.203-A・B3 慶良間諸島
☎098-987-2277（座間味村観光協会）
◎泊港からフェリーで1〜2時間

MAX滞在
5時間50分

カンタン島NAVI
面積 ……… 3.8km²
人口 ……… 約257人

歩き方
メインは自転車。北浜（ニシバマ）は島の東にあり、港からは1.5kmほどだが上り坂が続く。島内にレンタカーはなく、レンタバイクも1軒だけ。

Trip
03
のどかな雰囲気が今も残る
阿嘉島
アカジマ

泊港からの慶良間諸島行きフェリーが就航する3つの島のひとつで、最ものどかな雰囲気。メインは、沖縄でも指折りの美しさを誇る北浜（ニシバマ）でのシュノーケリング。南の慶留間島とは橋で結ばれている。

Map P.203-B3 慶良間諸島
☎098-987-2277（座間味村観光協会）◎泊港からフェリーで50分〜1時間30分

阿嘉島 でしたいコト
☐ 北浜（ニシバマ）で泳ぐ
☐ 慶留間島へ渡る
☐ ケラマジカを観察

1. 見渡す限りの海岸線が続く北浜（ニシバマ）
2. 慶留間島にある重要文化財 高真家住宅

MAX滞在
4時間40分

4〜10月の金曜のみ日帰りOK！

Trip
04
古い古民家が残る
渡名喜島
トナキジマ

沖縄本島の西約58km。集落が国の伝統的建造物群保存地区に選定されており、フクギの木々に覆われた赤瓦の家屋が並ぶ、昔ながらの沖縄の姿をとどめている。ノスタルジックな雰囲気を感じながら散歩したい。

Map P.183-B1 渡名喜島
☎098-996-3758（渡名喜村観光協会）
◎泊港からフェリーで時間

1. 島で唯一海水浴が楽しめるあがり浜
2. 美しく掃き清められた集落内
3. 古民家の屋根にはユニークなシーサーが

カンタン島NAVI
面積 ……… 3.58km²
人口 ……… 約300人

歩き方
島に集落はひとつだけで、徒歩で十分に回れる。フェリーは往路復路とも午前中の1日1便だが、4〜10月の金曜のみは復路午後便があるので、日帰りも可能。

渡名喜島 でしたいコト
☐ 伝統的な集落を歩く
☐ かわいいシーサーを激写☆
☐ あがり浜で海水浴

嘉敷島から那覇泊港への最終フェリーは17:30発のため、MAX滞在時間は7時間50分。レンタカーを返し出港15分前には港に着くように。

From 本部（本島北部） Motobu

北部にもいくつかの離島があるが、日帰りで行けるのは伊江島と水納島。どちらもフェリーは本部町から出ており、伊江島は本部港、水納島へは渡久地港から出発となる。

イメージキャラクターのタッチェンだよ

4月下旬〜6月にはテッポウユリの群落が見られる

Trip 01 伊江島（イエジマ）

島中央の城山がシンボル

MAX滞在 6時間30分

沖縄本島の北西約9km。本部港からフェリーで30分、便も多いため日帰りで気軽に行ける。中央には海抜172mの城山（タッチュー）がそびえ、15分ほどで山頂まで登れる。メインビーチは設備充実の伊江ビーチ。島産ラムを作る伊江島蒸留所もあり、見学が可能。

Map P.192-A1 伊江島
☎0980-49-3519（伊江島観光協会）
🚢本部港からフェリーで30分

カンタン島NAVI
面積 ……… 22.76km²
人口 ……… 約4300人
歩き方
見どころは島南部に集中。城山、伊江ビーチ、伊江島蒸留所を回るだけなら自転車で十分。離れた場所へ行くなら島内で車を借りるよりもカーフェリー利用（要予約）が楽。

遠くからでもよく見える

便利な観光バスで回る
伊江島観光バスが島を一周する観光バスを運行している。
※2024年度の運行は未定

伊江島 でしたいコト
☐ 伊江ビーチでマリンアクティビティ
☐「タッチュー」に登る
☐ 伊江島産ラム酒をテイスティング

1. 写真映えスポットもある伊江ビーチ　2. 島随一のパワースポットであるニャティヤ洞　3.「タッチュー」の愛称で知られる城山　4. 伊江島蒸留所では見学後にテイスティングもできる　5. 島の特産、Ie Rum Santa Maria。伊江島蒸留所の売店で購入可

Trip 02 水納島（ミンナジマ）

三日月型のクロワッサンアイランド

MAX滞在 7時間15分

本部半島の沖合、北西約1.5km先に浮かぶ小島。サンゴ礁の海に囲まれ、ダイビングやシュノーケリングのスポットとして人気が高い。水納ビーチにはマリンアクティビティの受付やレンタル用品などの店舗が点在する。

Map P.192-B1 水納島
☎0980-47-2700（本部町商工観光振興班）
🚢渡久地港からフェリーで15分

水納島 でしたいコト
☐ 水納ビーチで海遊び

熱帯魚がいっぱい！

1 島を取り囲んでサンゴ礁が分布　2 島の形がクロワッサンに似ていることから、クロワッサンアイランドと呼ばれる

カンタン島NAVI
面積 ……… 0.47km²
人口 ……… 約40人
歩き方
島内のスポットは水納ビーチのみ。個人で訪れるよりもアクティビティ込みの日帰りツアーなどもある。

✉ 泊港にはコンビニやみやげ物店、カマボコ店が入っています。マーミヤかまぼこのおにぎりかまぼこがお気に入り。（東京都・ハナコ）

ターミナルも素朴〜

離島へのフェリーについて

From 那覇

那覇から離島行きのフェリーが出航するのは、泊港。慶良間諸島、渡名喜島ともに泊港から出発。

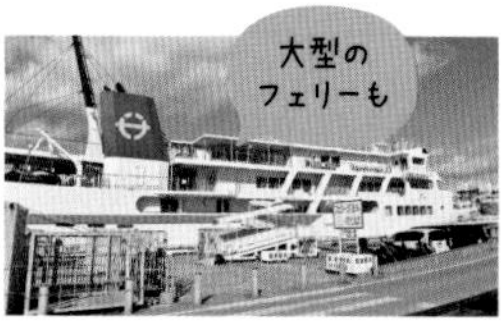

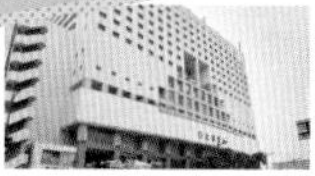

大型のフェリーも

離島旅の玄関口

泊港 トマリコウ

那覇の町なかにある。港に面して泊ふ頭旅客ターミナル(通称とまりん)が建ち、ターミナル内にチケットカウンターがあり、チケットの購入ができる。なお慶良間諸島行きの高速艇乗り場はターミナルから徒歩10分ほど離れているので注意すること。地下に有料の駐車場がある。

Map P.200-A2 那覇 🚃ゆいレール美栄橋駅から徒歩10分

チケットについて

泊港発の場合、フェリーのチケットは泊ふ頭旅客ターミナルで購入できるほか、インターネットや電話での購入も可能。予約をした場合は予約番号を控え、乗船当日にチケットカウンターに行き乗船名簿を記入、予約番号を告げて支払う。なお座間味村船舶のみはインターネット予約時に支払い可能で、カード支払い後に送られてくるQRコードを乗船時に見せるだけでOK。

From 本部 (本島北部)

本部にはふたつの港があり、本部港からは伊江島、渡久地港からは水納島行きのフェリーが出る。

伊江島のフェリーがここから
本部港 モトブコウ

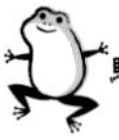

瀬底島へ渡る橋のそば。伊江島へのフェリーは車両のみがインターネットまたは電話予約が可能(徒歩乗船の場合は予約不可)。出港の30分前までにチケットを購入する必要があるので早めに港へ行こう。

港のそばに駐車場あり(有料)

Map P.192-B2 本部 🚗許田ICから23km

フェリースケジュール
🚢 伊江島

伊江村村営のカーフェリーが1日4便運航。所要約30分。車で乗船する場合は、事前予約が必要。

伊江村公営企業課 イエソンコウエイキギョウカ
☎0980-49-2255 🎫片道730円・往復1390円、自動車航送運賃(運転手1名を含む)片道2530円〜・往復4810円 URLwww.iejima.org

島までわずか30分!

本部発	伊江港着	伊江港発	本部着
9:00	9:30	8:00	8:30
11:00	11:30	10:00	10:30
15:00	15:30	13:00	13:30
17:00	17:30	16:00	16:30

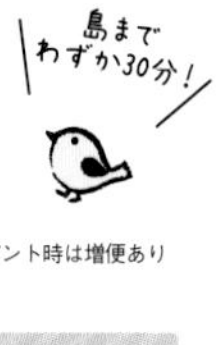

※上記は通常時のスケジュール。夏季(7/21〜8/31)や祭事、イベント時は増便あり

離島内の交通について

島や目的により、交通手段は異なる。ビーチでのんびりするだけなら自転車や徒歩でOKだが、島内を回るなら車やバイクの利用を頭に入れよう。どの島も港のそばにレンタサイクル店あり。

フェリースケジュール
🚢 渡嘉敷島

渡嘉敷村船舶の高速船とフェリーが毎日3〜4便運航する。所要は高速船が約40分、フェリーは約1時間10分。事前予約がおすすめ。

渡嘉敷村船舶 トカシクムラセンパク
☎098-868-7541(渡嘉敷村船舶課 那覇連絡事務所)🎫高速艇 片道2530円・往復4810円、フェリー 片道1690円・往復3210円 URLwww.vill.tokashiki.okinawa.jp

泊港発	渡嘉敷着	渡嘉敷港発	泊港着
★9:00	9:40	★10:00	10:40
10:00	11:10	14:00	14:40
★13:00	13:40	16:00	17:10
★16:30	17:10	★17:30	18:10

※★は高速艇 ※上記は夏季(3〜9月)のスケジュール。冬季は要確認
※泊港13:00発の便、渡嘉敷港14:00発の便はGWと7〜8月の金〜日曜のみ

🚢 座間味島、阿嘉島

座間味村船舶の高速船とフェリーが毎日3便運航。所要は高速船が約1時間、フェリーは約2時間。うち2便は途中阿嘉島を経由。人気の航路のため要事前予約(乗船日の1ヵ月前より)。

座間味村船舶 ザマミソンセンパク
☎098-868-4567(座間味村役場 那覇出張所)🎫高速艇 片道3200円・往復6080円、フェリー 片道2150円・往復4090円 URLwww.vill.zamami.okinawa.jp

泊港発	阿嘉港着	座間味着	座間味発	阿嘉港発	泊港着
★9:00		★9:50	★10:00	★10:10	11:10
10:00	11:30	12:00	14:00	14:15	16:00
★15:00	15:50	16:10	★16:20		17:10

※上記は2024年3月のスケジュール。時期により変動あり ※★は高速艇

🚢 渡名喜島

久米商船の久米島行きの船が渡名喜港に寄港する。1日1便、所要約2時間。

久米商船 クメショウセン
☎098-868-2686 🎫片道2750円・往復5230円 URLwww.kumeline.com

泊港発	渡名喜港着	渡名喜港発	泊港着
9:00	10:55	10:35	12:30
		15:35	17:30

※上記は夏季(4〜10月)のスケジュール。冬季は要確認
※渡名喜港発15:35の便は金曜のみ、冬季は運航なし

町のそばの小さなターミナル
渡久地港 トグチコウ

本部の町の中心にある。すべてのフェリーは事前予約ができない。専用の駐車場はないが、港の周辺に無料の駐車スペースがある。

Map P.192-A2 本部 🚗許田ICから25km

フェリースケジュール
🚢 水納島

水納海運のフェリーが毎日3〜8便運航(時期により変動。ハイシーズンの7/20〜8/31は8便)、所要約15分。

水納海運 ミンナカイウン
☎0980-47-5179 🎫片道910円・往復1730円 URLwww7b.biglobe.ne.jp/~minna/

裏 aruco
取材スタッフの
独断 TALK

「私たちの密かなお気に入りはコレ！」

編集者が取材先で仕入れた、本当は誰にも教えたくない
隠れた沖縄のとっておき情報を公開！

この星の名前は〜

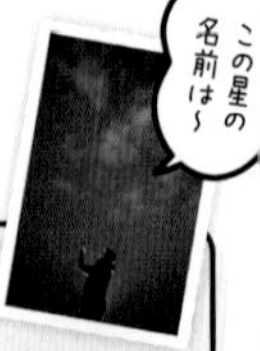

素朴なやちむんにひとめ惚れ！

那覇市の外れにある眞正陶房は、酒甕を作る工房からスタートし現在では器作りも手がけています。私のお気に入りは、パステルカラーのマカロンシリーズ。名前のとおりのぼってりフォルムで、手作りならではの温もりを感じます。(編集T)

マカロンシリーズ。3寸正方皿2090円、たた豆皿1650円

眞正陶房 シンセイトウボウ
Map P.199-B4 那覇

🏠那覇市真地260-6 ☎098-996-5296 ⏰10:00〜16:00 🈺祝 🚗那覇ICから3km Ｐあり

収穫から焙煎まで！Okinawaのコーヒーを楽しむ

やんばるの東村でコーヒーを栽培している又吉コーヒー園。コーヒーの収穫時期である11〜4月には、実際に収穫体験ができます。自分で実を摘み、焙煎して飲むまでをひと通り体験。終わる頃にはコーヒー好きになること間違いなしです。(編集S)

焙煎も自分の手で行う

又吉コーヒー園 マタヨシコーヒーエン
Map P.194-B2 東

🏠東村慶佐次718-28 ☎0980-43-2838 ⏰10:00〜17:00、土・日・祝9:30〜 🈺不定休 🚗許田ICから30km Ｐ30台 [コーヒー収穫体験] 催行：11月〜4月下旬10:00〜、14:00〜、所要約2時間30分、要予約 💴8800円

新しい店舗も続々登場！進化するセンベロ

たった千円でお酒とつまみが楽しめるセンベロ。沖縄におけるパイオニアである足立屋(→P.21)の系列店では洋食系のおつまみが味わえます。本店はお世辞にもキレイとはいえませんが、こちらは清潔でスペースも少しだけゆったりしてますよ。(編集S)

バルみたいな洋食メニュー！

角打ち酒場 足立屋 カクウチサカバ アダチヤ 
Map P.201-B3 那覇

🏠那覇市松尾2-10-20 ☎098-868-8250 ⏰18:00〜翌1:00 🈺月 🚃ゆいレール牧志駅から徒歩10分 Ｐなし

やんばるの星空を観測できるツアー

人口の光がほとんどないやんばるでは、満天の星空を観測できます。セルフで夜空を見るのもいいのですが、観測ツアーがおすすめ。国頭村森林公園のツアーでは、ガイドさんが星について教えてくれ、天文台で天体観測もできちゃいます。(編集S)

国頭村森林公園 クニガミソンシンリンコウエン 
Map P.196-C2 国頭

🏠国頭村辺土名1094-1 ☎0980-43-0514 ⏰10:00〜17:00(事務所) 🈺火 🚗許田ICから38.5km Ｐあり [星空観望ツアー] 催行・通年(時期によりスタート時間が異なる)、所要約1時間15分、4日前までに要予約 💴5500円

朝すば

種類豊富な沖縄限定コンビニフードに注目！

沖縄にはセブン-イレブン、ファミリーマート、ローソンの3つのコンビニがチェーン展開していて、それぞれ限定のフードを販売しています。定番は沖縄そばやポーク玉子おにぎり。季節限定で沖縄天ぷらやテビチ入りおでんまで登場します。(カメラマンT)

限定グルメが最も充実しているのはファミマ！上記はアイスを除きファミマオリジナル

首里のお寺で開催される公演に感動！

琉球古典音楽・野村流師範である親川遥さんの定期公演です。隔月に1度、首里の寺院で開催されています。歌三線のほか琉球舞踊も披露され、舞台は荘厳な雰囲気。公演ごとにテーマが変わるので、何度行っても楽しめます。(編集T)

12曲ほど演奏される

親川遥 公演「綾もどろ」 オヤカワハルカ コウエン「アヤモドロ」
那覇

⏰隔月1回、18:30〜 💴前売2500円、当日3000円 (スケジュールやチケットはウェブサイトで要確認)

美ら海と森が育む
南国リゾートを満喫☆

リゾート沖縄の大本命
アクティビティ&ホテルを
チェックしなくちゃ!

日本一のビーチリゾートである沖縄には、
自然を満喫できるアクティビティがいっぱい!
パワフル派ものんびり派も大満足間違いなし!
リゾート気分を盛り上げるホテル情報も合わせて紹介。

美らビーチを遊び尽くす
マリンアクティビティNAVI

沖縄を120%楽しむなら、やっぱり海で遊ばなきゃ！ ぜーんぶ制覇したくなるような、マリンアクティビティを集めました♪

泳げなくても大丈夫！
マリンウォーク

泳げない人や水が苦手な人でも挑戦しやすい

酸素が供給されるヘルメットを被って海中散歩が楽しめる。顔を濡らさないので、めがねやコンタクト、メイクもそのままでOK。

ここで体験可能！
A 一般利用90分 1万1000円（催行：3〜10月）
E 60〜90分 8800円（催行：通年）

まったり スリリング

ここで体験可能！
A 一般利用60分 9900円（催行：3〜10月）
C 60分8800円（催行：通年）

まったり スリリング

ボートでパラシュートを引っ張り、上昇気流に乗って空中に舞い上がるアクティビティ。離着陸はボートからなので濡れる心配もない。

上空から海を見てみる
パラセーリング

鳥になった気分！

360°のパノラマビューはパラセーリングならでは

鉄板マリンアクティビティ
バナナボート

チームワークが必須。盛り上がること間違いなし

ここで体験可能！
C 10分1000円（催行：通年）
D 1回2200円（催行：4月下旬〜10月）
E 5分1800円（催行：通年）
F 15分2000円（催行：通年）

まったり スリリング

ジェットスキーが牽引するバナナ型ボートに乗って海上を疾走！ 友達やカップル同士で息を合わせて、ボートから落ちないようにしよう。

ハワイ発祥のスポーツ
SUP

バランスが大事

体幹を使いながら前に進んでみよう

ここで体験可能！
E 一般利用30分 3500円（催行：通年）
C 60分4400円（催行：5〜9月）
D 1回2000円（催行：4月下旬〜10月）
E 30分2500円（催行：通年）

まったり スリリング

浮力の高いボードに乗り、パドルを左右交互に漕いで水面を進むマリンスポーツ。ボード上でバランスを取りながら進むのが楽しい。

水上をゆったり進む
シーカヤック

のんびりと沖縄の自然を味わおう

ここで体験可能！
B 一般利用30分 1人乗り2000円、2人乗り2500円（催行：通年）
C 30分1100円（催行：通年）
D 45分1500円（催行：4月下旬〜10月）
F 30分2500円（催行：通年）

まったり スリリング

カヤックに乗ってパドルを漕ぎ水面を進むシーカヤックは、安定感が高いのが特徴。操作も簡単なので初心者でも気軽に挑戦できる。ダブルならカップルでも◎。

おすすめマークの見方（P.166-171）

🏖 沖縄ビギナー　⚙ 友達同士　♥ カップル　🏠 ファミリー

マリンウオークは、ダイビングが苦手な私にはぴったりでした！ お化粧がそのままでいいのもよかったです。（東京都・S）

海風が気持ちいい

のんびり景色が楽しめる
ペダルボート

ほのぼの系アクティビティの大定番。みんなで息を合わせてペダルを漕ごう。

船上から海の底が見える

ここで体験可能！
B 一般利用
30分3000円
（催行：通年）
E 30分3500円
（催行：通年）

まったり／スリリング

操作は意外と簡単
フライボード

力まず足をしっかり伸ばすのがコツ

時間帯によっていろいろな表情の海が見られる

水が噴射されるボードに乗り、その水圧で空中を飛ぶ迫力満点のスポーツ。

ここで体験可能！
A 一般利用
30分9900円
（催行：通年）

忘れられない思い出を
クルージング

デイクルーズだけでなくサンセット、ナイトなど多様なクルーズが催行されている。

ここで体験可能！
A 一般利用
45分4400円〜
（催行：通年）
C 約60分4400円〜
（催行：通年）
E 30分3000円〜
（催行：3〜11月）

まったり／スリリング

爽快感バツグン！
ウェイクボード

モーターボートの牽引で波に乗り、海を滑走するアメリカ発祥のスポーツ。

勢いよく進む！

まったり／スリリング

ここで体験可能！
A 一般利用10分
5500円（催行：通年）
B スクール一般利用
30分6500円、フリートイング一般利用10分3800円
（催行：通年）
F 未経験者30分6500円、経験者15分4500円
（催行：通年）
F 経験者のみ20分
3500円（催行：通年）

初心者向けに講習があるところも

こんなのもある
伝統の船に乗ってクルージング
はりゅう船ハーリー体験
ハリュウセンハーリータイケン

船を漕いで競う伝統行事「ハーリー」が体験できる。実際の爬龍船（はりゅうせん）は手漕ぎだが、こちらはモーター付きなので体力に自信がなくてもOK！

ここで体験可能！
C 20分3000円（催行：通年）

まったり／スリリング

伝統行事を体験

龍がモチーフの爬龍船

ここで体験
申し込みはコチラへ

A ザ・ブセナテラス
定番のアンダーウォータープログラムのほか、約760mにわたって続くブセナビーチを生かしたサンセットヨガなどを開催。
Map P.193-C3　名護
🏠名護市喜瀬1808　☎0980-51-1357（アクティビティカウンター）　⏰受付9:00〜20:00　🅿️350台
ブセナビーチ →P.18

B ホテル日航アリビラ
ホテルニッコーアリビラ
知的好奇心を刺激するアクティビティを展開。特にウェイクボードはスクール講習があるので、初めて挑戦する人にオススメ。
Map P.188-B1　読谷
🏠読谷村儀間600　☎098-982-9622（アクティビティカウンター）　⏰受付9:00〜18:00（時間により変動）　休なし　沖縄ICから18km　🅿️250台（有料）
フライビーチ →P.18

C ルネッサンス リゾート オキナワ
はりゅう船ハーリー体験やドルフィンプログラム（→P.169）など、ひと味違うアクティビティが揃う。家族で楽しめる体験も多い。
Map P.188-A2　恩納
🏠恩納村山田3425-2　☎098-965-0707（アクティビティカウンター）　⏰受付9:00〜17:00　休なし　石川ICから5km　🅿️200台

D 宜野湾トロピカルビーチ
ギノワントロピカルビーチ
那覇空港からアクセスしやすい立地。他よりもお得な価格で定番アクティビティに挑戦できるのがうれしいポイント。
Map P.186-B2　宜野湾
🏠宜野湾市真志喜4-2-1　☎070-3802-9963（アクティビティ予約専用）　⏰受付4月下旬〜10月9:00〜18:00（時間により変動）　休なし　西原ICから5km　🅿️160台
→P.19

E オクマ プライベートビーチ&リゾート
天然白砂のオクマビーチを満喫するマリンアクティビティを豊富に用意。やんばるの森で遊ぶエコツアーも実施している。
Map P.196-C2　国頭
🏠国頭村奥間913　☎0980-41-2400（ビーチインフォメーションデスク）　⏰受付9:00〜18:00（時間により変動）　休なし　許田ICから36km　🅿️150台
オクマビーチ →P.19

F KINサンライズビーチ海浜公園
キンサンライズビーチカイヒンコウエン
2022年オープンのビーチで、アクティビティのほか手ぶらでBBQも実施。友達同士でワイワイ楽しみたい人におすすめ。
Map P.189-A4　金武
🏠金武町金武10819-4　☎098-968-3373　⏰受付9:00〜17:00（最終受付9:00〜）　休月（祝日の場合は翌日）　金武ICから8km　🅿️270台（有料）
→P.19

ウワサのおもしろ海遊びを大解剖☆

こんなことまで体験できちゃうの?!

北谷の海に眠る海底遺跡へGO

体験ダイビング

北谷町の海底に沈む遺跡へダイビングで行けるツアー。ピラミッド状の地形や巨石構造物は、古代の城郭跡かも!?

実際に調査が進められているミステリースポット

初心者でも大丈夫◎

海底ピラミッド 体験ダイビング
催行：8:00〜、13:00〜
（通年、所要3時間）
料金：1万1800円ン価格　キャンペーン
まったり／スリリング

World Diving
ワールドダイビング

知的好奇心くすぐられる体験ダイビングコースを開催している。すべて完全貸切のプライベートコースなので初心者も安心。ダイビング中の高画質の撮影付き。

Map P.188-A2 恩納

🏠恩納村仲泊47 ☎098-989-1474 ◎受付9:00〜19:00 ⊕なし ⊕要予約 ⊗石川ICから5km Ⓟ8台

幻想的な青の洞窟を泳いで探検

シュノーケリング

真栄田岬の崖下にある青の洞窟。太陽光の反射によって輝く青の空間をシュノーケリングで満喫できる。

自然が生み出した神秘的な空間

ぷかぷか浮かぶのが楽しい〜

シュノーケリングin青の洞窟
催行：9:00〜、11:00〜、13:00〜、15:00（5〜10月のみ、所要2時間）
料金：4500円
まったり／スリリング

Mana Enjoy Diving
マナ エンジョイ ダイビング

海を知り尽くすスタッフがていねいに案内してくれるので、初心者にも安心。シュノーケリングのほか、体験ダイビングやファンダイビングも実施。

Map P.188-A2 恩納

🏠恩納村山田2702-1 ☎098-927-5887 ◎受付8:00〜18:00 ⊕なし ⊕要予約 ⊗石川ICから6km Ⓟあり

貴重なヨナグニウマと海で触れ合う

海馬遊び

与那国島の在来馬、ヨナグニウマと海中で触れ合える。ハイライトはしっぽに捕まって海を泳ぐ「シッポッポでGO!」。

ヨナグニウマに乗ったまま海にイン!

スイスイ進む!

海馬遊び
催行：随時（5〜10月初旬のみ、所要1時間30分）
料金：1万3000円〜
まったり／スリリング

うみかぜホースファーム

夏限定の海馬遊び以外にも、ビーチや森を馬の背に揺られながら歩く、涼しい時期に催行の乗馬メニューを用意。温厚な性格でかわいらしいヨナグニウマと一緒に遊ぼう!

Map P.185-B3 南城

🏠南城市内（プログラムにより異なる）☎予約制 🔗umikaze-horsefarm.jimdofree.comから ◎受付10:00〜15:00 ⊕不定休 ⊕要予約 ⊗南風原南ICから9km Ⓟ50台

定番アクティビティでは物足りない、一歩踏み込んだ体験をしてみたい……。そんなあなたにオススメの海遊びをご紹介！

ハイシーズン中の予約は早めに！
海で遊ぶのにもってこいの夏は、観光客が最も多い季節でもある。体験の予約は1ヵ月以上前に入れておこう。

思いっきり楽しむブ〜

おもしろ海遊び

帆かけサバニ

伝統漁船で海上を進む

沖縄に代々伝わる完全木造の漁船「帆かけサバニ」に乗って、やんばるの海をクルージングする希少なツアー。

数人しか残っていない職人が手作りした、貴重なサバニ

初心者でも大丈夫◎

櫂で漕いで進みます

帆かけサバニクルーズ
催行：随時（所要2時間）
料金：8000円

まったり｜スリリング

やんばるエコフィールド島風
ヤンバルエコフィールドシマカジ

カヤックやシャワークライミング、トレッキングなど、やんばるの自然と遊ぶ冒険心くすぐるツアーが豊富。秘境の森を探検する気持ちでツアーに臨もう。

Map P.194-B2 東

🏠東村有銘556-2 ☎080-9852-5562 ⏰受付8:00〜19:00 休なし 2日前までに要予約 集合は東村ふれあいヒルギ公園（東村慶佐次54-1）P30台（集合場所）

ドルフィンプログラム

イルカと一緒に泳ぐ夢のような時間

ルネッサンス リゾート オキナワではホテル内にイルカがすむラグーンを併設。ふれあいプログラムも開催している。

水族館のトレーナーになった気分！

ドルフィントレーナー体験プログラム「ドルフィンオデッセイplus」

ドルフィンオデッセイ
催行：12:30〜（所要1時間30分、要予約）
料金：2万5000円

まったり｜スリリング

ルネッサンス リゾート オキナワ

ホテルにあるラグーン内に、バンドウイルカが暮らす。キュートなイルカたちと一緒に泳いだりふれあうプログラムは、一生の思い出に残ること間違いなし。イルカ好きはぜひ参加して。

DATA → P.167

ジップライン

日本初の海越えジップライン

全長はなんと250m。眼下に広がる白砂のビーチと青い海を眺めながら大空を滑空する。スリルはもちろん抜群！

滑空時間は約30秒。眺望を楽しもう

空を舞う鳥になった気分！

Megazip
催行：営業時間中随時（所要30分）
料金：2750円（宿泊者の場合は1650円）

まったり｜スリリング

PANZA 沖縄
パンザ オキナワ

シェラトン沖縄サンマリーナリゾート内にある。外来利用可能だが、天候によって運行が左右されるため事前予約不可。ウェブサイトで運行状況をチェックしておこう。

Map P.188-A2 恩納

🏠恩納村富着66-1（シェラトン沖縄サンマリーナリゾート内）☎050-5236-7750 ⏰9:00〜12:00、14:00〜17:00、休なし 事前予約不可 石川ICから6km P200台

大自然からパワーチャージ
森や川と遊ぶネイチャー体験ツアー6選

沖縄といえば海？ だけじゃない！ 大自然を相手にしたスペシャルなツアーに参加して、緑のフィールドを訪れてみよう。

服装・持ち物について
服装や持ち物は「長袖・長ズボン」や「水着持参」など、ツアーによって指定されている場合がほとんど。事前に催行会社へ連絡し、どんな服装・持ち物で臨むべきか確認しておこう。

全身で自然を感じる！

世界遺産の森をプライベートツアーで

1 シャワークライミングツアー

やんばるの森にあるダムの湖面をカヤックで進み、シャワークライミング（沢登り）に挑戦。滝つぼ遊びも楽しい！

催行：9:30〜、13:00〜
（4月下旬〜10月下旬、所要3時間）
料金：2万7000円〜

まったり　スリリング

このツアーでしか入れない貴重なフィールドで滝壺遊びを楽しもう

ここで体験可能！

東村観光推進協議会
ヒガシソンカンコウスイシンキョウギカイ

やんばるの森を舞台に、自然をアクティブに楽しむツアーを開催している。シャワークライミング以外にも、森に住む動植物にフォーカスしたカヤック＋森トレッキングツアーを実施。

Map P.194-B2 東

東村平良809-1　☎0980-51-2655　受付9:00〜17:00　なし　要予約　集合場所は福地川海浜公園（東村川田334）　P41台

ツアーの流れ

県内最大の福地ダムをカヤックで進む。ダム湖なので水面は穏やか

カヤックを降りたあとは、リバートレッキングスタート！

滝つぼに到着。貸切ツアーだから、いろいろなことにトライできる

みんなでひと息ついたら、再びカヤックでスタート地点へ戻る

森林浴でリフレッシュ

静かな森で深呼吸☆

2 森林セラピー

日々の喧騒から離れて、国頭村森林公園内を歩く

ここで体験可能！

国頭村森林セラピー協会
クニガミソンシンリンセラピーキョウカイ

森林を歩くことで、日々のストレスや緊張状態から心と体を解放することが目的。所属する国頭公認セラピーガイドとの会話を楽しみながら森を歩けば、新たな発見があるかも。

Map P.196-C2 国頭

国頭村奥間1569-1　☎0980-41-2420　受付9:00〜17:00　なし　要予約　集合場所は国頭村観光協会（国頭村奥間1569-1）　P30台

催行：9:30〜
（通年、所要2時間30分〜3時間）
料金：5500円

まったり　スリリング

※2024年4月から料金変更。詳細はHPより

"ぬちぐすい（命薬）の森"と呼ばれる国頭村の森では、森林を歩いてストレスを発散するプログラムを実施中。

ツアーの流れ

入念にストレッチをして、緊張状態の体をほぐしてからスタート

ガイドとともにフィールドを歩きながら五感で自然を感じとる

散策途中にはティータイムも。みんなで楽しくゆんたくしよう

日常生活に生かせるように参加して気がついた点をまとめよう

森林セラピーのティータイムで、ガイドさんのお手製のお菓子をみんなで食べました！（大阪府・まる）

太古の地球を感じる

鍾乳洞たんけんコース

数十万年前に形成されたという鍾乳洞に潜入。ヘッドライトの明かりだけを頼りに、全長約230mのコースを進む。

1. 自然のまま残る鍾乳洞を探検
2. ヘッドライトを頼りに進む
3. 自然が生み出した風景を堪能できる

ここで体験可能！

松田地区体験交流センター
マツダチクタイケンコウリュウセンター

沖縄県内で見られる鍾乳石の種類ほぼすべてが確認できる松田鍾乳洞。ツアーでは知見の深い地元ガイドが案内。時には屈んで進んだり、運がよければ天然記念物の生き物が見られることも。

⚙🏠

催行：10:00〜、13:00〜、15:00〜（通年、所要2時間）
料金：6000円

まったり＜＜＜スリリング

Map P.191-A3 宜野座

🏠宜野座村松田78 ☎098-989-8100
🕐受付9:00〜17:00 🈳不定休 要予約
宜野座ICから4km P8台

初挑戦の人向けプログラム

ロッククライミング

1. まずは使う器具の説明から
2. 自然を相手にロッククライミング
3. ロープがついているので安心

登頂できるかな？

ロープ付きなので、初めて挑戦する人で問題なく登れるツアー。登頂時の達成感が気持ちいい！

ここで体験可能！

沖縄プロデュース カマダ
オキナワプロデュース カマダ

リバートレッキング、キャニオニングなど、自然をワイルドに遊ぶツアーを開催。専門のインストラクターによるていねいな説明付きで、初心者や体力に自信のない人でも安心。

⚙♥

催行：8:30〜、13:00〜（10〜4月のみ、所要3時間）
料金：5000円

まったり＜＜＜スリリング

Map P.190-A2 恩納

🏠恩納村名嘉真2288・38 ☎090-1949-6326
🕐受付7:00〜19:00 🈳なし 要予約 集合は勝山公民館（名護市勝山467）P5台

亜熱帯植物が生い茂るやんばるの森をトレッキングして、落差15mの名瀑・ター滝を見に行こう。

ありのままの自然を楽しむ

ター滝トレッキング＆滝つぼ遊び

泳いで遊ぶこともできる！

ネイチャー体験ツアー

1. 滝までは野趣に富む森をトレッキング
2. ター（ふたつを意味）滝はその名のとおり二股に分かれている
3. 珍しい生き物がいたらすぐカメラを構えて

⚙🏠

催行：午前の部、午後の部（1〜3月と7〜9月のみ、所要2時間）
料金：6050円

まったり＜＜＜スリリング

ここで体験可能！

おおぎみまるごとツーリズム協会
オオギミマルゴトツーリズムキョウカイ

ター滝に向かうには泳いだり、ロープを使って川上りするなどアドベンチャー感満載。ほかにもノルディックウォーキングやカヌーなど大宜味をフィールドに遊ぶツアーを多数開催。

Map P.194-B2 大宜味

🏠大宜味村田港1357-18 ☎0980-44-1960 🕐受付8:30〜17:30 🈳火 3日前までに要予約 集合は道の駅おおぎみ やんばるの森ビジターセンター（大宜味村津波95）P70台

夜の世界を冒険しよう

ナイトマングローブツアー

ペンライトを持って夜のマングローブ林を探険！滅多に見られない生き物との出会いがあるかも。

ここで体験可能！

屋我地エコツーネット
ヤガジエコツーネット

カヤックやサイクリングといった屋我地島を拠点にした自然体感型のツアーを多数開催。生命の宝庫・マングローブ林を舞台にした散策ツアーは生き物好きにはたまらない。

Map P.193-B4 名護

🏠名護市屋我37 ☎090-1942-2882 🕐受付8:30〜18:00 🈳なし 要予約 許田ICから18km P4台

🎒⚙♥

催行：17:00以降（通年、時間は時期により変動、所要2時間）
料金：6500円〜

まったり＜＜＜スリリング

1. ペンライトで生き物観察
2. マングローブに住むハマガニ
3. 日没より少し明るい時間からスタート

Point!
手がぶれないようにしっかり支えよう

ろくろを回しながら手で形成していく。集中力を研ぎ澄ませながら進めよう

使う道具は、粘土とヘラ、ろくろだけ。手ぶらで体験ができる

1

2

3

4

皿や茶碗など、作りたいものをスタッフに伝えるとコツを教えてもらえる

完成品はこちら

あっという間に完成。オプションで職人さんに絵付けしてもらうこともできる

器の真髄を学ぶ
やちむんづくり

沖縄を代表する焼き物＝やちむんを、名窯「育陶園」のスタッフに指導してもらいながら作ってみよう。

やちむん体験 ロクロ
催行：10:00〜16:00の1時間ごと（所要30分）
料金：4950円〜

ショップはこちら！
育陶園本店　イクトウエンホンテン

育陶園のショップ。伝統的な技法で作られたモダンで現代の生活になじむやちむんが揃う。

Map P.201-C3

食器や酒器、シーサーが並ぶ

ここで体験！
壺屋焼やちむん道場　ツボヤヤキヤチムンドウジョウ

職人による指導のもと、沖縄の素材を使ったやちむんづくりができる。仕上りには約1〜2ヵ月半かかり、完成後は自宅まで郵送してもらえる（送料別）。

Map P.201-C3　那覇

📍那覇市壺屋1-22-33　📞098-863-8611　🕐受付10:00〜17:00　🅿なし　要予約　ゆいレール牧志駅から徒歩10分　Pなし

うちなー文化をお持ち帰り♡
伝統工芸を体験！

沖縄の伝統文化が体験できるスポットで、昔ながらの手仕事に挑戦！できあがった品は、一生の宝物になること間違いなし。

まずは受付で作りたいグラスの形や技法、飾りなどを選ぶ

1

2

スタッフが溶けたガラスの種を竿につけて持ってきてくれる

今回はヒビが入ったグラスを選んだのでヒビ入れをしていく

4

Point!
息の強さで形が変わるので慎重に吹き込もう

宙吹きでマイグラス作り
琉球ガラスづくり

型を使用しない"宙吹き"で琉球ガラス体験にチャレンジ。形や色を自由に選んでマイグラス制作にチャレンジ！

宙吹き体験（要予約）
催行：随時（所要30分）
料金：2640円〜（グラスの形、装飾により異なる。右記写真はタルクグラス3300円＋カレット660円＋泡660円）

ガラスが冷えて固まる前に専用の器具を使って整形する

5

完成品はこちら

ここで体験！　Map P.188-A1
琉球ガラス工房 雫
リュウキュウガラスコウボウ シズク

読谷村にある、夫婦が営む琉球ガラス工房兼ショップ。レアな宙吹きでのグラス作りが体験できる。受け取りは翌日以降かまたは自宅まで発送も可能（送料別）。

DATA → P.94

ショップはこちら！
ショップは工房に併設。定番のグラスや皿などからアクセサリーまで幅広く取り扱う。

色とりどりの琉球ガラス製品が並ぶ

ガラスが柔らかいうちに息を吹き込んでふくらませていく

3

自分で作ったオリジナルやちむん、今でも愛用しています！（北海道・さくら）

1
まずは併設のカフェで自家栽培のハーブ茶をいただいてひと息

2
今回使う月桃について、実際に栽培している庭で解説してもらえる

Point!
硬い繊維なので力を込めて編もう

乾燥させた月桃の葉を使って編んでいく

3

4
月桃には防虫効果もあるのでキッチンで使うのに最適

完成品はこちら

Map P.192-B2 本部

🏠 本部町瀬底283　☎0980-43-0082　⏰受付 10:00～17:00　🈺月～水（夏季は月・火のみ）　🈯要予約　🅿許田ICから25km　🅿3台

ここで体験!

島遊舎 かぁらんやー
シマアシビシャ カァランヤー

築60年以上の古民家を改装し、工房を兼ねた草編みや民具作りなどが体験できるワークショップスペースとして再生。沖縄に自生する植物に触れながら、島人の暮らしを学べる。

沖縄の植物を使った手仕事
草編み・民具づくり

古くから沖縄の暮らしを支えてきた草編みにトライ。鍋敷きやカゴ、コースターなどを作ることができる。

鍋敷きづくり
催行：随時（所要1時間30分）
料金：3500円～

カフェも併設
体験の人以外でも立ち寄れるカフェを併設。ランチセット（要予約）や瀬底島のおやつなどがいただける。
⏰12:00～17:00　🈺月～金

じゅーしーランチセット 1500円

伝統工芸を体験

受付でどの大きさのトートバッグにするか決めて型を選ぶ

1

3種類の沖縄らしい柄から選ぶ。今回は花とネコの型をチョイス

2

防染糊を塗ったところ以外の部分に好みの色を差していく

完成品はこちら

Point!
濃い色で陰影をつけることで柄に立体感が出る

3

当日持ち帰ることができるのがうれしい。自宅でひと作業して完成!

機織り機で本格体験
首里織体験

機織り機を使った首里織が体験できる。1時間の体験時間で幅36cmの花織を約10cm織ることができる。

首里織体験
催行：11:00～、13:00～、14:30～、16:00～（要予約、所要1時間）
料金：4400円～

まずは機織り機に座るところからスタート。講師が付いてくれる

緯糸（よこいと）の色は好みで選べる。糸は絹を使用

2

完成品はこちら

踏み板を踏み、花綜統のヒモを足で引っ張って織っていく

織り上がったあとはアクセなどに活用できる

Point!
手足を同時に動かしていく! 慣れればスムーズ

好きなモチーフを染めてみよう
琉球びんがた染め

モチーフが描かれた型を数種類のなかから選んで、トートバッグに紅型染めを施してみよう。

琉球びんがた染め体験トートバッグ（小）
催行：11:00～、13:30～、14:30～、15:30～（要予約、所要1時間）
料金：3520円～

ここで体験!

首里染織館suikara
シュリソメオリカンスイカラ

Map P.202-A2

紅型染めと首里織を体験できるプログラムを開催。専門の講師によるていねいなレクチャーで、初めてでもチャレンジしやすい。4日間に及ぶ本格的な体験コースも実施。

DATA → P.96

Luxury Point
大手旅行専門誌が開催するアワードで日本一を獲得したプール。加温可能なので冬でも入ることができる

海に溶け込むように配された
インフィニティプール。
一年中24時間利用可能

Beach Resort

日常から抜け出して
憧れのビーチリゾートでご褒美ステイ♡

リッチな気分になれるラグジュアリーホテルで、沖縄ステイを満喫♪
波音に耳を傾けながら、ゆったりリラックスできる素敵なホテルをご案内。

Room

100ある客室すべてが低層階のスイートルームで、目の前には読谷の海を望む

琉球文化の息吹感じる
ラグジュアリーな居館に滞在

星のや沖縄
ホシノヤオキナワ

自然海岸に寄り添うようにして建てられた滞在型リゾート。ホテルはグスクをイメージしたグスクウォールに囲まれ、唯一無二の世界観を演出。琉球文化をダイレクトに感じる空間が広がる。

Map P.188-A1 読谷

🏠 読谷村儀間474 ☎ 050-3134-8091 🕒 IN 15:00 OUT12:00 💴 13万6000円〜(素泊まり)
🛏 100 🚗 沖縄南ICから17km 🅿 100台

Spa

月桃や海藻、泥など「沖縄の自然の力」に着目したスパメニューでリフレッシュ

宝石箱みたい〜

Dinner

沖縄の新たな魅力に出会うコース料理は「Bellezza・美」がテーマ

こちらもCHECK!

バンタカフェ
星のや沖縄に隣接する、国内最大級の広さを持つ海カフェ。

DATA → P.74

こんな楽しみ方も

ユニークなアクティビティ

星のや沖縄では、沖縄ならではのアクティビティを開催。三線の演奏や紅型染めから、琉球空手など、滞在を彩る体験が楽しめる。(要予約)

琉球舞踊の所作が学べる「島の手習い〜琉球舞踊〜」

朝の浜辺を馬とともに散歩する「朝凪よんな一乗馬」

▼「星のや沖縄」、ウェルカムドリンクでぶくぶく茶がもらえたのが嬉しかったです。(東京都・amiko)

Luxury Point
ホテルは国定公園内に位置。5haもの広大な敷地を生かして、9つのレストラン＆バー、6種のプールを併設する

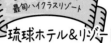
朝からテンションMAx!

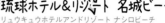
Morning

2022年7月オープン！最旬ハイクラスリゾート

朝食ビュッフェは約150種のメニューが並ぶ

天然ビーチに沿って建つ至高の立地

琉球ホテル＆リゾート 名城ビーチ
リュウキュウホテルアンドリゾート ナシロビーチ

那覇空港から最も近い本格リゾートがオープン。客室はすべてバルコニー付きで、眼前に白砂のビーチが広がる。また専用のラウンジやプールバーもあり、ワンランク上の滞在を提供。

Map P.184-C1 糸満

🏠 糸満市名城963　☎098-997-5111　🕐IN15:00 OUT11:00　💴3万円〜（朝食付き）　🛏443
🚗名嘉地ICから10km　🅿475台

海風吹き抜けるロビーラウンジ！

Pool
6種のプールのうちふたつは通年利用可能

Room
オールオーシャンビュー＆サンセットビューの客室

絶景ハワイアンリゾートで優雅に流れるひとときを過ごす

ハレクラニ沖縄
ハレクラニオキナワ

ハワイの老舗リゾート、ハレクラニが世界で2軒目にオープンしたのがここ恩納村。5種のプールや4軒のダイニング、バー、さらに本場さながらのスパを備え、すべてがラグジュアリー仕様。

Map P.190-A2 恩納

🏠恩納村名嘉真1967-1　☎098-953-8600　🕐IN15:00 OUT12:00　💴7万7165円〜（朝食付き）、6万8310円〜（素泊まり）　🛏360
🚗許田ICから6km　🅿312台

Luxury Point
ハレクラニとはハワイの言葉で「天国にふさわしい館」。滞在する空間はもちろん、スタッフのもてなしも名門ホテルそのもの

Room
客室はすべて50㎡以上。ヴィラは5棟ある

ハレクラニのシンボル、カトレアの花を描いたプール

ピロティを有し、館内には光と風が吹き抜ける

Luxury Point
1975年創業。米軍のパイロットが夜間飛行中に発見した三日月型のビーチがホテル名の由来になった

海（水平線）と水面が一体化するかのようなラグーンプール

Beach & Pool

Room
ベランダ付きのクラブスーペリアルーム

クラシックな雰囲気に包まれてアート×リゾートの時間を過ごす

ザ・ムーンビーチ ミュージアムリゾート

沖縄リゾートのパイオニア、ホテル ムーンビーチが2023年4月にリブランドオープン。亜熱帯の自然とアートの要素がふんだんに取り込まれた館内は、オンリーワンなくつろぎの空間。

Map P.188-A2 恩納

🏠恩納村前兼久1203　☎098-965-1020　🕐IN14:00 OUT11:00　💴2万6400円〜（朝食付き）　🛏280　🚗石川ICから4km　🅿350台

憧れのビーチリゾート

隠れ家風プチリゾートで おこもりステイがしたい!

暮らしているような感覚で宿泊できる、ヴィラやプチホテル。ゆったりとした空気が流れる静かな宿で、癒やしのひとときを過ごして。ロングステイもおすすめ◎。

朝から好スタートの予感

1. 朝食は彩り豊かなホットサンドセット 2. C棟の2階にあるジェットバスからは海が一望できる 3. B棟、C棟、D棟はプライベートプール付き

プライベートヴィラでオーシャンビューを楽しむ

クリスタルヴィラ南城
クリスタルヴィラナンジョウ

南部の観光に便利な南城市に位置するヴィラ。海辺に4棟の客室が建ち、すべてまるまる一棟貸切。プールやジェットバス付きの客室もあり、プライベート感たっぷりの空間が広がる。

Map P.185-A4 南城

🏠 南城市知念久手堅647-1
📞 098-962-2984 🕐 IN15:00
OUT10:00 💰4万5500円〜（素泊まり）🛏4 🚗南風原北ICから15km 🅿2台

おこもりPoint
建物をそれぞれ1棟貸しして、人目を気にせず滞在ができる。ディナーはデリバリーまたは出張シェフを呼ぶことができる。

最大14名宿泊可能な3階建てのA棟

Petit Resort

貸切サウナもある!

1. 敷地内にカフェ（→P.76）があり、宿泊者以外も利用可能 2. 同敷地内にある北欧式本格サウナ（→P.142） 3. カフェ名物、彩り野菜とフムスの地中海プレート1500円 4. クラフトビール800円〜

おこもりPoint
木が突き抜けるリビングで、やんばるの自然と一体になって生活できる。客室にはシャワーやミニキッチンも完備

やんばるの森にたたずむ大人な秘密基地にステイ

ツリーハウスホテル 森の巣箱
ツリーハウスホテル モリノスバコ

今帰仁村出身の先代オーナーがセルフビルドしたツリーハウスを、ホテルとして再生しオープン。宿泊は1日1組限定で、木とともに眠り目覚める特別な体験がかなう。

高台に建ち、ベランダからは森と海を望む

Map P.193-A3 今帰仁

🏠 今帰仁村湧川699 📞0980-56-1570 🕐IN15:00 OUT12:00 💰3万円〜（素泊まり）🛏1 🚗許田ICから20km 🅿あり

1棟貸しのホテルで、みんなでワイワイ楽しむのが好きです。プライベート感もあってテンション上がる!（大阪府・Null）

おこもりPoint
専用の露天風呂付きなので、好きなタイミングでお風呂に浸かれる。特に夜、星空を眺めながらの入浴は至高

海を見下ろす高台に建つ 観光にも便利な癒しの宿

のんびり 朝ごはん

tinto*tinto
ティント・ティント

1日2組限定のアットホームなB&B。客室は和室「海ルーム」と和洋室「空ルーム」の2種類があり、全室からエメラルドグリーンに輝くウッパマ沖を眺めることができる。

Map P.193-A3 今帰仁

🏠 今帰仁村渡喜仁385-1 ☎0980-56-5998 ⏰IN15:00 OUT10:00 💴2万1000円〜（朝食付き）、1万9000円〜（素泊まり）🛏2 🚗許田ICから23km 🅿2台

おこもりPoint
各客室に県産のビーグ（イグサ）を使用した琉球畳が敷かれている。ごろんと寝転がると気持ちいい！

1. 戸棚パンを使ったモーニングは客室でいただける　2. 天然のウッパマビーチまでは歩いて5分　3. ナチュラルで温かみのある和洋室

のどかな屋我地島で アートに囲まれた空間に滞在

翡翠巣
KAWASEMINOSU
カワセミノス

屋我地島にある古民家を改装した一棟貸切のヴィラで、客室のいたるところにアートが配されている。ディナーは同敷地内にあるビストロ、tutan（→P.80）にて提供（要予約）。

Map P.193-A4 名護

🏠 名護市運天原527 ☎0980-52-8020 ⏰IN15:00 OUT11:00 💴3万3000円〜（素泊まり）🛏1 🚗許田ICから22km 🅿あり

1. 沖縄在住のアーティスト、菊田一朗による屏風アートは必見　2. Ryu Spa（→P.112）のアメニティ　3. 朝食は海辺にある近隣のカフェで（要予約）　4. 内壁には職人が手で漉いた和紙を使用

おこもりPoint
オーナーとゆかりのあるキューバをイメージし、統一感のあるインテリアを配置している

どこか懐かしくほっとする 泊まれるレストラン

オーベルジュ 皿の上の自然
オーベルジュサラノウエノシゼン

全4室のヴィラを有するオーベルジュ。レストランでは、研鑽を重ねたシェフたちによるフレンチ＆イタリアンを提供。島野菜や新鮮な魚介を使用したコースメニューは、それも滋味深い味わい。

Map P.188-A2 恩納

🏠 恩納村前兼久466-7 ☎098-987-7688 ⏰IN15:00 OUT10:00 💴3万3000円〜（夕食付き）🛏4 🚗石川ICから4km 🅿20台

1. 恩納の森に抱かれた一棟貸しのヴィラ　2. オーシャンビューの客室「Stella」　3. コースメニューは旬や気候などを考慮して当日決められる

モダンなインテリアに囲まれ 暮らすように宿泊する

somos
ソモス

今帰仁村にあるリゾートペンション。「Sabado（土曜日）」「Domingo（日曜日）」と名付けられた2つの客室は、オーナー夫妻がそれぞれデザイン。ハイセンスなインテリアが安らぎのひとときを与えてくれる。

Map P.193-A3 今帰仁

🏠 今帰仁村兼次271-1 ☎0980-56-1266 ⏰IN16:00 OUT11:00 💴2万5000円〜（朝食付き）🛏2 🚗許田ICから26km 🅿8台

1. 客室「Domingo」。天井が高く開放感がある　2. 無農薬野菜をふんだんに使用したモーニング　3. 朝食はラウンジにあるカフェスペースにて提供

おこもりPoint
ディナーコースでは、絵画のような「ピカソのスープ」をはじめ、味も見た目も美しい料理が並ぶ

うちなー感満載！
ゲストハウスに泊まってみよう

沖縄には、女子でも安心して泊まれるゲストハウスがたくさん。いろんな人との交流を楽しんで、忘れられない思い出を作ろう。

まるでホームのようなあたたかいB&Bです

沖縄文化が体験できる古民家ゲストハウス
沖縄古民家民宿ごーやー荘
オキナワコミンカミンシュクゴーヤーソウ

築50年以上の古民家をゲストハウスとして活用。定番のドミトリーから、客間として使われていた「一番座」や寝室の「裏座」も利用できる。また三線レッスンや沖縄料理体験も実施。

Map P.187-A3 沖縄市

⌂ 沖縄市胡屋1-5-32　☎050-1205-2758　◷IN16:00 OUT11:00　¥8480円〜（朝食付き）、7600円〜（素泊まり）　◻3　◉沖縄南ICから2km　🅿4台

ランドリー：○（有料）	タオル：○
ドライヤー：○	シャンプー＆
リンス：○	パジャマ：✕

1. アリアケカズラが咲く雰囲気たっぷりの民宿　2. 趣あるかつての客間に泊まることができる　3. 基礎からていねいに教えてくれる三線体験

真栄田岬近くに位置する温かい家族経営の宿
あかちちゲストハウス

アメリカ人のケニーさんと小巻さん夫妻が運営する1日2組限定のゲストハウス。南国の花が咲くガーデンでは、小巻さん指導のもとサンライズヨガ体験も開催（要事前予約）。

Map P.188-A2 恩納

⌂ 恩納村真栄田348　☎098-989-1545　◷IN15:00 OUT10:00　¥2泊1万7900円〜（朝食付き、予約は2泊以上から）　◻2　◉石川ICから7km　🅿5台

ランドリー：✕	歯ブラシ：✕
タオル：○	ドライヤー：○
シャンプー＆リンス：○	
パジャマ：✕	

1. オーナー夫妻が持つファームで採れた野菜を朝食に　2. 宿泊棟は琉球赤瓦屋根のコテージ　3. 客室には沖縄の職人が作った家具が配されている

世界から集まる旅人たちとゆんたくを楽しんで思い出づくり
なきじんゲストハウス結家
ナキジンゲストハウスムスビヤ

今帰仁村にあるゲストハウス。名物は20:00から毎夜始まる持ち寄りシェアパーティー。居合わせた旅人たちと一緒に食卓を囲めば、世界中の人と仲よくなれるかも！

Map P.193-A3 今帰仁

⌂ 今帰仁村仲尾次609　☎090-8827-8024　◷IN15:00 OUT10:00　¥3000円（ドミトリー、素泊まり）、3000円〜（個室、素泊まり）　◻ドミトリー8、個室1　◉許田ICから26km　🅿15台

ランドリー：○（有料）	歯ブラシ：○（有料）
タオル：○（有料）	ドライヤー：○
シャンプー＆リンス：○	パジャマ：✕

オーナーが手作りしたゆったりサイズのベッド

1. 目の前にはプライベートビーチが広がる　2. スーパーで材料を調達してみんなで調理するのも楽しい　3. "縁を結ぶ" 結家

旅人同士の出会いが楽しい那覇中心部のホステル
THE KITCHEN HOSTEL AO
ザキッチンホステルアオ

女性専用エリアを備えたホステル。専用エリア内にはドミトリーだけでなくシャワー室やロッカー、ランドリーもあり安心。1階の共有スペースでは、他の旅人との交流も楽しめる。

Map P.200-B1 那覇

⌂ 那覇市久茂地1-4-1　☎098-863-8156　◷IN15:00 OUT11:00　¥2900円〜（ドミトリー、素泊まり）、個室料金8200円〜（グループ個室、素泊まり）　◻女性専用ドミトリー52、男女共用ドミトリー42、女性専用ドミトリー個室1（6人まで）　◉ゆいレール県庁前駅から徒歩4分　🅿なし

ランドリー：○（有料）	
歯ブラシ：○	
タオル：○（有料）	
ドライヤー：○	
シャンプー＆リンス：○	
パジャマ：✕	

1. 宿泊者限定の共有スペース。作業にもぴったり　2. カフェも併設。モーニングは500円〜お手ごろ　3. プライベートが守られたドミトリー

ゲストハウスのいいところは、宿泊者同士で交流が生まれるところ。私は海外の友達もできました。（愛知県・ナオ）

好立地で高コスパ 那覇のシティホテル

コスパ抜群のビジネスホテル。特に観光の拠点にするにはもってこいの、那覇にある3軒を集めました。今夜はどのホテルに泊まろうかな？

ココをCHECK!
こだわりの朝食は、定番の和洋に加え沖縄料理が揃うビュッフェスタイル。メニュー約45種が並ぶ

メニュー豊富な朝食が自慢 快適なビジネスホテル

ホテルグレイスリー那覇
ホテルグレイスリーナハ

国際通り沿いの好立地に建つ。レディースルームや、まるで海の中にいるようなコンセプトルーム「美ら海ルーム」など、バラエティに富んだ客室は旅好き女子必見。

Map P.200-B2 那覇
🏠 那覇市松尾1-3-6 ☎098-867-6111 🕐IN 14:00 OUT11:00 💰1万1100円〜（素泊まり）🚃198 🚉ゆいレール県庁前駅から徒歩5分 🅿なし

1. ホスピタリティに満ちた空間 2. 客室には琉球を感じるデザインが施されている 3. 彩り豊かな朝食で朝をスタート

こちらもオススメ

カプセルホテルに宿泊!

よりお得に泊まりたい、という人におすすめなのがカプセルホテル。フロアに設置されたカプセル状の寝室に宿泊する施設だ。値段は1泊約2000円〜で、女性専用フロアや室内にテレビを備えるところもある。また、カプセルホテルよりもワンランク上に、キャビンタイプの寝室を設けたホテルもある。カプセルホテルよりも広く、プライベートスペースも確保されており値段は1泊約4000円〜。ただし、どちらの施設も寝室入口に内鍵はないので、防犯面は気をつけて。

最近はおしゃれなカプセルホテルも増えてきている

ココをCHECK!
地域を知り尽くすOMOレンジャーとともに、市場や裏国際通りを巡るツアーを開催。これであなたも沖縄通に!

まちぐぁーを探検!

"ちむどんどん"な沖縄に 出合えるホテル

OMO5沖縄那覇 by 星野リゾート
オモファイブオキナワナハ バイ ホシノリゾート

心が弾むプラスアルファな体験ができる街ナカホテル。ローカルガイドとのツアーや、沖縄文化を伝えるライブラリーなど、一味違うディープな沖縄滞在がかなうのは星野リゾートならでは。

Map P.200-B2 那覇
🏠 那覇市松山1-3-16 ☎050-3134-8095 🕐IN15:00 OUT 11:00 💰1万6000円〜（素泊まり）🚃190 🚉ゆいレール県庁前駅から徒歩6分 🅿44台

1. フロントのあるエントランス。ショップも併設 2. 沖縄食材や店主との出会いでテンションあがるガイドツアーも実施 1. 伝統工芸品を配したツインルーム

旅の疲れを癒やせる 天然温泉付きホテル

COMMUNITY & SPA那覇セントラルホテル
コミュニティ＆スパ ナハセントラルホテル

那覇市中心部という立地ながら、県内最大級の大浴場を併設しており天然温泉を楽しめる。ゲストルームの種類も豊富で、旅の目的に適した客室をチョイスできるのがうれしい。

Map P.201-A・B3 那覇
🏠 那覇市牧志2-16-36 ☎098-862-6070 🕐IN 15:00 OUT11:00 💰1万7900円〜（朝食付き）🚃190 🚉ゆいレール牧志駅から徒歩5分 🅿80台（有料）

体をほぐすジェットバスが自慢☆

1. 遊び心ある配色のパティオツイン 2. 定番のドライサウナでリフレッシュ!

ココをCHECK!
大浴場には10種類の温泉風呂と、ドライ、塩、スチーム3種のサウナを用意。日替わりで男女が入れ替わる

もっとお得に快適に！

沖縄を楽しみつくす旅のテクニック

出発前に読み込もう！

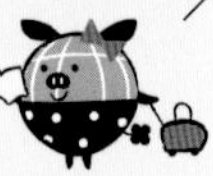

旅する前に知っておきたい沖縄独自の伝統や習慣、行事から、移動がもっと効率的になるお役立ち情報まで12のネタを厳選。しっかり予習しておけば、旅がさらにパワーアップ！

Technique 01 沖縄独特のチャンプルー文化を知ろう！

その昔、琉球王国という日本とは違う独立国家であり、その後、沖縄県、アメリカ領土とめまぐるしく変わった沖縄には、それぞれの特徴が混じり合った文化や風習が根付いている。この沖縄独自の文化は「ちゃんぷるー（ごちゃまぜ）文化」とよく呼ばれる。沖縄を旅行すれば、食、音楽、方言などさまざまな分野で「ちゃんぷるー文化」を感じることができる。

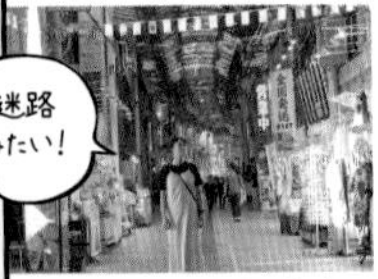

迷路みたい！

ちゃんぷるー文化を体感できる、那覇のまちぐゎー

Technique 02 ドライブのお供にはエフエム沖縄

うちなーんちゅのドライブのお供といえば、87.3MHzのエフエム沖縄。レンタカーでもカーラジオで聞くことができるので、ぜひ周波数を合わせてみて。

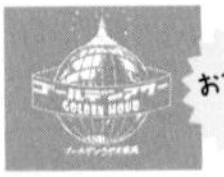

おすすめ番組

ゴールデンアワー

放送：月～金14:00～15:50
パーソナリティ：西向幸三、エリナ（月・火）、浜川結琳（水・木）、與那嶺望（金）

「ラジオの中のラジオ局」、ゴールデンラヂオ放送を舞台に、リスナー社員たちが毎回違ったテーマに沿ったメッセージを送りトークする。局長は西向幸三。

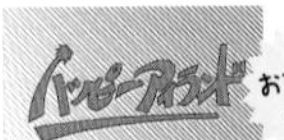

おすすめ番組

ハッピーアイランド

放送：月～金11:30～13:55
パーソナリティ：多喜ひろみ（月・火）、伊藝梓（水～金）

1985年から放送されている、エフエム沖縄の長寿番組。リスナーからの「沖縄を元気にするハッピーネタ」を紹介し、リクエスト曲もOA！ 公開生放送は通称「おでかけハッピー」。

Technique 03 慰霊の日について

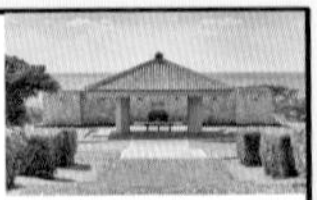

平和祈念公園にある国立沖縄戦没者墓苑

太平洋戦争において、日本で唯一地上戦が行われおびただしい犠牲者を出した沖縄。沖縄戦が終結した6月23日は「慰霊の日」に指定され、全国で沖縄のみが休日となる。当日は大規模な慰霊祭が平和祈念公園をはじめ各地で行われ、正午には黙祷が捧げられる。土・日曜に重なった場合は振り替えとはならない。

Technique 04 うちなーぐちで話してみよう！

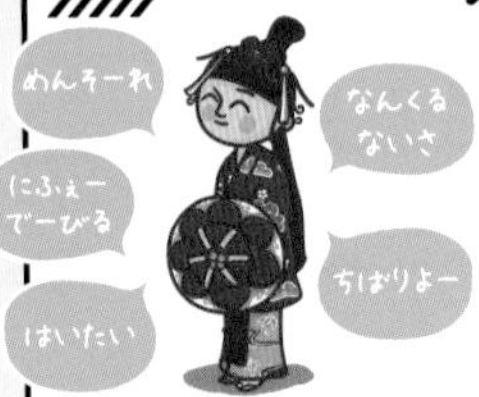

「うちなーぐち」とは沖縄の方言のひとつで、おもに那覇など沖縄本島南部地方の方言のこと。よく知られる「めんそーれ」や「はいさい」などはすべてうちなーぐち。すぐに使えるうちなーぐち会話をチェック。

あいさつ	
めんそーれ	ようこそ
にふぇーでーびる	ありがとうございます
はいさい/はいたい	こんにちは
基本ワード	
なんくるないさ	なんとかなるよ
ちばりよー	がんばって
ゆたしく	よろしく
うちなーんちゅ	沖縄の人のこと
やまとんちゅ/ないちゃー	沖縄以外の日本各地の人
でーじ/いっぺー	とても
じょーとーさ	いいね
まーさん	おいしい
ちむどんどん	胸がドキドキする
てーげー	適当
形容詞	
ちゅら	美しい
うむっさん	おもしろい
うっさん	うれしい
あちさん	暑い
しださん	涼しい
呼び名	
わん/どぅー	私
あんまー/あやー	お母さん
おじい/たんめー	おじいさん
おばあ/んめー	おばあさん
にーにー	お兄さん
ねーねー	お姉さん
その他	
あがっ	痛っ（痛いとき）
あきさみよー	あれまあ
ちゅーうがなびら	ごきげんいかがですか
わっさいびーん	ごめんなさい
やーさん	おなかがすいた
くわっちーさびら	いただきます
くわっちーさびたん	ごちそうさま

Technique 05 旧暦と新暦、ふたつの暦

沖縄には新暦と旧暦、ふたつの暦が存在する。日常生活では新暦だが、伝統行事には旧暦が用いられる。旧暦は1ヵ月が29または30日なので、新暦との間に誤差ができる。沖縄のカレンダーには新暦と旧暦の両方が記され、節目節目で旧暦に基づく祈願や祭事といった年中行事が行われる。なかでも最も大きな行事が、旧暦の7月13～15日の3日間にわたる旧盆。先祖の霊が家に帰ってくるといわれており、親戚中が集まる。この時期は、観光スポットや飲食店、ショップなどが休みになる場合が多い。旧盆の時期は毎年変わり、2024年は8月16～18日。

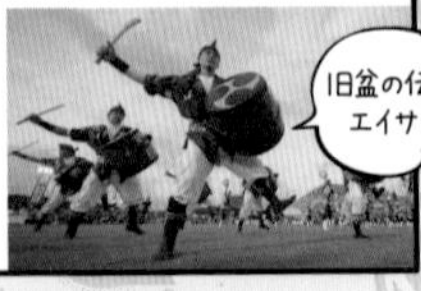

旧盆の伝統エイサー

©OCBV

 那覇空港の荷物受け取り場所の入口には「めんそーれ」と書かれた看板が！ 一気にテンション上がります。（千葉県・しましま）

Technique 06 町で見かけたコレ、いったいナニ!?

シーサー

屋根や門柱の上に鎮座する守り神がシーサー。通常、シーサーは一対で、口を開いた雄（阿）と閉じた雌（吽）のペアになっている。

石敢當（いしがんとう）

交差点や三差路の突き当たりに置かれるのが「石敢當」という石のお守り。曲がることができない魔物がここに衝突して砕け散ってしまうそう。

お墓

沖縄の墓は大きく、前に数人が座れるスペースがある。毎年4月の行事「シーミー」では墓の前で親戚が集まり食事を取る。元気な家族の顔を見せ、先祖を安心させるのだ。

御嶽（うたき）

沖縄の神々が降臨する場所。神社同様、鳥居や祠がある場合もあるし、自然の岩や石を利用したものもある。祀ってある神は御嶽により異なる。

スイジ貝

漢字の「水」の字に似ているスイジ貝。台所のそばに置いて火事のお守りにしたり、門や屋根の下につるして魔除けに用いたりする。

Technique 07 オキナワ Superクイック年表

時代	西暦	おもなできごと
グスク 三山時代	1100年〜	各地に有力者（按司）が生まれ、グスク（城）が築かれる（グスク時代）
	1300年〜	按司の勢力が北山、中山、南山の3つにまとまる（三山時代）
	1404年頃	明（中国）と冊封関係を結ぶ
琉球 王国時代	1429年	中山の尚巴志が三山を統一。琉球王国が誕生
	1470年	尚円が琉球王に。第2次尚氏王統はじまる
	1609年	薩摩藩が侵攻、琉球を支配下に置く
	1853年	ペリーが那覇に来港。翌年琉球米修好条約が結ばれる
	1872年	廃藩置県により琉球藩となる
沖縄 県時代	1879年	琉球処分により沖縄県が誕生（琉球王国の滅亡）
	1925年	首里城 P.144 が国宝に指定される
	1945年	4月 米軍上陸、沖縄戦が開始される
		6月 牛島司令官が摩文仁の丘で自決。沖縄戦終結
アメリカ 統治時代	1946年〜	アメリカの統治下に置かれる
	1951年	サンフランシスコ講和条約と日米安全保障条約により日本が自治権を取り戻すが、沖縄は依然アメリカの統治下に置かれる
	1970年	コザ暴動。本土復帰運動が活性化
沖縄 県時代	1972年	本土復帰、通貨がドルから円に切り替わる
	1975年	本土復帰記念事業として、沖縄国際海洋博覧会開催。跡地は「国営沖縄記念公園（海洋博公園）P.151」になる
	1978年	7月30日アメリカ時代の右側通行から日本と同じ左側通行になる「沖縄そば」P.50 の名称が登録許可される
	1981年	ヤンバルクイナ発見
	1998年	ハンビー飛行場跡地に「美浜アメリカンビレッジ P.158」が開業
	2000年	首里城など9つの遺跡がユネスコの世界遺産に登録 P.146
	2002年	沖縄美ら海水族館 P.148 がオープン
	2003年	ゆいレールが操業を開始
	2014年	慶良間諸島 P.160 が国立公園に指定される
	2021年	やんばるが世界自然遺産に登録される
	2022年	5月15日 本土復帰50周年を迎える

Technique 03 沖縄の伝統行事&イベント

旧盆に行う伝統の踊り エイサー

旧盆の最終日に行われる、霊を送迎する伝統芸能。旧暦の7月13〜15日に行われ、13日は「ウンケー（お迎え）」15日は「ウークイ（お送り）」。

おもな開催地 ••••••••••••••••
一万人のエイサー踊り隊 那覇市
催行：8月の第1日曜
沖縄全島エイサーまつり 沖縄市

詳細は → P.40

航海の安全と豊漁を願う ハーリー（海神祭）

海の神に捧げる祭り。サバニと呼ばれる伝統の漁船や龍をかたどった爬龍船に男たちが乗り込み、スピードを競う。

おもな開催地 ••••••••••••••••
那覇ハーリー 那覇市
催行：5月上旬（2024年は5月3〜5日）
糸満ハーレー 糸満市
催行：旧暦5月4日（2024年は6月9日）

町を巻き込んだ巨大綱引き 大綱挽まつり

琉球王国時代から続く大綱挽。那覇では200mを超える綱を、繁栄や幸福を願い東西に分かれて引っ張り合う。

おもな開催地 ••••••••••••••••
那覇大綱挽まつり 那覇市
催行：10月の体育の日の前日（日曜）
与那原大綱曳まつり 与那原町
催行：8月中旬

琉球王国のパレード 琉球王朝祭り 首里古式行列

ハーリー、大綱挽と並ぶ、那覇の3大祭りのひとつ。琉球王国時代の行列を再現。琉球国王や王妃、役人に扮した人々が楽器を演奏しながら首里城を歩く。

おもな開催地 ••••••••••••••••
那覇市
催行：10月下旬〜11月上旬頃

琉球文化を伝える祭り 首里城復興祭 琉球王朝絵巻行列

琉球文化を伝える祭り「首里城祭」が正殿完成までの間「首里城復興祭」と改称。メインは国際通りを琉球王国時代の行列が歩く琉球王朝絵巻行列。

おもな開催地 ••••••••••••••••
那覇市
催行：10月下旬〜11月上旬頃

日本一早い花火大会 琉球海炎祭

宜野湾市の宜野湾海浜公園で、海開き時期に合わせて開催される花火大会。1万発の花火と音楽のコラボレーションが約1時間にわたって楽しめる。

おもな開催地 ••••••••••••••••
宜野湾市
催行：4月中旬

オリオンビール主催の夏祭り オリオンビアフェスト

オリオンビールが主催するビール祭。2日にわたり開催され、音楽コンサートなど多彩なプログラム。本島の会場は沖縄市コザ運動公園サブグラウンド。

おもな開催地 ••••••••••••••••
沖縄市（催行：沖縄全島エイサーまつりと同時開催）

沖縄を楽しみつくす旅のテクニック

那覇の大綱挽まつりは、一般の人でも参加できる。飛び込みでもOK！ **181**

Technique 09 那覇の移動はゆいレールが便利！

高架上を走るモノレール

那覇と浦添市内を通る沖縄県内唯一のモノレール。通称はゆいレール。「那覇空港駅」から浦添市の「てだこ浦西駅」までを結んでおり、19の駅を往復している。切符はQRコードが印字されたQR乗車券で、改札機にタッチして改札を通る。

ゆいレール
☎098-865-5507（県庁前駅）、料230円（初乗り）〜

Suicaも使える！
JR東日本のICカード、SuicaやPASMO、ICOCAなどのICカードが利用できる。チャージも可能。

ゆいレール&路線バスの共通券も
那覇バスの那覇市内区間とゆいレールが1日乗り放題になるバスモノパス（1000円）。各駅で購入可。

お得な1日乗車券
1日に3区間以上乗車する場合はフリー乗車券がお得。1日券（24時間）800円、2日券（48時間）1400円。

運行時間について
那覇空港駅発は6:00〜23:30、てだこ浦西発は5:20〜23:30。だいたい10分に1便程度（ラッシュ時は増便）。

ゆいレールの乗り方

1. 自動券売機で目的地までの乗車券を購入

2. 改札機に乗車券のQRコードまたはICカードをかざす

3. プラットホームに上がりモノレールに乗車

4. 駅に着いたら改札機に乗車券をかざし出口の箱に切符を入れる

ゆいレール路線

那覇バスターミナルまで徒歩4分
泊港（とまりん）まで徒歩10分

那覇空港駅 → 赤嶺駅 → 小禄駅 → 奥武山公園駅 → 壺川駅 → 旭橋駅 → 県庁前駅 → 美栄橋駅 → 牧志駅

首里城まで徒歩15分
国際通りの南側入口
国際通りの北側入口

てだこ浦西駅 → 浦添前田駅 → 経塚駅 → 石嶺駅 → 首里駅 → 儀保駅 → 市立病院前駅 → 古島駅 → おもろまち駅 → 安里駅

Technique 10 沖縄本島を縦横無尽に走るバスで旅する沖縄

車社会の沖縄では、各地への移動にはレンタカーが欠かせない。車が運転できない人は、本島のほとんどの地域や人気の観光エリアを網羅するバスを利用しよう。

路線バス

那覇バスターミナル

路線バスは沖縄本島をくまなく網羅している。おもなバス会社は那覇バス、沖縄バス、東陽バス、琉球バスの4つ。それぞれ路線が複雑に分かれている。那覇市内の拠点となるバスターミナルは、ゆいレールの旭橋駅の目の前にある那覇バスターミナル。

那覇バスターミナル
Map P.200-C1 那覇
🏠那覇市泉崎1-20
🚃ゆいレール旭橋駅から徒歩4分

那覇バス
URL daiichibus.co.jp

東陽バス ☎098-947-1040 URL toyo-bus.com

沖縄バス
☎098-851-3385（豊見城営業所）
URL okinawabus.com

琉球バス
URL daiichibus.co.jp

やんばる急行バス

那覇空港から、那覇市内や沖縄美ら海水族館、今帰仁城跡を経由して、運天港までを結ぶ。予約は不要。乗車券はなく、バスの乗車時または降車の際に、運転手に直接運賃を支払う。
☎0980-56-5760 URL yanbaru-expressbus.com

Technique 11 実は意外と便利！那覇のシェアサイクル

沖縄にはいくつかのシェアサイクルがあるが、もっとも便利なのはHELLO CYCLING。那覇をはじめ宜野湾、浦添、沖縄市など中部にサイクルポートがある。那覇ではゆいレールの各駅や観光スポットのそばにあるので気軽に使える。スマートフォンのアプリで登録し、支払もアプリ上で。値段は15分ごと100円〜、12時間1800円〜。

HELLO CYCLING URL www.hellocycling.jp

Technique 12 雨雲レーダーをチェック！

せっかくの沖縄旅行、やはり天気は気になるはず。RBC琉球放送のアプリでは、沖縄本島、慶良間、石垣、宮古、久米島、与那国、大東、奄美周辺の雨雲レーダーをチェックできる。1〜6時間後まで調べられ、約10〜30分で最新情報に更新するので要チェック。

RBC琉球放送アプリ

沖縄の最新ニュースもわかる

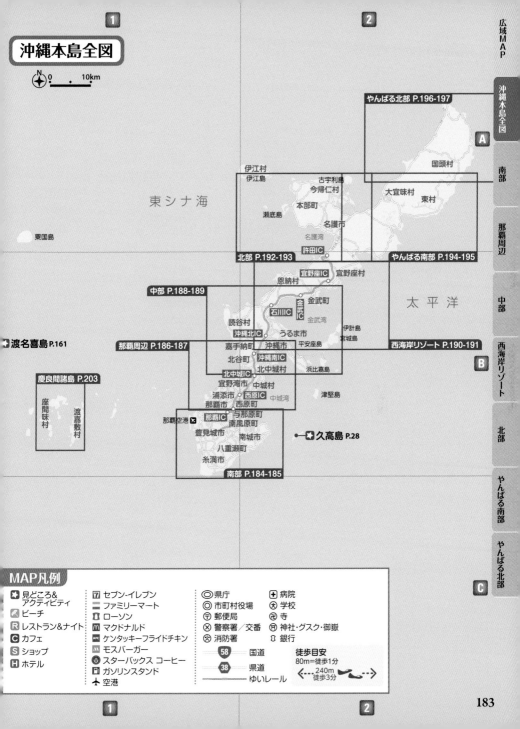

広域MAP

沖縄本島全図

南部

那覇周辺

中部

西海岸リゾート

北部

やんばる南部

やんばる北部

A

B

C

沖縄本島全図

N 0 10km

やんばる北部 P.196-197

国頭村

伊江村
伊江島
古宇利島
今帰仁村
大宜味村
東村

東シナ海

本部町
瀬底島
名護市
名護湾

粟国島

北部 P.192-193
許田IC
やんばる南部 P.194-195

宜野座IC
宜野座村
恩納村

中部 P.188-189

太平洋

石川IC
金武
金武IC
金武町
金武湾

読谷村
沖縄北IC
うるま市
伊計島
宮城島

渡名喜島 P.161

嘉手納町
沖縄市
平安座島
西海岸リゾート P.190-191

那覇周辺 P.186-187
北谷町
沖縄南IC
北中城村
浜比嘉島

慶良間諸島 P.203

宜野湾市
中城村
北中城IC
中城湾
津堅島

座間味村
渡嘉敷村

浦添市
西原IC
西原町

那覇市
与那原町
那覇IC
南風原町

那覇空港
豊見城市
南城市
久高島 P.28

八重瀬町
糸満市

南部 P.184-185

MAP凡例

見どころ&アクティビティ / ビーチ / レストラン&ナイト / カフェ / ショップ / ホテル

セブン-イレブン / ファミリーマート / ローソン / マクドナルド / ケンタッキーフライドチキン / モスバーガー / スターバックス コーヒー / ガソリンスタンド / 空港

県庁 / 市町村役場 / 郵便局 / 警察署／交番 / 消防署 / 病院 / 学校 / 寺 / 神社・グスク・御嶽 / 銀行

58 国道 / 38 県道 / ゆいレール

徒歩目安 80m=徒歩1分 / 240m 徒歩3分

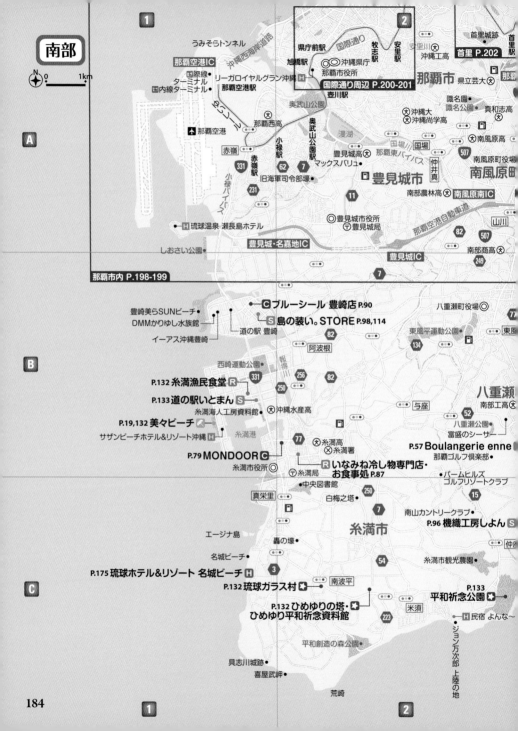

南部

N 0 ─── 1km

国際通り周辺 P.200-201

首里 P.202

那覇市内 P.198-199

うみそらトンネル
沖縄西海岸道路

那覇空港IC
国際線
ターミナル
国内線ターミナル
那覇空港駅
▲那覇空港
赤嶺
小禄バイパス

リーガロイヤルグラン沖縄
那覇西高
赤嶺駅
231
旧海軍司令部壕跡

県庁前駅　国際通り　牧志駅
旭橋駅　　　　　安里駅
沖縄県庁
那覇市役所
壺川駅

安里川　沖縄工高
　　　　県立芸大
那覇市

奥武山公園
小禄駅
奥武山公園駅
62　7
マックスバリュ

識名園・識名公園　真和志高
沖縄大
沖縄尚学高
南風原高

那覇東バイパス
仲井眞
507
南風原町役場
南風原町

豊見城高
琉球温泉 瀬長島ホテル
しおさい公園
豊見城・名嘉地IC
豊見城IC

11
豊見城市役所
豊見城局
南部農林高　南風原南IC
那覇空港自動車道
82　507
南部商高
249
7

C ブルーシール 豊崎店 P.90
S 島の装い。STORE P.98,114

八重瀬町役場
77
東風平運動公園
東風

豊崎美らSUNビーチ
DMMかりゆし水族館
イーアス沖縄豊崎
道の駅 豊崎

西崎運動公園
82
阿波根
134

P.132 糸満漁民食堂 R
P.133 道の駅いとまん S
P.19,132 美々ビーチ
サザンビーチホテル&リゾート沖縄 H
P.79 MONDOOR C

331
256
82
250
糸満港
糸満海人工房資料館
沖縄水産高
糸満市役所
糸満局

与座
八重瀬
南部工高
52
八重瀬局
富盛のシーサー
那覇ゴルフ倶楽部
P.57 Boulangerie enne
パームヒルズ
ゴルフリゾートクラブ

77
糸満高
糸満署

R いなみね冷し物専門店・
お食事処 P.87

中央図書館
真栄里　白梅之塔
250
南山カントリークラブ
15
P.96 機織工房しよん S
糸満市観光農園
仲

エージナ島
轟の壕
名城ビーチ
54
P.175 琉球ホテル&リゾート 名城ビーチ H
P.132 琉球ガラス村
3
南波平
米須
P.132 ひめゆりの塔・
ひめゆり平和祈念資料館
223

糸満市

P.133
平和祈念公園
H 民宿 よんな〜
ジョン万次郎上陸の地

平和創造の森公園
具志川城跡
喜屋武岬
荒崎

北谷

R GORDIE'S P.65
H ホテルサンセットテラス
H シーサイドホテル ザ・ビーチ
R 浜屋 P.50
宮城海岸
〒 北谷宮城局
C 氷ヲ刻メ P.86
国体道路入口 国体道路
浜川小
北谷スポーツセンター
ステーキハウス金松 P.70
浜川
P.67,125
R CHATAN HARBOR BREWERY&RESTAURANT
北谷浄水場
北谷高
P.107 fabric S
KUPU KUPU
浜川漁港
伊平
◎北谷町役場
〒 北谷局
P.90 ブルーシール 北谷店 C
北谷町
ヒルトン沖縄北谷リゾート H
ダブルツリーbyヒルトン沖縄北谷リゾート H メイクマン
桑江
M
P.125,158
美浜アメリカンビレッジ ✈
P.90 ブルーシール C
デポアイランド店
ボクネン美術館／アカラギャラリー
イオン北谷店
美浜
P.158 american depot S
H ザ・ビーチタワー沖縄
P.158 JETTA BURGER MARKET R
北谷公園
桑江中
P.125,158 ZHYVAGO C
COFFEE ROASTERY
Agreスタジアム北谷
謝苅
テルメ ヴィラ
ちゅらーゆ
北谷
R 北谷公園サンセットビーチ P.124
130
P.18,124 アラハビーチ R
58
P.124 FLEX Bar & Grill R

比謝川 嘉手納町役場 ◎
兼久
兼久海浜公園
58
北谷 左図
宮城海岸
美浜アメリカンビレッジ
北谷公園サンセットビーチ
Agreスタジアム北谷

P.69 タコス専門店メキシコ R
P.104 ハッピーモア市場 S
トロピカル店
P.102 Jimmy's 大山店 S
P.19,167 宜野湾 ✈
トロピカルビーチ
ぎのわん海浜公園
58
宜野湾
ユニオンですからスタジアム宜野湾
ラグナガーデンホテル H
COCO MARINE
C ブルーシール 牧港本店 P.90
ブルーシールアイスパーク
A&W 牧港店

沖縄国際大 ◎
港川ステイツサイドタウン 右下図
サンエー浦添西海岸PARCO CITY
P.89 コルネとサンドのお店 Pippi C
P.107,111 APARTMENT OKINAWA パルコシティ店 S
P.122 港川ステイツサイドタウン ✈
P.56 宗像堂 S C
P.50 高江洲そば R
伊祖IC
ANA BALL PARK 浦添
浦添市
58 浦添市美術館
浦添城跡
浦添大公園
浦添前田駅
大平IC
てだこ浦西駅
西原
琉球
国立劇場おきなわ
浦添市役所 ◎
38
251
那覇市内 P.198-199
那覇港新港ふ頭
船客待合所
安謝
西原町
那覇新港
82
330
153 241
末吉公園 首里東高
P.53 沖縄すば R
市立病院前駅
ちょーでーぐぁ
若狭IC
沖縄県立博物館・美術館
(おきみゅー)
サンエー 那覇
メインプレイス
古島駅
石嶺駅
首里 P.202
ゆいレール
29
155
西原町役所
西原Jct
国際通り周辺 P.200-201
美栄橋駅
おもろまち駅
那覇市
県立芸大
◎

広域MAP

沖縄本島全図

南部

那覇周辺

中部

西海岸リゾート

北部

やんばる南部

やんばる北部

3

4

沖縄北IC

知花

224

上江洲

10

74

329

明道公園

16

224

うるま市

赤道

うるま署 ✕

美里高

うるま市民芸術劇場

手納飛行場

手納町

沖縄市

美里

75

中部病院

具志川高 ● 喜屋武マーブ公園

美来工科高

224

江洲

16

沖縄自動車道

P.178

沖縄古民家民宿ごーやー荘

85

豊原

33

沖縄南IC

20

330

コザ P.202

コザ十字路

コザ高

沖縄市役所

照屋

イオン

前原

85

P.134,146 勝連城跡 ✕

沖縄市コザ運動公園 (沖縄全島エイサーまつり2・3日目会場) P.40

与勝

与勝病院 ✚

P.69

20

美里工高

新夢咲公園

セニョール ターコ

D&DEPARTMENT OKINAWA P.95,99,110

北谷高

谷町役場

プラザハウス

ショッピングセンター

パブラウンジ エメラルド P.70

泡瀬

24

沖縄ライカム

85

ライカム

SPICE MOTEL
OKINAWA

ブルーシール 沖縄ライカム店 P.90

EMウェルネス 暮らしの発酵ライフスタイルリゾート

北中城村

渡口

227

沖縄県総合
運動公園

喜舎場スマートIC

北中城村役場

330

81

石平

PLOUGHMANS LUNCH BAKERY P.57

普天満宮

146

中村家住宅

普天満高

北中城IC

大西テラスゴルフクラブ

29

329

331

宜野湾市役所

中城公園

中城城跡 P.147

眞美術館

宜野湾局

中城PA

オーシャンキャッスルカントリークラブ

中城公園入口

陶房 火風水 P.33

中城湾

中城村役場

麺家にらい P.53

中城村

吉の浦公園

琉球大学博物館 (風樹館)

大

上原

329

内間

内間御殿

小那覇

那覇周辺

N
0   1km

B

P.196-197

国頭村

P.192-193

東村

名護市

恩納村

P.194-195

読谷村

うるま市

P.190-191

北谷町

P.188-189

那覇市

P.186-187

糸満市

P.184-185

港川ステイツサイドタウン

C

58

P.89,122

黒糖カヌレ ほうき星

タウンプラザかねひで

BeansStore P.123

7 P.123 Proots

P.122

rat & sheep

浦添市

P.111,122

PORTRIVER
MARKET

オハコルテ 港川本店

P.123

N
0   100m

浦添港川局

港川中

港川小 ✕

3

4

187

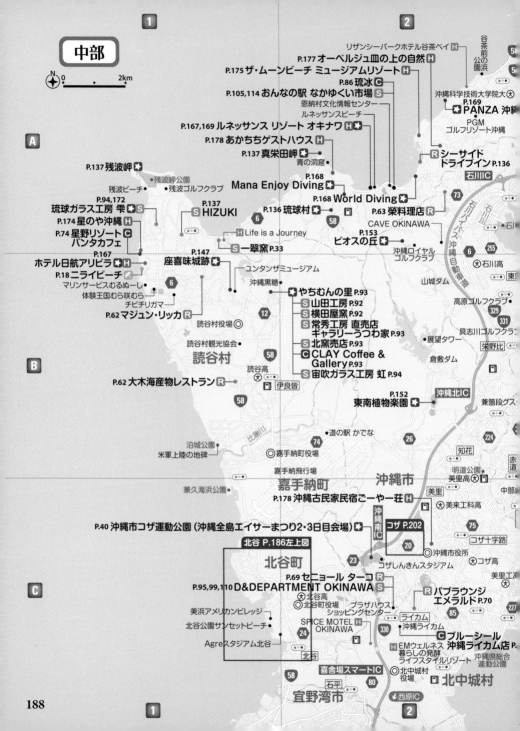

中部

N 0 2km

リザンシーパークホテル谷茶ベイ H
谷茶前の公園浜
5

P.177 オーベルジュ皿の上の自然 H
P.175 ザ・ムーンビーチ ミュージアムリゾート H
P.86 琉冰 C
P.105,114 おんなの駅 なかゆくい市場 S
恩納村文化情報センター
沖縄科学技術大学院大
P.169 PANZA 沖縄
PGM
ゴルフリゾート沖縄
ルネッサンスビーチ
P.167,169 ルネッサンス リゾート オキナワ H
P.178 あかちちゲストハウス H
P.137 真栄田岬
青の洞窟
R シーサイド
ドライブイン P.136
石川IC

A

P.137 残波岬
残波岬公園
残波ビーチ
残波ゴルフクラブ
P.168
Mana Enjoy Diving
P.168 World Diving
P.63 榮料理店 R
琉球ガラス工房 雫 S
P.137 HIZUKI
P.136 琉球村
CAVE OKINAWA
73
P.174 星のや沖縄 H
6
58
P.74 星野リゾート C
バンタカフェ
P.153
ビオスの丘
沖縄ロイヤル
ゴルフクラブ
6
255
石川高
P.167
H Life is a Journey
ホテル日航アリビラ
P.18 ニライビーチ
P.147
座喜味城跡
一翠窯 P.33 S
山城ダム
マリンサービスむるぬーし
体験王国むら咲むら
チビチリガマ
ユンタンザミュージアム
沖縄黒糖
高原ゴルフクラブ
329
331
具志川ゴルフクラ
P.62 マジュン・リッカ R
読谷村役場
やちむんの里 P.93
山田工房 P.92
横田屋窯 P.92
常秀工房 直売店
ギャラリーうつわ家 P.93
12
展望タワー
倉敷ダム
栄野比

B

読谷村
読谷村観光協会
読谷高
北窯売店 P.93
CLAY Coffee &
Gallery P.93
宙吹ガラス工房 虹 P.94
沖縄北IC
兼箇段グス
P.62 大木海産物レストラン R
58
伊良皆
P.152
東南植物楽園
知花
224
赤道

泊城公園
米軍上陸の地碑
比謝川
74
道の駅 かでな
26
明道公園
美里高
中部工
75
兼久海浜公園
嘉手納町役場
嘉手納飛行場
沖縄市
美里
美来工科高
P.178 沖縄古民家民宿ごーや一荘 H
沖縄
南IC
コザ P.202
沖縄市役所
コザ高
コザ十字路
P.40 沖縄市コザ運動公園 (沖縄全島エイサーまつり2・3日目会場)
20
美里工
北谷 P.186左上図
23
コザしんきんスタジアム
227

C

北谷町
P.69 セニョール ターコ S
R パブラウンジ
エメラルド P.70
P.95,99,110 D&DEPARTMENT OKINAWA S
美浜アメリカンビレッジ
北谷高
北谷町役場
プラザハウス
ショッピングセンター
ライカム
85
北谷公園サンセットビーチ
SPICE MOTEL
OKINAWA H
沖縄ライカム
C ブルーシール
沖縄ライカム店 P.70
Agreスタジアム北谷
24
330
EM ウェルネス
暮らしの発酵
ライフスタイルリゾート H
沖縄県総合
運動公園
北谷
喜舎場スマートIC
北中城村
役場
北中城村
58
石平
80
西原IC

宜野湾市

恩納村
国総合運動公園

3

喜瀬武原ダム

金武町

宜野座IC ↗

漢那

234

道の駅ぎのざ
宜野座観光協会

4

104

金武ダム

伊芸SA

金武IC

金武町ベースボールスタジアム

広域MAP

331
329

新開地
● 金武宮

屋嘉IC

● 屋嘉

鍾乳洞古酒蔵 龍の蔵

P.19,167
★ KIN サンライズビーチ海浜公園

沖縄本島全図

R キングタコス 金武本店 P.68

金武岬

A

南部

火力発電所

金武湾

P.196-197

P.192-193

国頭村

名護市

東村

恩納村

P.194-195

読谷村 うるま市

北谷町

P.190-191

那覇市

P.188-189

糸満市

P.186-187

P.184-185

那覇周辺

中部

5

ま記念病院

R CASA TACOS P.69

安慶名城跡
天願

仲原遺跡

伊計島

P.19,135 伊計ビーチ ★

伊計大橋

B

西海岸リゾート

224 ● 宇堅ビーチ
具志川商高

トンナハビーチ

10 伊計港

R 帆掛きそば P.52

◎うるま市役所

慶名

● 野鳥の森自然公園

● 泊グスク

8

宮城島

中部農林高

具志川局

上江洲

沖縄
石油基地

桃原ビーチ

P.135 果報バンタ ★ ●

北部

うるま署

具志川運動公園

うるま市民芸術劇場

喜屋武マーブ公園

具志川ビーチ

33

豊原

16 10

うるま市

与勝

37

海の駅 あやはし館 ★

P.134

平安座島

10

P.111

S 海のギャラリー かいのわ

P.134,146 勝連城跡 ★ ●

239

海中道路

浜比嘉大橋

238

P.29
S 島パーラー 浜比嘉店

咲公園

与勝病院

与那城

藪地
大橋

P.135 丸吉食品 R

浜比嘉ビーチ

★ アマミチューの墓
P.29,134

C

8 勝連半島

37

うるまドーム沖縄 H

藪地島

てぃーらぶい R
P.59,135

ムルク浜

★ 浜比嘉島 P.29

やんばる南部

与勝高

P.135
★ シルミチュー

P.134 丸一食品 本店 S

中城湾

平敷屋港

やんばる北部

3

津堅島 ↓

4

189

西海岸リゾート

N 0 ─ 2km

かりゆしビーチ

P.175 ハレクラニ沖縄　ザ・リッツ・カールトン沖縄

P.171 沖縄プロデュース　カマダ

P.51 なかむらそば

P.87,136 田中果実店

P.136 万座毛

ミッションビーチ

かねひで喜瀬カントリークラブ

海の旅亭おきなわ名嘉真荘

P.53 金月そば 恩納店

みゆきビーチ

美らオーチャードゴルフ倶楽部

御菓子御殿恩納店

沖縄県 県民の森

恩納海浜公園ナビービーチ

P.88 三矢本舗 恩納店

恩納村役場

A

ジ・アッタテラスゴルフリゾート

宇宙航空研究開発機構(JAXA)沖縄宇宙通信所

恩納村ふれあい体験学習センター

P.95 glacitta'

恩納

恩納村

松田（南）

かんな湖

漢那ダ

104

恩納岳

喜瀬武原ダム

88

赤間総合運動公園

P.175 ザ・ムーンビーチ ミュージアムリゾート

金武町

谷茶前の浜公園

道の駅 ぎのさ宜野座観光協会金武ダム

金武町ベースボールスタジアム

B

沖縄科学技術大学院大

伊芸SA

金武IC

PGMゴルフリゾート沖縄

331 329

新開地

キングタコス金武本店 P.68

P.169 PANZA 沖縄

屋嘉IC

屋嘉

鍾乳洞古酒蔵 龍の蔵

H オーベルジュ皿の上の自然 P.177

東山カントリークラブ

KINサンライズビーチ海浜公園 P.19,167

R シーサイドドライブイン P.136

石川IC

P.63 榮料理店

石川火力発電所

金武湾

World Diving P.168

石川公園

ビオスの丘 P.153

CAVE OKINAWA

沖縄ロイヤルゴルフクラブ

255

金武港

石川高

山城ダム

東恩納

C

高原ゴルフクラブ

75

329 331

具志川ゴルフクラブ

展望タワー

栄野比

R CASA TACOS P.69

倉敷ダム

天願

224

R 帆掛きそば P.52

沖縄市

安慶名城跡

具志川商高

うるま市役所

野鳥の森自然公園

沖縄北IC

兼箇段グスク

安慶名

中部農林高

東南植物楽園 P.152

36

具志川局

平良川

8

上江洲

うるま市

赤道

75

具志川高

うるま署

具志川ビーチ

具志川運動公園

うるま市民芸術劇場

喜屋武マーブ公園

美里

85

中部病院

江洲

33

沖縄南IC

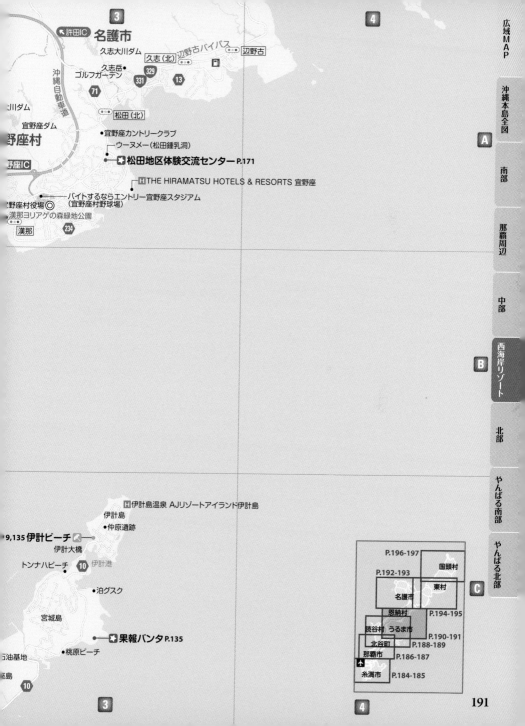

3

◀許田IC 名護市

久志大川ダム
久志（北）辺野古バイパス 辺野古
久志岳
ゴルフガーデン 329
331
沖縄自動車道 71 13
野座ダム
宜野座村 松田（北）
野座IC
•宜野座カントリークラブ
—ウーヌメー（松田鍾乳洞）
⊞松田地区体験交流センター P.171
川ダム
⊟THE HIRAMATSU HOTELS & RESORTS 宜野座
野座村役場◎ —バイトするならエントリー宜野座スタジアム
漢那ヨリアゲの森緑地公園 （宜野座村野球場）
漢那 234

4

⊟伊計島温泉 AJリゾートアイランド伊計島
伊計島
•仲原遺跡
9,135 伊計ビーチ
伊計大橋
トンナハビーチ 10 伊計港
•泊グスク
宮城島
★果報バンタ P.135
•桃原ビーチ
油基地
島
10

3

4

191

広域MAP

沖縄本島全図

南部

那覇周辺

中部

西海岸リゾート

北部

やんばる南部

やんばる北部

A

B

C

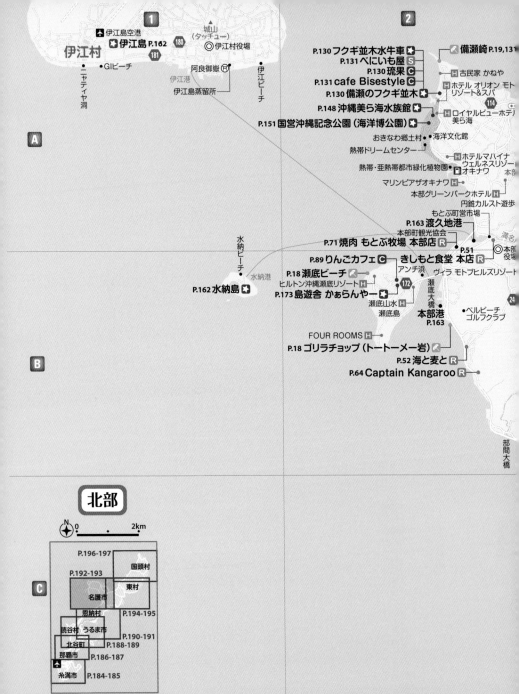

伊江村

1

伊江島空港 ✈

伊江島 P.162

城山
(タッチュー)

180

伊江村役場 ◎

181

阿良御嶽 ⊞

伊江港

GIビーチ

伊江島蒸留所

伊江ビーチ

ニヤティヤ洞

A

2

P.130 フクギ並木水牛車 ★

べにいも屋 P.131 S

P.130 琉果 C

P.131 cafe Bisestyle C

P.130 備瀬のフクギ並木 ★

P.148 沖縄美ら海水族館 ★

P.151 国営沖縄記念公園 (海洋博公園) ★

おきなわ郷土村

熱帯ドリームセンター

熱帯・亜熱帯都市緑化植物園 ●

マリンピアザオキナワ ⊞

備瀬崎 P.19,131 ★

古民家 かねや ⊞

ホテル オリオン モト
リゾート&スパ ⊞

114

ロイヤルビューホテ
美ら海

海洋文化館

ホテルマハイナ ⊞
ウェルネスリゾー
オキナワ

本部

本部グリーンパークホテル ⊞

円錐カルスト遊歩

もとぶ町営市場

P.163 渡久地港

本部町観光協会

P.71 焼肉 もとぶ牧場 本部店 R

P.89 りんごカフェ C

きしもと食堂 本店 R

P.51

本部
役場

◎

P.18 瀬底ビーチ

ヒルトン沖縄瀬底リゾート ⊞

アンチ浜

ヴィラ モトブヒルズリゾート

P.162 水納島 ★

水納ビーチ

水納港

P.173 島遊舎 かぁらんやー ★

172

瀬底山水

瀬底島

瀬底
大橋

本部港

P.163

ベルビーチ
ゴルフクラブ

24

FOUR ROOMS ⊞

P.18 ゴリラチョップ (トートーメー岩)

P.52 海と麦と R

P.64 Captain Kangaroo R

B

部間大橋

C

北部

N 0   2km

P.196-197

P.192-193

国頭村

東村

名護市

恩納村

P.194-195

読谷村 うるま市

北谷町

P.190-191

那覇市

P.188-189

P.186-187

糸満市 P.184-185

192

1

2

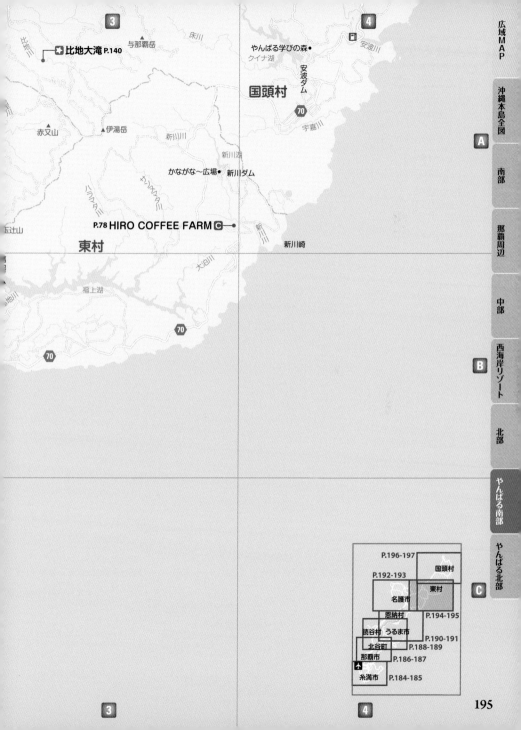

広域MAP

沖縄本島全図

南部

那覇周辺

中部

西海岸リゾート

北部

やんばる南部

やんばる北部

3

4

★ 比地大滝 P.140

比地川

与那覇岳

床川

やんばる学びの森 •
クイナ湖

安波川

安波ダム

国頭村

70

宇嘉川

赤又山

伊湯岳

新川川

新川湖

新川ダム

かりがな〜広場 • 新川ダム

P.78 HIRO COFFEE FARM **C**

新川

新川崎

玉辻山

ハラマタ岳

カツギ岳

大泊川

東村

福上湖

70

70

A

B

C

P.196-197

P.192-193

国頭村

名護市

東村

恩納村

P.194-195

読谷村 うるま市

P.190-191

北谷町

P.188-189

那覇市

P.186-187

糸満市

P.184-185

3

4

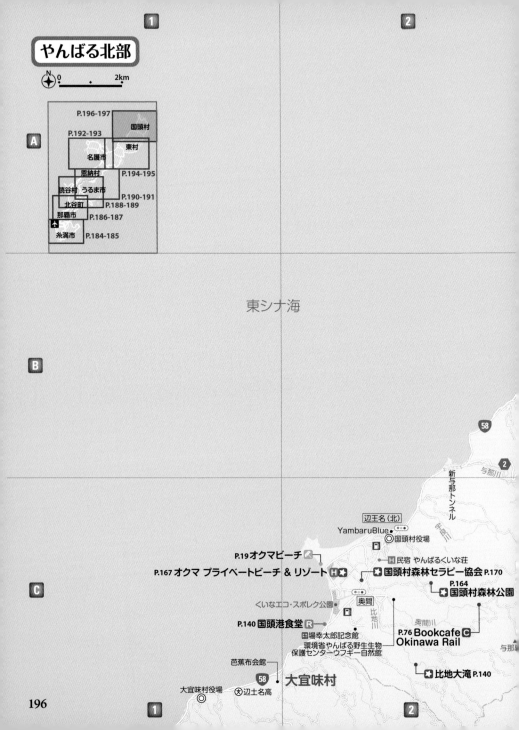

やんばる北部

N 0　　2km

P.196-197	国頭村
P.192-193	東村
名護市	
恩納村	P.194-195
読谷村 うるま市	P.190-191
北谷町	P.188-189
那覇市	P.186-187
糸満市	P.184-185

A

東シナ海

B

58

2

新与那トンネル

与那川

C

辺王名(北)
YambaruBlue
◎国頭村役場

P.19 オクマビーチ

民宿 やんばるくいな荘

P.167 オクマ プライベートビーチ & リゾート

国頭村森林セラピー協会 P.170

P.164
国頭村森林公園

くいなエコ・スポレク公園

奥間

比地川

奥間川

P.140 国頭港食堂

P.76 Bookcafe
Okinawa Rail

国場幸太郎記念館
環境省やんばる野生生物
保護センターウフギー自然館

比地大滝 P.140

与那

芭蕉布会館

58

大宜味村

大宜味村役場

辺土名高

1

2

3　　　　　　　　4

広域MAP

沖縄本島全図

南部

那覇周辺

中部

西海岸リゾート

北部

やんばる南部

やんばる北部

☆ 辺戸岬 P.141

石の文化博物館 •

● ☆ ヤンバルクイナ展望台 P.141

太平洋

● ☆ 大石林山 P.140,152

宜名真トンネル

奥ビーチ

☆ 茅打バンタ P.140

宜名真神社 田

A

58

S 奥共同店 P.141

宇嘉トンネル

70

尾西岳

アダンビーチ

• まるひら食堂

西銘岳

楚洲の浜

B

宇嘉川

辺野喜川

辺野喜ダム

伊集の湖

山原サーキット •

国頭村

安田横断道路

照首山

伊部岳

伊部海岸

アダ・ガーデンホテル沖縄 H

フンガー湖

2

安田ヶ島

S 安田協同店 P.141

普久川ダム

70

☆ ヤンバルクイナ生態展示学習施設
クイナの森 P.141

C

やんばる学びの森

クイナ湖

安波川

安波ダム

那覇市内

N 0 · · 500m

広域MAP
P.184 A・B1～3

↖ 渡名喜島　↑ 粟国島

那覇新港

A

天久宮 ⊞
高速水中観光船マリンスター ←
泊大橋
那覇港

若狭IC
波の上
うみそら公園
波上宮 ⊞
波の上ビーチ

国際通り周辺 P.200-201

43 那覇中
松山公園
那覇商高

58

P.70 ステーキハウス88 辻本店 R

パシフィック
ホテル沖縄 H
うみそらトンネル
ロワジールホテル 那覇 H

⊡ Johnny's diving P.42

県庁前駅

旭橋駅 ◎◎
沖縄県庁
那覇市役所

貨物ターミナル •

那覇空港IC

タウンプラザかねひで にしのまち市場

390

CABIN&HOTEL ReTIME H
リーガロイヤルグラン沖縄 H

B

国際線ターミナル •

国内線ターミナル •

自衛隊那覇駐屯地
那覇空港駅

332

壺川駅
沖縄セルラースタジアム那覇 •
奥武山公園
沖宮 ⊞

⊞ 那覇中央
郵便局

新那覇大

⊠ 那覇空港 P.8

• 管制塔

海上自衛隊
那覇航空基地

金城小
⊗ イオン

231

小禄高
奥武山公園駅
森口公園

329

漫とよ

小禄高

漫湖水鳥・
湿地センター

P.103,106 フレッシュプラザ ユニオン赤嶺店 S

221

小禄駅

⊗ 小禄
宮里酒造所 •

KFC
赤嶺
赤嶺駅

グランドキャビンホテル那覇小禄 H

P.97 知念紅型研究所 S

⊗ さつき小

7

331

小禄南小 •

62

旧海軍司令部壕

豊見城グス

沖縄空手会館

7

高良

231

高良小
⊗

77

ゆたか小

C

P.159 瀬長島ウミカジテラス ☆
P.159 タコライスcafe R
きじむなぁ ウミカジテラス店
P.159 SuiSavon -首里石鹸- S
P.159 シーサー注意 S

琉球温泉 龍神の湯
H 琉球温泉 瀬長島ホテル

豊見城・名嘉地IC

豊見城中
⊗ 豊見城市役所 ◎

とみえーる •

68

⊞ 友愛医療センター

豊見城ト

南大東島
北大東島 →

沖縄西海岸道路

ゆいレール

小禄バイパス

しおさい公園

3
浦添高
330
浦添市
•サンエー
てだこ浦西駅
西原IC
4
82
Jimmy's 那覇店 P.102
沢岻小
経塚
経塚駅
241
ゆいレール
石嶺小
西原Jct
沖縄自動車道

8 占いサロン369
251
末吉宮
P.53 きんそば R
153
石嶺東高
A

那覇国際高
新都心公園
古島駅
末吉公園
首里東高
平良
沖縄県立博物館・美術館（おきみゅー）
興南高
那覇市立病院
市立病院前駅
石嶺駅
首里北局

新都心
郵便局 P.103
食品サンプル山月 P.100
首里 P.202
城東小
155

S サンエー 那覇メインプレイス
儀保駅
28
29
西原IC

ヨイクリエイト沖縄
イーダ
251
おもろまち駅
ダブルツリーbyヒルトン那覇首里城 H
伊江殿内庭園
沖縄県立芸大
82
首里中
首里駅
弁ヶ岳公園
•弁ヶ嶽
開邦高

牧志駅
29
安里駅
首里高
•首里城跡
那覇市
ひめゆり通り
46
沖縄工高
松城中
沖縄カントリークラブ

与儀
あおばと
•ミュージックスクール
金城ダム
城南小
那覇IC
506

那覇市民会館
識名宮
新川森
240

那覇警察署
沖縄赤十字病院
真和志小
石田中
沖縄県立芸大
新川
329
宮城公園

沖縄県立看護大
寄宮中
P.121 識名園
識名小
大石公園
識名公園
南風原北IC

P.36 よんなーフード
古蔵小
識名トンネル
P.164 眞正陶房 S
241
南風原町
南風原北IC
B

協同病院
沖縄大
沖縄尚学高
82
真和志高

とよみ小
真玉橋
46
507
仲井真中
国場
南風高
兼城
南風原局

豊見城高
那覇東バイパス
m
507
南風原町役場
82
黄金森公園
77

ックスバリュ
長嶺城跡
128
琉球かすり会館
沖縄陸軍病院南風原壕群20号
南風原町立南風原文化センター

249
長嶺小
南部農林高
7
照屋
翔南小
86

7
津嘉山小
山川
南風原南IC
C

豊見城市
507
南城市

豊見城総合公園
506
八重瀬町
48

7
豊見城IC
249
宜次
島尻特別支援
稲嶺

3
82
南部商高
507
77

栄町市場

- ⑤ Ryu Spa 那覇本店 P.112
- Ⓡ ヤマナカリー別邸 P.73
- Ⓡ 食堂カフェとも P.24
- ★ 生活の柄 P.25
- Ⓡ べんり屋 玉玲瓏 P.25
- ⑤ はいさい食品 P.24
- 栄町市場商店街振興組合
- Ⓡ えび専門酒場 えびす屋
- Ⓡ うりずん本店 P.60
- ⑤ 栄町りうぼう P.103

那覇市

A

安里十字路

P.112

安里駅

46

安里駅前

50m

栄町市場 上図

- ★ 栄町市場 P.24

安里駅
りうぼう

B

おもろまち駅

P.83 El Lequio Ⓡ

サンエーV21
食品館

ヒューイット
リゾート那覇 Ⓗ

ダイワロイネットホテル
那覇国際通り

天然温泉りっかりっか湯
マックスバリュ

COMMUNITY&SPA
那覇セントラルホテル P.179 Ⓗ

末日聖徒
イエス・キリスト教会●

旧崇元寺第一門及び石牆

崇元寺

沖縄サンプラザホテル Ⓗ
金満宮 ⊤

大道中央病院 ⊞

オリオンホテル那覇 Ⓗ

那覇市観光案内所 P.8 ⑤
那覇市伝統工芸館 P.94 ⑤
那覇市ぶんかテンブス館

蔡温橋

牧志駅

16 久髙民藝店 ⑤
国際通りのれん街●

⑤ 沖縄の風 P.101

Ⓡ JAM'S TACOS 国際通り店 P.68
⑤ JAM'S PARLOR P.116

つみ橋 39

★ てんぶす那覇 P.116

ドン・キホーテ

壺屋小 ⓧ

沖縄逸の彩
温泉リゾートホテル Ⓗ

Mr.KINJO Miki24
in 牧志駅前

⑤ MIMURI P.106,109,119

牧志公設市場 下図

市場本通り

P.21,156
那覇市
第一牧志
公設市場

Ⓡ 浮島ブルーイング P.119
★ 桜坂通り P.118
★ 桜坂劇場 P.118
⑤ 玩具ロードワークス P.101
⑤ 嘉数商会 P.22
Ⓢ tituti OKINAWAN CRAFT P.119
★ オニノウデ P.83

★ 壺屋やちむん通り P.118

.20 花商 ⑤
志本店 ⑤

Ⓡ 大衆串揚酒屋 足立屋 P.21
Ⓡ 角打ち酒場 足立屋 P.164

GARB DOMINGO ⑤
貨屋たんたん ⑤

Ⓡ 自然食とおやつ
mana P.118

ホシのシズク Ⓒ
上原パーラー ●

⑤ 琉球銘菓
くがにやわ P.118

⑤ STAND EIBUN P.52

⑤ Kamany P.118
⑤ 育陶園本店 P.172
★ 壺屋焼やちむん道場 P.172

牧志公設市場

P.21 のうれんプラザ ⊞

コザ8

開南局 〒

カレー屋
タケちゃん

つくば開成国際高

壺屋 ⓧ

神原小

開南

開南本通り

神原中

⑤ もちの店 やまや P.20
⑤ 外間製菓所 P.21

ポーたま 牧志市場店 Ⓡ
P.55

C&C BREAKFAST
OKINAWA
P.54

P.22 ファッション
島田牧志店 ⑤

P.22 玉城化粧品店 ⑤

上原ミート P.21 ⑤
市場前本店

P.23 まちぐゎー
総合案内所

P.23 よへな商店 ⑤

P.23 仲尾次三味線なんでも屋
P.21 コーヒースタンド小嶺

那覇市第一牧志公設市場 ⊞
P.22 友利くだもの店 ⑤
P.22

市場の古本屋 ウララ ⑤

0 30m

真和志中

大道小

真和志中

地方裁判所
那覇拘置支所

地方検察庁・那覇区検察庁
地方法務局

与儀公園

与儀

201

首里

N 0 100m

広域MAP
P.184 A-2・3

P.120 新垣カミ菓子店 S

沖縄
儀保駅
牧志駅
虎瀬公園
てだこ浦西駅↑

P.88 ぎぼまんじゅう S

沖縄青少年研修センター
りうぼう
あやぐ食堂

S 山城まんじゅう P.88

那覇市

首里汀良局

A
山川局
28
山川
29
池端

C ぶくぶく茶屋 嘉例 P.120
R 富久屋 P.58
龍潭通り
C rokkan COFFEE SHURI P.79

29
汀良

首里高
50
城西小

龍潭池
龍潭公園
当蔵
49
沖縄県立芸術大
伊江殿内庭園
首里当蔵局
図書館

☆ S 首里染織館 suikara P.96,173
首里中
首里駅

P.120 玉陵 ☆
守礼門
園比屋武御嶽石門
・円覚寺跡
一中学徒隊展示資料室

★ 首里城公園 P.120,144

コープ
鳥堀
☆琉球

240m徒歩3分

R 首里そば P.50,121

金城村屋・
赤マルソウ通り
田 内金城御嶽
首里崎山公園

★ 瑞泉酒造 P.121
S 金細工またよし P.121
崎山公園

82
赤田

B
★ 首里金城町石畳道 P.120
S KATACHIKI P.97
那覇IC↓

コザ

N 0 100m

広域MAP
P.187 A-3

沖縄北IC↑

沖縄市

・BCコザ
・沖縄市立図書館
センター公園

85
R チャーリー多幸寿 P.69

S タイガーエンブ P.127

P.78,114 豆ポレポレ S

P.35 トリップショットホテルズ・コザ H
R SKATE CLUB ORION P.35

R Cafe OCEAN P.34,127

H デイゴホテ

★ 沖縄市戦後文化資料展示館
ヒストリート P.127
沖縄パーク
アベニュー局

R Bungalow P.127
☆コザ

S コザ工芸館 ふんどう P.99,106
S コザベーカリー 胡屋店 P.126

クラウンホテル沖縄 H
沖縄南IC

240m徒歩3分

85
P.34 スナックプリンス R

20

（空港通り
（コザゲート通り）

沖縄市音楽資料館おんがく村

ARO HOTEL ＆CAFE
琉球
7
C THEATER DONUT OKINAWA P.126

P.114,126 TESIO S
P.35 JET R
P.41 エイサー会館 ★

★ 道じゅねー（沖縄全島
エイサーまつり1日目会場）P
胡屋交差点

P.126 コザ・ミュージックタウン
沖縄市観光物産振興協会

上地第一
公園

330
コザ年金事務所

20

中の町小

R なんた浜 P.85

202

1
2

慶良間諸島

N 0　　　　　　　　2km

広域MAP
P.183 B-1

那覇(泊港)

A

チシ展望台
中岳
大岳
ユヒナの浜
稲崎展望台
大浜(ウハマ)
安護の浜
Kerama Blue Resort H
座間味村
女瀬の崎展望台
座間味島 P.161
イノーの浜
唐馬の浜
外自津留島
地自津留島
儀志布島
神の浜展望台
阿真ビーチ
高月山展望台
マリリンの像
座間味港
古座間味ビーチ
嘉比ビーチ
嘉比島
安慶名敷島
伊釈加釈島
黒崎
集団自決跡地
東展望台
西展望台
儀名崎
クシバルビーチ
大岳
久保岳
安室島
国立沖縄青少年交流の家
アロハレンタ企画
渡嘉敷中・小
渡嘉敷村役場
根元家の石垣
P.46
北浜 (ニシバマ)
中岳
P.44,161 阿嘉島
レンタルショップ しょう P.45
慶良間諸島国立公園
ビジターセンター さんごゆんたく館 P.45
ナミネハウス R
マジャノハマ (阿嘉ビーチ) P.45
ズシビーチ
天城展望台
砂白島
阿嘉港
阿嘉大橋
H 民宿 富里 P.46
積城島
慶留間島
R Trattoria Bar 慶留間gnon P.45
アザナムイの浜
慶留間中・小
慶留間港
慶留間橋
重要文化財 高良家住宅 P.45
港の見える丘展望台
アラン展望台
186
渡嘉敷港
城島
渡嘉敷島 P.160
とかしくマリンビレッジ H
渡嘉志久ビーチ
慶良間海峡展望台
照山展望台
森林公園
Cafe 島むん+
阿波連ビーチ
H けらまマリン
見花原展望所
阿波連港
慶良間空港
外地島
離島
那覇(泊港)
B
モカラク島
裏ヶ丘展望台
阿波連園地
C
阿波連岬

	名称	エリア	ページ	MAP
ヤ	八重善	本部	51	P.193-A3
	焼肉 もとぶ牧場 本部店	本部	71	P.192-A2
	やちむん喫茶 シーサー園	本部	77	P.193-B3
	山城まんじゅう	那覇	88	P.202-A1
	ヤマナカリー別邸	那覇	73	P.201-A4
▶	ヨナミネハウス	阿嘉島	46	P.203-B3
ラ	ライブハウス島唄	浦添	85	P.200-B2
	rat & sheep	浦添	122	P.187-C4
	LITOR	那覇	65	P.200-B2
	琉庵	本部	130	P.192-A2
	琉球Styleまつもと	那覇	59	P.200-C1
	琉氷	恩納	86	P.188-A2
	りんごカフェ	本部	89	P.192-B2
	rokkan COFFEE SHURI	那覇	79	P.202-A1

買う・キレイになる

	名称	エリア	ページ	MAP
ア	Island Aroma OKINAWA	南城	112	P.185-B4
	安田協同店	国頭	141	P.197-C4
	APARTMENT OKINAWA パルコシティ店	浦添	107・111	P.186-C2
	american depot	北谷	158	P.186-B1
	新垣カミ菓子店	那覇	120	P.202-A1
▶	市場の古本屋 ウララ	那覇	22	P.201-C4
▶	一翠窯	読谷	33	P.188-A1
	海の駅あやはし館	うるま	134	P.189-C4
	海のギャラリー かいのわ	うるま	111	P.189-C4
	御菓子御殿 国際通り 松尾店	那覇	117	P.200-B2
	沖縄海葬専門店 もすキム	那覇	157	P.201-B3
	沖縄の風	那覇	101	P.201-B3
	奥共同店	国頭	141	P.197-A3
	オハコルテ 港川本店	浦添	123	P.187-C4
	おんなの駅 なかゆくい市場	恩納	105・114	P.188-A2
カ	GARB DOMINGO	那覇	98	P.201-B3
▶	嘉数商会	那覇	22	P.201-B3
	KATACHIKI	那覇	97	P.202-B2
	Kamany	那覇	118	P.201-C3
	玩具ロードワークス	那覇	101	P.201-B3
	北窯売店	読谷	93	P.188-B1
	古酒泡盛専門店 古酒家 久茂地店	那覇	117	P.200-B2
	金細工またよし	那覇	121	P.202-B2
	久高民藝店	那覇	116	P.201-B3
	glacitta'	恩納	95	P.190-A1
	古宇利島の駅 ソラハシ	今帰仁	139	P.193-A4
	コザ工芸館ふんどぅ	沖縄市	99・106	P.202-C2
	コザベーカリー 胡屋店	沖縄市	126	P.202-C2
サ	栄町りうぼう	那覇	103	P.201-A4
	雑貨屋たんたん	那覇	100	P.201-C3
	サンエー 那覇メインプレイス	那覇	103	P.199-A3
	シーサー注意	豊見城	159	P.198-C1
	ジーマーミ豆腐専門店 はま	那覇	157	P.201-B3
	島の装い。STORE	豊見城	98・114	P.184-B1
▶	島パーラー 浜比嘉店	うるま	29	P.189-C4
	Jimmy's 大山店	宜野湾	102	P.186-B2
	Jimmy's 那覇店	那覇	102	P.199-A3
	首里染織館suikara	那覇	96	P.202-A2
	食品サンプル山月	那覇	100	P.199-A3
	眞正陶房	那覇	164	P.199-B4
	SuiSavon -首里石鹸-	豊見城	159	P.198-C1
タ	taion	那覇	106・107	P.200-B2
	タイガーエンブ	沖縄市	127	P.202-B2
▶	玉城化粧品店	那覇	22	P.201-C4
▶	田村窯	大宜味	32	P.194-A2
	知念紅型研究所	那覇	97	P.198-B2
	宙吹ガラス工房 虹	読谷	94	P.188-B1
	churaumi -ukishima accessory lab.-	那覇	110	P.200-B2
	常秀工房 直売店 ギャラリーうつわ家	読谷	93	P.188-B1
	D&DEPARTMENT OKINAWA	沖縄市	95・99・110	P.187-A3
	tituti OKINAWAN CRAFT	那覇	119	P.201-B3
	TESIO	沖縄市	114・126	P.202-C2
	Doucatty	南城	106・108	P.185-A・B3
▶	陶房 火風水	中城	33	P.187-B3
▶	陶房 眞喜屋	南城	33	P.185-A4
▶	友利くだもの店	那覇	22	P.201-C4
ナ	仲尾次三味線なんでも屋	那覇	23	P.201-C4
	那覇市伝統工芸館	那覇	94	P.201-B3
▶	のうれんプラザ	那覇	21	P.201-C3
ハ	はいさい食品	那覇	24	P.201-A4
	機織工房しょん	八重瀬	96	P.184-C2
	ハッピーモア市場 トロピカル店	宜野湾	104	P.186-B2
	BeansStore	浦添	137	P.187-C4
	HIZUKI	読谷	137	P.188-A1
▶	ファッション島田 牧志店	那覇	107	P.201-C4
	fabric	北谷	107	P.186-A1
	Proots	浦添	123	P.187-C4
	フレッシュプラザ ユニオン赤嶺店	那覇	103・106	P.198-B2
	べにいも屋	本部	131	P.192-A2
	PORTRIVER MARKET	浦添	111・122	P.187-C4
マ	マリンプラザかねひで 東浜市場	与那原	103	P.185-A3
	道の駅いとまん	糸満	133	P.184-B1
	道の駅「許田」やんばる物産センター	名護	105・114	P.193-C3
	みのる漬物店	那覇	157	P.201-B3
	MIMURI	那覇	106・109・119	P.201-B3
ヤ	山城こんぶ屋	那覇	157	P.201-B3
	山田工房	読谷	92	P.188-B1
	山原工藝店	大宜味	97・99	P.194-A2
	横田屋窯	読谷	92	P.188-B1
	YUMEJIN	今帰仁	113	P.193-A3
	与那嶺鮮魚	那覇	157	P.201-B3
▶	よへな商店	那覇	23	P.201-C4
ラ	La Cucina Soap Boutique	那覇	113	P.200-B2
	琉球ガラス工房 glass32	名護	95	P.193-B3
	琉球ガラス工房 雫	読谷	94	P.188-A1
	琉球ぴらす 浮島通り店	那覇	106・119	P.200-B2
	琉球銘菓 くがにやん	那覇	118	P.201-C4
	Ryu Spa 那覇本店	那覇	112	P.201-A4
ワ	わしたショップ 国際通り店	那覇	114・117	P.200-B2

泊まる

	名称	エリア	ページ	MAP
ア	オーベルジュ皿の上の自然	恩納	177	P.188-A2
	あかちゲストハウス	恩納	178	P.188-A2
	沖縄古民家民宿ごーやー荘	沖縄市	178	P.187-A3
	OMO 5 沖縄那覇 by 星野リゾート	那覇	179	P.200-B2
カ	翡翠巣 KAWASEMINOSU	名護	177	P.193-A4
	クリスタルヴィラ南城	南城	176	P.185-A4
	COMMUNITY & SPA 那覇セントラルホテル	那覇	179	P.201-A・B3
サ	THE KITCHEN HOSTEL AO	那覇	178	P.200-B1
	ザ・ムーンビーチ ミュージアムリゾート	恩納	175	P.188-A2
	somos	今帰仁	176	P.193-A3
タ	ツリーハウスホテル 森の巣箱	今帰仁	177	P.193-A3
	tinto*tinto	今帰仁	177	P.193-A3
▶	トリップショットホテルズ・コザ	沖縄市	35	P.202-B2
ナ	なきじんゲストハウス結家	今帰仁	178	P.193-A3
ハ	ハレクラニ沖縄	恩納	175	P.190-A2
	星のや沖縄	読谷	174	P.188-A1
	ホテルグレイスリー那覇	那覇	179	P.200-B2
マ	民宿 富里	阿嘉島	46	P.203-B3
ラ	琉球ホテル＆リゾート 名城ビーチ	糸満	175	P.184-C1